末流社會

Vanity in Class

Enlighten Noah

強盜與基督

淡江中文系所教授
趙衛民

小說家趙滋蕃誕生於德國漢堡，醫生之家。對日抗戰爆發，全家毅然歸國，在渡過太平洋的輪船上，他閱讀著各種世界小說名著。回到中國後，一九四三年青年趙滋蕃攻讀湖南大學經濟系，並兼讀數學系課程。過一年，響應「十萬青年十萬軍」號召，參加青年軍，後擔任政工少校，也參與常德會戰、衡陽會戰。會戰是戰火的烙印，在身上留下了七個槍疤，也讓他兩度進出於生死之間。抗戰勝利後，他返校完成學業。

如果不是大陸情勢逆轉，數學或會成為他終生的興趣。但山河變色，他自此流亡至香港。帶著臨行前衛立煌司令託付的女兒，隨著難民潮，寄居在調景嶺(俗名吊頸嶺)。白天，他流浪各地討生活，先是數學教師甄試，筆試滿分，卻因不會廣東話而未獲錄取。蒿目時艱的多變生活，成為他晚上伏在肥皂箱上寫作的養料。肥皂箱上的閱讀，則是德文版的康德《批判》和尼采全集等，在他天涯的行囊間，永遠放著《聖經》和尼采的《蘇魯支語錄》。一些人生體驗、美學、思想的小文章慢慢獲得了美援機構亞洲出版社總編輯黃震遐的注意，邀請他寫長篇小說，肥皂箱文學《半下流社會》於焉誕生，這部在苦難中點燃希望的難民小說，一時紅遍香江，後曾由亞洲影業公司改拍電影。

遭遇改變人生，使他從數理的符號世界跨越到文學的語言世界。尼采不是說過嗎？「在山谷間，從這一峰到那一峰是最短底路，但你必需有長腿方能跨越。」他自此受邀到亞洲出版社擔任編輯，豐饒的版稅和闊綽的薪水(美援機構)，使他成為五十年代最耀眼的小說家，得以持續創作，過兩年，八千行長篇詩劇《旋風交響曲》紀念湖南雪峰山抗暴的旋風戰役，也在亞洲出版社出版，當時的版稅是八千元港幣。此後數年間，撰寫中、短篇小說凡數十萬言，擔任過亞洲出版社總編輯與亞洲畫報主編等職，兼任三家電影公司顧問，還曾在新亞書院擔任數學講座。不過，青年趙滋蕃也有他的流浪漢哲學：滾動的石頭不生苔，流浪的行業不聚財；他的調景嶺難友可以在一家飯館簽他的賬。

是什麼使文學成為可能呢？流徙香江，似若亡國的哀思，感懷遙深，悵觸萬端，文筆似應為民族同胞所遭遇的苦難為見證。他不忍：「江山搖落，瘦骨難撐，一代之去，靜默無聲。」他感到：「靈魂的吃苦受難，使文學成為必要。」用文字紀念那些用鮮血和白骨堆成的歷史，使一代人的鮮血不致白流。這種紀念，並不只是模倣現實，而是以一種回憶夢想的形式，反叛並突破那壓制性的現實，呼喚那潛在的或應該要出現的事物。這種集體性的回憶通過轉換，成為夢想的新星座。

長篇小說《子午線上》厚達九百多頁，自一九六二年起，在中央日報副刊連載近一年，後也獲得第一屆中山文藝獎(一九七八年)。筆轉龍蛇，歷史縱深六十年，三代恩怨情仇，父子也從殺人的大盜變成救人的醫生。憑意識流作時空換場，忽古忽今，蠻荒與文明交錯於筆端，台、港、澳、大陸展開為舞台，搶花轎的浴血廝殺，英日九龍戰役此起彼落，仁道與霸道同在世間。以共黨的統戰活動為主線，是非、善惡、美醜對比於子午線的兩端。趙滋蕃於書中說道：「歷史的目擊者總是不相信歷史的記載，江山千古屬於流氓。」他從尼采的權力意志上著眼，看出權力的暴力根源，而權力就是要進行壓迫的，「權力的機制」就是要產生鎮壓，「政治權力腰斬了歷史文化的命脈，經濟權力閹割了文明社會理想，而科學技術切斷了人與傳統的臍帶…今後人類奮鬥的總路線，必然是為反抗權力而戰。」反抗權力的陣線是一條仁愛線，大盜為救子而犧牲，就產生了一個救人的醫生；只有犧牲，才能讓生命活躍於生命之中。強烈而具氣魄的對比設計，產生崇高的修辭。據聞趙滋蕃在這段時間內，曾回德國修畢高斯講座的數學博士學位，姑存於此，想必是可以查的。

一九六四年，他從歐陸返港，一探重生島，蛋民們叫它做「痲瘋島」，活人活見證，他開始撰寫長篇小說《重生島》，也成為他高血壓病的誘因。依照港督正式頒布實施「一九六二年遞解與拘留緊急條例細則」，一批批不受歡迎的中國人登上重生島，一批批的骷髏留下來。這部小說在聯合報副刊刊登，主人翁則是各式各樣的罪犯，具有怪異之美。中國人在中國的土地上，因為各式各樣被英國政府判定的「不受歡迎的罪行」，被遞解至這荒島等死，國際紅十字會的人道關懷是：七天的淡水和食物。這群罪犯有十四K三合會四二六紅棍，因仙人跳判刑；白麵拆家，違反危險藥物條例，被偽鈔犯陷害頂罪，外加政治犯一條；黑市醫生不耐黑道勒索，以非法墮胎罪被解控法庭；別人私藏軍火而連坐；虧空公款，偽造文書罪；口技大王，被硬派是黑社會分子；違反偷盜罪；老千打出五個西風被抓；拉皮條的；造假護照，想到美國的神學生；行搶被捕的漁公；男扮女裝作新娘的花旦。不把人當人，人活得不像人，就是二十世紀六十年代的人道、人權。

一個怪異的老頭，黑白兩道通吃，被戲稱為身兼黨魁與黨員的「太空黨黨魁」，成為書中的靈魂人物。是強盜的凶眉與基督的善目的古怪的混合。他帶領著這群罪犯走上「重生」之路。在書中的「顫慄萬歲！」是個鮮明的口號，「遠古的祖先們，對著雷、電、森林之火、地震、猛獸戰慄……人們對文明的曙光戰慄，他們害怕刀劍、權力、盜匪、瘟疫、法律和上帝……；六十年代，人們卻對飛彈、火箭戰慄，對核子陰影戰慄，對軍隊、警察、法律和移民局戰慄。」這樣的戰慄，或許是意識到自己力量的薄弱，無法對抗自然的威力，暴力與死亡的威脅，超自然的威靈，科技的毀滅性，但對權力和法律的顫慄，逐漸轉成軍隊、警察、法律和移民局等「權力機制」，正如法哲傅柯所說。但顯然趙滋蕃還有更積極的含義：人們在不斷地顫慄中超越了黑暗時代。如何超越，小說中的福青所揭示的，或許可藉德哲阿多諾的說明：自我意識到自己的局限：在其直接性中，顫慄感受到了潛能的存在，潛能偽裝是真實的，自我則被一種非隱喻的，並且是摧毀著幻象的意識抓住，這意識告訴自我，它不是絕對，而是一幻象。」無怪乎老頭為救人犧牲而死的時候，彷彿聽到天使的混聲大合唱：在一切的權力之上，還有人道；在一切的法律之中，還有人心。這部小說的美屬於怪誕美。

中年趙滋蕃也成為香港政府的「不受歡迎人物」，一時風聲鶴唳，接受救總的安排來台定居。在中央日報擔任主筆，以文壽為筆名撰寫專欄。一九六九年的《半上流社會》，在徵信新聞報(前中國時報)連載，同時應刑光祖教授之邀，擔任華崗教授，在文化大學中文系文藝組教授小說原理、美學等課程。他的學識與創作，是大系統的掃描。

《半上流社會》是寫大陸淪陷後，在香港的失意政客與軍閥們的活動，與《半下流社會》剛成明顯的對比。如果後者寫得是社會底層向上提昇的力量，醜中之美；前者寫的就是「高層」向下沉淪的力量。他們過豪奢的生活，幹無恥的勾當，趙滋蕃在這裡正是揭開文明的虛偽，無情地撕去「上流人物」的假面具。怪老頭趙天一有點像德國精神分析家客格「智慧老人」的原型，與《重生島》的怪老頭正相呼應。或許他們的智慧正是以大傲骨來直面一切的虛假。

《海笑》厚達千頁，在中央日報長篇連載九個多月。這是本半帶自傳性質的小說，但卻以抗戰後期兩場馳名中外的大會戰 — 常德會戰與衡陽會戰為事件的旋轉軸，以抒情詩的快速節奏，替代了小說的緩慢節奏，濃縮了「一寸山河一寸血」的心酸記憶。民族的聖戰也旋轉起同胞愛、同學愛、戰士愛的無窮的愛核，民族的記憶原是以鮮血和白骨堆起心靈的約櫃。在這部民族史詩中，既有愛的神聖，也有莊嚴的責任與承諾。故事從一群高中生開始，其中一個假洋鬼子還帶著風雪柏林的記憶，奧國的小鬍子伍長在二十萬納粹青年的瘋狂火炬下，成為德國總理，大舉排猶，巴黎陷落，集中營。這在砲火中成長的一代，等考完大學、辦好註冊手續，不久就收到軍校入伍通知。這群風暴的靈魂，首先就投入一九四三年十一月的常德會戰。

日本軍的膏藥機，大量施放毒氣，大炮、催淚彈、迫擊砲在常德激烈巷戰中發揮巨人的威力。女詩人潘茜心中尉以手榴彈與日本鬼子兵同歸於盡一幕，最給這部小說增添詭秘的氣氛。一大綹頭髮和血連肉被炸到牆上，等到同學們找到她時，其中一個男同學忽被附身，發出潘茜心生前的聲調。小說家趙滋蕃跳進故事中說道：這是個最真實的的故事，當時在場的五個人，沒有一個解釋得清楚！在衡陽會戰中，也同樣記錄了火線的部署情形和兵力的移動狀況。使這兩個會戰活靈活現的，是戰場上的活經驗，是趙滋蕃用七個槍疤換來的。《海笑》這部戰爭史詩，顯然是趙滋蕃的深心大願，為保存民族的鮮血記憶，為創造民族的新價值。是以使雷馬克的《西線無戰事》不朽的，也足以使《海笑》不朽！直到蔣主席於一九四四年十月，在重慶號召十萬青年十萬軍，如春雷破蟄，高中以上學生相率投筆從戎，一九四五年八月抗戰結束，趙滋蕃記下：「使一千一百萬平方公里的破碎國土上，奔騰著大海一般的笑！公理戰勝強權。」《海笑》出版前，一九七一年曾經重寫，期間高血壓發病，幸賴左海倫教授送醫急救。病癒後因部分記憶力未能恢復，仍以本來面目呈現。

另一方面，他多年來的閱讀均養成摘記的習慣，備妥了上萬張的卡片，專注地投注教學，並撰寫了數十萬字的論文，當政府著手十大建設如火如荼之際，又應邀探訪報導十大建設，他彷彿又回到了數學本行，鑽進了符號世界，一去便要借工程師手冊，依著全世界共通的數學符號，自己重新推算，並實地勘測，彷佛回到了少年時的夢。到報導文學《十大建設》出書後，獲國家文藝獎，但這卻是糖尿病換來的。一九八一年，應東海大學梅可望博士邀請，擔任東海大學中國文學系系主任，旋又擔任所長。在獷野深心中，寒意蝟集，後數年高血壓病變，眼中只能見黃、綠二色。他笑著對學生講，這世界突然只剩下黃、綠兩色，是不是很奇妙呢？他自知已過不了這一關，一再提醒學生，數學家對數字的巧合非常敏感，並要學生去查一查：多少天才過不了與九相乘的歲數，他已在預示他的死亡。一九八六年病逝，享年六十二歲。至於是不是天才，這染上太多的傳奇色彩。左海倫教授力證：趙滋蕃有照相般的記憶力，有剎那間集中專注的能力。但趙滋蕃自豪的，是從符號世界跨越到語文世界的能力；他的天才也與高血壓、糖尿病共棲。

德哲康德曾說：「我是規則動詞中的規則動詞。」趙滋蕃則自嘲：「我是不規則動詞中的不規則動詞。」一個在德國長大的少年，在中日抗戰、共產黨竊據大陸的炮火中瑣尾流離，度過他的青年到中年，在偶然性的飛雪中成長(雅斯培描述尼采之語)，無怪乎具有流浪漢氣質。不過他從數學家出身的康德，到詩人氣息濃厚的尼采，倒找到了一條通路，那就是康德的崇高美與尼采的酒神式激情的相對應關係。對康德而言，崇高美是一種強烈的情感，基於意志力，表現道德方面的情緒。但強烈的情感源自於形象中間的不規則特性，趙滋蕃從英國美學家愛德蒙•柏克的找到了一種心理學和生理學的說法：即崇高的事物會激動神經，但他綜合補充道：具崇高之美的事物與作品，首先總給人以短暫的驚奇，當緊張的神經鬆弛下來之後，才會出現泰然的喜悅。什麼是驚奇呢？趙滋蕃說：「顫慄萬歲！」面對著一切價值可能淪落成虛無的恐怖瘋狂的時代，人必須設法去「超越」。這也就是法哲李歐塔引述柏克的話解釋說：「靈魂在苦痛中受到震撼。」在震撼中，某種力量通過，引起自我的忘卻、摧毀，然後某種力量在空無的心中生長，生長出變化和超越的力量。在美學家郎齊洛斯關於崇高的「簡潔表達方式」和尼采的格言體中，趙滋蕃也找到對應關係。他的語言具有簡潔有力的美感，不，應該是崇高感。

要表達崇高的理念，他的長篇小說中常有一靈魂人物，從《海笑》的高潔和趙木鐸，《半下流社會》的王亮，《半上流社會》的趙天一，《子午線上》的金秋心醫生，乃至《重生島》本為強盜、半為基督的老頭，多少也是趙滋蕃的半為自傳、半為理想投射的化身，也幾乎是他成長的歷程，直到這老頭，成熟的智慧，戳穿一切虛偽的假面，終而領導一群罪犯，抗拒一切不合人道的權力機制，這才是趙滋蕃的大蔑視與大遺忘。也只有強盜與基督的混合，這種怪誕美正屬於社會底層的力量，他才能戳穿文明的虛偽與偽善。趙滋蕃是學院與軍人的混合體，有時更寧肯在下流社會中尋找誠懇樸拙，但向上生長的力量。在他小說中許多栩栩鮮活的人物，彷彿是眾聲喧嘩，是社會底層的語言。但他在這裡學習到野生的經驗與智慧，體驗到生活的真實，看到無情的壓迫，也看到人間的哀憐淒切。他的筆，在民間尋找活力。在渺小卑微的人物中，他見證真情與虛偽，他看出人類真正的力量，他的筆為一切被壓迫者伸冤。

此外，四部中篇小說，五十餘萬字的短篇小說，近十冊散文，一部四百多頁的《文學原理》，尚待整理的《小說原理》，有多部小說改編成電影，他的文學成就，還待積極重估。他已逝世十六周年，但往日向他問學時，他緩慢樸實的風貌，一言一語，已成永憶。在那流動的天空中，有許多偉大的哲學家、小說家出沒，時而有天火般的雷聲，穿盪過黑夜，而他用雷音為我說法，顯得如此單純、寧靜、而偉大。創造性的電光，因天神之投骰而戰慄。

大盜巴拉巴殺過人而被釋放，耶穌基督卻被釘上了十字架，如果強盜與基督合體，就成為一個強力的基督，超越凡俗善與惡的榜樣，更能挑戰「強權」與「法律」。如果大盜放下屠刀，一念迴善；如果基督橫眉豎目，有著強盜的力，那將是怎樣的氣象？當世界偃伏在惡的腳下，這是小說家趙滋蕃所設想的超越善與惡，精神最終的變化！

趙滋蕃先生紀念文集

楊勝坤

此次，在父親過世十六週年，重新出版父親文集，有些許想法。

其一，父親才氣縱橫，涉獵多方，博聞強記，專精德國哲學、文學，兼治英美思想，生活經驗豐富，學貫中西，懷大骨傲，冶煉成一家之學。有大蔑視，而有所不為。太史公自序中言道：究天人之際，明古今之變，成一家言，藏之名山，副在京師，俟後世聖人君子。小子不敏，不敢追望太史公，乞為父親集結名山之業，藏諸名家，以俟賢達君子。

其二，在這個人類自許的文明中，父親以小說的形式，小說之刀筆，揭露當代文明虛偽的本質，力圖挽救當代文明的真正危機。直書時代的罪業，痛批「有資格發言者的文明，必然優於被迫沈默者的文明」之荒謬，挺身替啞子發言。

引《重生島》序言：讓世人看清楚，中國人在中國的土地上，變成不受番鬼佬歡迎的人物，而遭受遞解出境的荒謬可笑。他們憤怒地等待無限開門，要在天國的律法面前控告人間的法律。整個時代犯了罪，而且還要引以為榮。誰能以蒼鷹之眼，盯住血淵骨嶽，看入幽深而無動於衷呢？記錄人類最大的污點，並不是鼓勵人們侮辱災難，而是要加倍喚醒人們避免災難。當貧窮和愚昧仍然是人們不幸和墮落的來源，我們即當省思人類文明所展現的公平性與包容力。

孔子有言：我欲載之空言，不如見之於行事之深切著明也。父親獷野深心，始終著眼於人間的公平與正義。當此二十一世紀，生命科技正將展露其驚人威力之際，當以此為戒慎。

其三，父親筆力雄渾，見地深遠，對生命心懷敬意，對人生心存謝意。他以出世的精神，幹入世的事業，用自己的力量，實証自己的存在。父親的小說是寫實的，記錄整個時代的實況，反映整個時代的思潮。《半下流社會》述說五十年代轟動世界的百萬難民潮，逃亡到香江後的艱苦生活。其中「勿為死者流淚，請為生者悲哀」：述說人生苦海，是生者無盡的承擔，以此沈重之極的筆法，述描生命總在痛苦中成熟；以血淚交織呈現活蹦活跳的生命；以深沈的悲哀，振動這一代的心靈。《子午線上》時間縱深達六十年，六十年間中國人生活的時空，具體展現。全篇動用了澎湃的感情，其中尤重親情。承認應付亂世最好的法子，就是凡事放棄，凡事遺忘。但，理性的孤島四周，永遠包圍著感情的大海，以此表顯生命的情操，闡述生命的價值。這是個生命的事業，也是生命的功課，人生永遠的功課。

在《海笑》一書裡，有信有望有愛，由青年男女、同胞手足的小愛，到國家民族的大愛，死生不渝。用生命和血寫下一寸山河一寸血的精義：「大丈夫生於窮廬，死於國事」，「虜騎千重視若無」，

「用手霑著胸膛裡邊的血，為歷史寫下最後的一句話 — 人是不可被征服的」，「可憐嗚咽洞庭水，白骨青山剩劫灰」，「力盡山河危未解，終令壯士扼腕息」，「名山忠骨兩沉埋，乾坤回首亦塵埃」，極盡所能的呈現四萬萬同胞用生命所換來的價值，「凡用生命從事工作的，經營的必然是生命的事業」。書中的主角「來到這個充滿淚水的世界，單單只為了做一個活見證。這樣稚嫩的心靈，原只配耽讀人類歷史的緒論，他卻被迫先讀完末後幾章。」這一場八年的浴血苦難，用五千萬軍民同胞的鮮血和白骨，創造過的民族價值，不致寂寞蒼涼，靜默無聲，隨時間而逝。「雖然已經過去的不再回來，可是沉澱在心靈深處的已夠令人心醉」，「他們的臉上刻劃著一個世紀以來，中國善良老百姓的悲哀和創痛」。而其中，最沉重的伏筆：「一代人的忘我犧牲，換不回下一代人的幸福」，也留下了最深沉的痛。

唐朝大詩人杜甫被喻為詩史，父親以小說的筆法記錄史實，將許多社會行業的人，連同他們的思想、感情、學養一併帶入，綜合構成一個時代的社會生活，與一個時代的精神面貌，或可當得「小說史」之名。

仰望杜甫「大庇天下寒士俱歡顏，吾廬獨破受凍死亦足」的聖人襟懷，父親著眼於人間的公平與正義，鄙視政治權力與經濟權力的專橫與可怕，期望「重新安排人間的新秩序。使許多在人間找不到自己位置的人，得到公平合理的生活。擦乾流淚人的眼淚，讓受苦的人臉上有真正的笑容，使屈辱的人挺胸而立。」「確切保障社會的安全與穩固，使萬夫各得其位，萬物各得其平，萬民皆有安身立命之所」。

並強力主張教育，普及教育，讓每一代人都脫離貧窮與無知，走上新道路的心情，似有類之。

父親對小說之處理，氣魄宏偉，開闔自如，思想高遠，反應時代思潮，究極人類文明的價值，深省個人生存的意義，以中國傳統士人的淑世襟懷，基督救世的公心，理性批評現代西方存在主義、自由主義的價值本源；重估民主政治、資本經濟的價值；思辨西方兩百年知識論思想體系；告之世人東海西海聖賢共通的理想。真正做到格物致知誠意正心的功夫，其超卓的才華、學養與襟懷，齊身世界頂極。

小子重新推介父親小說叢集，供當代賢達賞析，願為提振時代人文精神，省思生命的真義，盡一己之薄力。小子不才，繼志述事，瑩瑩大者，吾不能也，忝為先人羞，以上三者，乞盼高明賢達指正。

第一章

陳思敬把那張脹紅了的瘦長臉，慢慢挨攏去。

「水湄，昨兒晚上你在電話裡邊親口答應的。」他在齒縫裡柔聲說：「怎好意思臨時變卦，失信不來？」他壓低聲音機密地添說，眼睛像搭了堆蜜糖，謎成了一條縫。

「噓！」小姐用食指輕擱在菱角小嘴上，阻止他繼續說下去。

「你就沒有嘗過失眠的滋味，不知道失眠的痛苦 — 寒流洶湧，心如油鍋，簡直是火燒烏龜肚裡疼！」

小姐嫵媚地微笑著，沒有做聲。

她輕悄地瞥了瞥空闊的大廳。大廳冷清清的，一個客人也沒有。白燦燦的燈光從暗壁四周、從彩繪著敦煌藻井圖案與飛天的天花板上灑落下來，融匯成一片光流。小提琴的樂音，在二樓倒八字梯口飛濺著，圓熟而悠長，柔和得像「飛天」的飄帶。樂音消逝了，卻又響起來，變得更高更響，然後是一串潺潺蚰顫音。她側身諦聽，哀絃繼續吐出一些歎息。接著是一片沉寂，收音機顯然被關上了。

她霎動著眼睛。雪白的檯布，油綠色厚呢窗帘，大紅緞子上綴著的那個高達八尺的金壽字，以及掛滿一廳、色調十分奢侈的壽軸子，一一跳進瞳孔，驀然間，她有了置身於古埃及金字塔裡邊的感覺。空幻、落寞，轉瞬即歸虛無，以及諸如此類的感觸，交織成一片銀灰色的哀愁。

然而嘎沙的低沉的聲音，卻繼續響在她身邊。「你眞會裝蒜。害得人整晚失眠，連一句安慰的話也沒有。我眞想…哦哦，不回答才是眞正的回答，那麼今晚…。」

「哦，不！」韓水湄愕然掉轉臉來。白淨清秀的臉蛋上，頓時擠出一絲討好的甜笑，賞光似地望著他。

那是張她特別感到親切的臉。在那張臉上，她確實可以找到一些似曾相識的東西，雖然實體已經白骨成灰，但摹本仍然令她心醉。她鬱鬱不樂地尊敬已經不存在的東西，奇怪地留戀著已經化爲泡影的事物。她瞧著瞧著，往事突然漾在心頭，閃爍如夢。明亮的大眼睛裡，驟然顫動著淚水。

「小姐們眞難伺候！一問三不答，好像我陳思敬只是個影子，不是個眞人似的。告訴我：這個時候找我來，到底幹啥？」

「別這麼開門見山好不好？」她含淚低語著：「這是個充滿低語的黃昏啊。」

「那是你們上流社會的事兒。談情呀，說愛呀，密約偷歡呀，吃飽飯拉屎呀，等等。到口不到喉，不合現炒現賣的原則，這種空心老倌我可不幹！」

韓水湄的苗條粉嫩雪白的手臂，和低胸晚禮服裡羊脂玉似的胸脯，忽然感到涼颼颼的。「約你來，思敬，」她顫聲說：「是另有作用的。既然如此，那我也不勉強你了。」

「另有作用？」陳思敬的尖鼻，幾乎觸到了她的髮邊。「還不是敲敲捏捏老一套！」

韓水湄忽然氣憤憤地笑起來，但始終保持緘默。纖手輕盈地捏住充白貂皮毛披肩兩端，將它裹緊了些，儀態十分之雍容華貴。而周身的珠光寶氣，在這毫不經意的高雅的小動作中，寂寞地閃著光。

「還有什麼作用？」尖鼻子已經在秀髮上揩起油來，鼻息很粗，秀髮給扇動得習習亂抖。

「還有什麼作用啊？當然囉，新鮮玩藝兒我也懂的。……總該不致於玩仙人跳吧？」他好像是自己問自己，可是沒有得到答案。

韓水湄臉上的笑容倏然消失了，彷彿給抹掉了似的。「放莊重些！」她柔聲打斷了他，同時把頭偏離半寸。

「叫我怎麼辦呢？叫我怎麼辦呢？」陳思敬重複著，驃勁顯然疲軟了。「小姐們老喜歡吹無定向之風。天晴，或有微雨，叫我怎麼辦囉？」

「唉，一個女人內心的隱痛，眞慘過世界性的災難。只要你一閒下來，過去的事兒就會伸出嘴巴來咬你。這個，你如何知道啊？」

「所以妳找我來暫時塡塡空檔，是不是？」陳思敬詢問似地瞧住她。兩眼呆突突的，好像被一條看不見的鐵鏈拴牢了，沒有辦法挪開。「其實我也會咬的，飛擒撻咬，並不是我吹牛，十八般武藝，件件精通。」

韓水湄淚承於睫，粉頸低垂。「一個懂得尊重別人的人，才會懂得尊重自己。」她慢悠悠地說。臉色出於意料之外的柔和了：「不要一心一意想在別人身上尋歡作樂。也許，男人們的天堂，說不定正是女人的地獄哇！」

「那是我的職業，」陳思敬插言。「打工的得工錢，肥婆、醜八怪，一體奉承。如此而已。」

「夠坦白。」隔了半晌，她才冷冷地說。

「說老實話有罪嗎？誰憐惜過我？女人們的天堂，說不定正是我這個男人的地獄呢？」

「談話到此爲止如何？」

「那是什麼意思啊？」他簡直在哀鳴。韓水湄沒有再說什麼。目光低低地斜注在白金鑲鑽勞力士腕錶上，眉心巧妙地皺起來。

「生我的氣嗎？」

「不。」她做了個十分動人的手勢，然後一個字一個字迂緩地說下去：「一個無可指摘的人，才有資格責備他人，我永遠不配，就外表而言，我可能沒有什麼缺點…。」

「對啦，」陳思敬翹起大拇指狠狠地灌了一注米湯：「風華絕代，十全十美，美極了。」

「但沒有缺點並不等於沒有污，我沒有這種自信。人要生活，生活永遠是現實的，其它一切都是神話，別怨天尤人，也不必錯怪社會不公道。——沉默是我們共同的好朋友。」

「是，是的。鈔票第一，自殺萬歲！其它一切都是神話！」他說得很急促，聲調裡震顫著忿怒。「神經話！」緊接著他補充了這三個字。

韓水湄又微笑著點了點頭。「這本來就是個神經錯亂的時代嘛！」

陳思敬索了索軟軟的尖鼻子，一股暖香突然搔癢著他，諂笑堆滿一臉。長臉縮了水，連帶把長下巴也牽縮得捲了邊。「那麼今晚到底怎麼打發啊？」他低聲下氣，言歸正傳。說話時，兩撇修剪得很齊整，並且灑過好幾滴廉價香水的小鬍子，生動地跳躍著，活現出火山孝子們的那種孺慕之情。

「請別誤會，我不是一個裝模作樣的女人。思敬…。」她用睡意朦朧的迷人聲調說：「心直口快，我跟你一樣。不過，不過…，」她囁嚅著，粉嫩的臉蛋，突然像潑了一瓢豬血。

「不過什麼？」

「假如女人的代名詞，就是不幸和墮落，那麼，這個時代的女人，可以說是最有女人味兒的了。愛情嘛，其實就是打獵。一個一絲不掛的女人，實實在在是一個全副武裝的女人，她身上的陷阱多著哩。」

陳思敬故意的打了個尿顫。「半斤八兩，我不在乎。」他吃吃地笑起來。

「今兒晚上，無論如何是不行的。」她憐惜地瞅住他。「我想給你介紹幾個朋友，讓你也有個正當的職業。」

「朋友？男的還是女的？」

「當然是男的嘛。」

陳思敬抱拳作揖。「少照看這個。有錢的嘛，氣味難聞。無錢的嘛，搶我的生意。同行是冤家，避之則吉。」

「眞是狗肉上不得檯盤，」她怫然變色。「假如你自甘下流，那就只好各行其是啦！」她說著說著，已輕盈地起身離座。

陳思敬也跟著站起來，伸手攀住她的香肩，膚肌滑不留手，但仍然是堅實的。跟他奉承過的那些個肩膊完全不同。——那些肩膊嘛，不是太軟，就是太熟，難怪她這麼矜持，他想。眼勾勾地望著她，露出一副可憐兮兮的樣子。

韓水湄正待啓齒，樓梯旁邊突然響起一陣破銅鑼似的聲音。一個光鮮體面的矮胖子紳士，挽著一個花枝招展的高大女人，對直走過來。

「嗨，哪兒沒找到。」紳士嚷，洪壯的嗓音嗡嗡地在空蕩蕩的大廳裡起鬨。「原來你們躲在這裡談情說愛。哈哈，眞有你的！」

陳思敬一怔，手已自然地脫離了接觸。高瘦俊美的身子輕捷地掉轉去，快速得像個桅盤。

矮胖子紳士腆著個大肚子，身高五英尺不到，有兩條短得出奇的大腿，和一個十分性感的光頭，幾十根搽得油光水亮的黑頭髮向後斜梳著。容止舉動，像死了一個布販子。但陳思敬的眼睛裡另外給他劃了個葫蘆。——假如動手術截掉兩條短腿，眞是一隻出色的琵琶！

「這位是鄒司令鄒又紫先生。」韓水湄介紹：「這位是我的朋友陳思敬先生。這位是——」她突然忘了名字，飽飽滿滿的小嘴窘迫地喎起，像一朵鮮活的玫瑰。

「紅舞星劉小姐。」鄒司令提醒她。韓水湄的玫瑰花散了瓣，幻化成一隻小小巧巧的紅菱角。「這位是劉情小姐，我的記性眞成問題。」她敷衍著，微笑攀在齒唇上。

劉情小姐伸出戴著網花長手套的大手，用指尖跟陳思敬握了握。陳思敬的視線慢慢從她又長又尖的鱷魚皮高跟鞋向上移動，他對那雙修長圓渾的美腿和奇峰突出的胸脯發生了興趣。至於那張平平板板大嘴大眼濃眉扁鼻的銀盆臉，他總覺得過於霸道，引不起他的美感。

而鄒司令天生來就有這麼一副怪脾氣，喜歡踮起腳跟跟別人較量高矮。此刻，他在這昂藏七尺之軀的人面前，雖然踮起腳跟，高度也僅僅齊他柳條呢西服角袋上插的手帕。因此，陳思敬不得不紆尊降貴，劈開兩條長腿卑屈地站著，和他握手寒暄。

鄒司令的肥巴掌熱情地捏住他的手，久久不放。「陳先生一晌在那兒得意？」他問，笑容可掬，十分的親切。

陳思敬的肩膊，慢慢喪失了平衡。他一臉通紅，低窄的額頭上，青筋像蚯蚓般蠕動。酸麻火辣之感，沿手指頭直湧上來，忘了答話。

「他還沒找到職業。」韓水湄代答：「如果有相安的差使，盼望鄒司令提拔提拔。」

鄒司令揚揚得意地哄了哄雙筒槍通關大鼻子，大廳裡彷彿響了一排鎗：「當然。當然囉！小姐閒話一句，金口玉言，嘻嘻，金口玉言。」他的手握得更熱情了。陳思敬尖鼻子抵住厚嘴唇啞忍著，小髫子直哆嗦。

「你不好亂開空頭支票哇！」韓水湄釘子覆腳，又補了一火。

「大丈夫片言九鼎，言出法隨。決無戲言，決無戲言。」他的聲調顯得更柔和了，但仍然聲震屋瓦，陳思敬耳朵裡一陣轟鳴，睜著一雙死魚樣疲憊的眼睛，曉得這次吃虧吃定了。

「一定要站班嗎？司令。」劉情說。

「好的，好的，好極了！」鄒司令挺了挺大肚子。「那邊請坐。……什麼時候啦？」

韓水湄看了看腕錶。「七點差五分。」她答。

「早得很囉。難怪負責迎賓的張少將、胡奇遇、藍玲小姐、柳鶯小姐，都還沒來。」

他說著說著，手鬆開了，陳思敬如獲大赦。右手急遽擺動，彷彿在揚湯止沸。

四個人各霸一方，相繼入座。

「發財人頭兜得轉，水面寬，神通廣大。」鄒司令一板一眼說。「夥計！」他突然揚手大喝一聲，轟雷就響在四方桌子當中。

大廳的另一端，五六個穿白制服的侍役，正呵手頓腳，縮起頸子在閒聊。他們好像透明的光流裡浮現的幾點泡沫，看起來似乎不佔什麼位置，而且似乎遙遠得很。聽到鄒司令一吼，其中有兩個人一先一後，邁著細碎的步子，連忙走過來。

司令吩咐他倆沏一壺龍井，並且加要了兩瓶拿破侖白蘭地，兩罐三個九。接著，他那惟我獨尊的脾氣又發作了，他一個人嘩啦嘩啦說，其他的人，只有洗耳恭聽的份兒。

「居然一下子能夠找到四位如花似玉的美人，」司令虎起身子在陳思敬的肩頭上賞了一巴掌，笑得直喘牛氣：「迎接賓客，發財眞有眼光，眞夠面子。思敬老弟呀，你想想看。哈哈哈哈，今晚天氣眞不錯啊。」

他媽的，眞是錘子，陳思敬在肚裡嘀咕。同時生怕他再表示親熱，連忙把身子仰靠在椅子靠背上。

「女明星韓水湄小姐，名舞星劉情小姐，名歌星柳鶯小姐，名交際花藍玲小姐。在香港，都可以說是頂兒尖兒的美人，極一時之選。」他大唱獨腳黑頭戲，唱得三個聽眾六道眉毛都對準他可怕地皺起來。

但獨腳戲仍然繼續下去，大有如雷貫耳之妙。「眞有手段，老弟，」他笑得甜蜜蜜的，一彈而起，又霹霹啪啪在陳思敬的肩頭上特別表示了一陣友好。

陳思敬在喉嗓子裡「唔，唔」連聲。一顆可憐的心，老早掉到褲襠裡去了。

「香港四大名閨，」他說溜了嘴，把媛字說成了閨字。「被咱們一網打盡啦！」

「也許還有漏網的啊，」劉情小姐一臉神秘的冷笑：「香港四大名龜，還三缺一哩。」

「那我不信，」司令的眼睛鼓得像地牌。短手抱住大肚子，姿勢格外莊嚴：「那我到底不相信。」

「你仔細想想看，」劉情鎮定地把戴著手套的大巴掌，輕輕擱在檯布上，中指微微點動著：「眞沒有漏網的嗎？」

鄒司令用手指梳搨著那幾十根頭髮，極力思索。「哦哦，有了，有了。我倒忘了。虧你想得週到，連後補也算進去了。許虹、石蕙、徐劍蘭。」他屈著粗短的指頭：「眞的是三缺一！嘻嘻。我一時倒想不起誰能冒名頂替，湊上這一腳！」

侍役把煙、酒和玻璃杯擺好，怕他再嚕嗦，躡手躡腳溜走了。

鄒司令旋開廳子，意味深長地嗅著。抽起提頭，取煙在手，在餐桌上頓了幾頓。陳思敬習慣地摸出打火機，喀嚓打燃，硬著頭皮湊上去。

「啊哈，我想到啦！」他突然揚起肥巴掌。

陳思敬好漢不吃眼前虧，撩下打火機，開始三級跳遠。司令這道掌風落空，只好把自個兒的膝頭和大腿，作爲發洩的對象。

「想到誰啊？」劉情肚裡半截，嘴裡半截，迷迷糊糊地問。

「壽星婆，她才夠格呢。哈哈！」

劉情摸起打火機，給他點燃煙捲。然後順手取出一支，把三九牌香煙的金嘴斜插在大嘴巴上，也抽起來。

「眞是荒唐！」她說，似乎是抗議，並且噴了他一臉的煙。

司令朝臉上抹了一把，連帶把臉上的得意表情也抹掉了。他拔開瓶塞，在四個玻璃杯中各注滿大半杯酒。

「思敬老弟，你眞荒唐！」他嚷：「來！飲酒。抽煙。」

陳思敬背著綠呢窗帘，雙手插在褲袋裡，膝蓋前後搓動著。他吹著口哨，顰蹙地笑著，一臉陰鬱的表情。

「這種樣子，」司令的雙筒槍鼻子，猛射出兩道煙柱。「老早該槍斃啦。」

「咦，那不就完蛋了嗎？」韓水湄插言。

「從前我在部隊的時候，」司令氣咻咻地說：「槍斃過……。」

陳思敬陰陽怪氣打斷了他：「大概司令帶的是東洋隊伍吧？」

司令一蹦而起，怒形於色，隨手摸起玻璃杯一飲而盡，粗短脖子給酒嗆住了，凸起那麼一大塊。「混蛋！你敢當著小姐們的面，剃我的眉毛？豈有此理！眞正豈有此理！」

陳思敬搭拉著頭，沒有回嘴，司令的火氣似乎更大了。一些字典裡邊都不便印進去的詞兒，像霰彈一般，炸滿一廳。

劉情起身，把他按在椅子上，嘩嘩倒酒。「那不過是枝節問題，司令。」她把他的思路，帶上了另一條軌道。「四大名龜，還沒安排好啊。」

果然這個法子十分靈驗，狺狺之聲平息了，他又開始搜索肥腸，沉思起來。「香國點將錄上，還有些什麼名雌？你給我提個頭好不好？」

「這本書我沒拜讀過。」劉情連連搖頭。

「四大名閨，是我的新鮮發明，」他又回復了自鳴得意的常態。「本人是有權申請專利的！」他說著說著，又是一陣哈哈，而且越來越是高腔，唯恐隔壁的人聽不到他的高論。

玻璃旋轉門一開一闔，大廳門口出現了兩位紳士。

「又紫兄又在放言高論，」蓄平頭的紳士悄悄通知戴眼鏡的紳士。「你身上帶有棉塞嗎？這一頓重砲轟擊夠瞧的了。」

「咱們超越前進。」戴眼鏡的紳士壓低嗓子說。

鄒司令口沫橫飛，旁若無人，儘在自說自話。排砲中參雜著一連串重機槍聲音。那是一天之中的第八次奏樂，給兩位花兒朵兒一般的小姐，遺留下睡意和氤氣。

「客人來了！」陳思敬木木然嚷。肩膊仍然是麻辣火燒的。

兩位紳士，正穿過第三排桌子，啣枚疾走。想衝上二樓，躲過這場災難。可是，躲脫不是禍。是禍躲不脫。

破銅鑼奏鳴起來。俘獲了這兩個英勇的可憐蟲。

「張少將，奇遇兒，這邊來！」司令的兩條膀子，盤舞在光頭上。這一回我們可不能把他看成布販子了——像死了一個指揮倒車的司機助手！

張將軍猛然煞掣，但收不住腳步，一個蹣跚，竄開五六尺遠，好像褲襠裡鑽進了一隻黃蜂似的，捧住屁股亂蹬亂跳。胡奇遇卻臨危不亂，體態安詳。「啊，原來你們都在這兒。」他平靜地說。改變了行軍路線。

「只怪你們眼睛長在頭頂上，瞧不起人。」鄒司令抱怨道。

「眼睛也不會長到耳朵上囉。」胡奇遇回敬了一買賣。

在陳思敬的眼睛裡，胡奇遇是一個這樣的人：長身玉站，儀表不俗，一臉精明幹練的相。平頭，高額，頭髮像被雙氧水漂過似的一根雜毛也沒有。走起路來肩膊略爲抬起，手臂自然下垂，很少前後擺動。斯斯文文的，半像學者，半像殭屍。張少將則不然，他是個生氣勃勃的中年人。中等身裁，頭蓋大，臉頰瘦削，濃眉毛下架著一副白金絲豬腰子型眼鏡，時時有向下滑動的可能。烏黑的長髮向後倒梳著，光滑得像黑緞子。兩鬢離得很遠，額角又寬又低。這種額角，不由得不使人聯想到蹩腳畫匠筆下的兇犯。

韓水湄與劉情相率含笑起立。並招呼陳思敬過來，和這兩位紳士見面，陳思敬在鄒司令的左邊安置一張椅子，情意懇切，請張少將入座，在右首轉角處，放上另一張椅子，請胡奇遇做緩衝屏障。自個兒卻泰然安插在胡奇遇和韓水湄之間的拐角處。「除非你有隔山打牛的功夫。」他想。露出兩顆門牙瞥了瞥「琵琶」，彷彿牙齒也會笑似的。

劉情把面前的大半杯酒，推向張少將。韓水湄也乘機突圍，把玻璃杯從對角線上派司過去。六個人，端起四隻玻璃杯，兩隻茶杯，互相祝飲起來。

「怎麼你們倆人，變得這麼規矩了？」司令開言。

「司命菩薩，今晚可能來湊熱鬧，」少將用左手推了推眼鏡。「暫時停止夾帶走私。」

「柳鶯這騷娘們，豈不要打自摸單調嗎？」鄒又紫放下玻璃杯，鄭重其事地說：「那麼你呢？你怎麼不陪藍玲一道來？」他的矛頭轉攻向胡奇遇。

「我也差不多。」

劉情莫名某妙地大笑起來。韓水湄微笑著。陳思敬面無表情。「啊哈，眞不成材。」鄒司令突如來左右開弓，猛拍著兩位芳鄰的肩膊。酒香四溢，白蘭地濺滿半桌子。「假如是我呀，哼！」

「你呀…時人不識予心苦，將謂偷閒學拜年，是嗎？哦哦！不是嗎？」胡奇遇聳聳肩說。絲毫不動聲色。

劉情嘴裡的龍井，一直飛象過河，濺到胡奇遇的高額頭上。司令勃然變色，兩頰的肥肉神經質地痙攣著，像兩扇活豬肝。「她敢喝乾醋，抓起來軍法從事！」他吼，聲威赫赫，氣呑牛斗。

「走私夾帶，是嚴厲闔教的副產物。司令，這上頭是沒什麼好逞强的。」

「胡說！」

「我本來就姓胡嘛。我不說，誰說呀？」

兩人瞪眼對視著，一個是滿頭霜雪，一個是頭皮光可鑑人；一個是陰氣勃勃，一個是熱火朝天。棋逢對手，將遇良材，這齣戲並不壞啊。陳思敬看得眉花眼笑，不知不覺之間，浮了一大白，又摸起個空酒瓶釃酒。韓水湄用鞋尖輕蹴著他，他才如夢初醒，把空瓶塞到桌子底下，拔掉另一個酒瓶的瓶塞，弓腰蝦背，慇懃地注滿四大杯。

「喝酒。」鄒司令語窮詞塞。

四隻玻璃杯碰了頭，發出一片清脆的響聲。白蘭地震顫著琥珀似的光，韓水湄突然覺得那全是血！

「今晚我有得意之作，」司令打了個酒呃。「嗯，有最新鮮的發明。」

「發明了什麼？」少將從眼鏡上邊斜睨著他。

「四大名閨。」

「哦，哦。」胡奇遇和少將的二重奏。

「你們猜猜看，是哪四位？」

「男的還是女的？」少將頂真地問。

「噗！」司令啐了他一口：「男的鞋江帽海，怎好躲在閨門裡當相姑。」

這一次輪到韓水湄和陳思敬眉目傳神了，他倆會心地微笑著。而劉情已經笑得前仰後合，閉不攏嘴巴。

「告訴你，」司令一臉正經：「香港四大名閨，就是韓水湄、劉情、柳鶯和藍玲，你們贊成不贊成？」

「我舉雙手雙腳贊成。」少將討好地說。

「那麼你呢？」

胡奇遇額頭上湧起一層層皺紋，但隨即平復：「排名秩序和人選，都還值得斟酌。」他不慌不忙答，滿臉狐疑地瞅住司令。「哦，當然囉。在座的兩位，無論如何是入了圍的。」

「我可不願意競選。」劉情說

「我也是。」韓水湄說。

「而且我心目中的名龜，並不一定是女的。」劉情搶著說。「我以爲司令，少將和胡先生，比較更合適哩。只可惜三缺一，」她意味深長地瞟了陳思敬一眼。「不能成局。」

陳思敬認定他們又要開他的窮玩笑了，放下玻璃杯，屁股悄然離座，作好戰鬥準備。「我領教過的，就是前天，」他夢囈似的咕嚕著。「我並不是慣於坐轎的朋友啊！」他的嗓子突然提得又尖又俏了。

「什麼？」司令的蛤蟆嘴，張得大大的，活像一隻嗷嗷待哺的八哥。

「輸得離了譜，連綿羊都趕進了娘舅店。」陳思敬哭喪著臉說：「他媽的，那隻倒楣的五索！」他忿恚地添說。

「這個不難，老弟。這個不難。」胡奇遇文靜地說：「是些什麼人做你的手腳？我準定代你報一箭之仇。」

陳思敬皺著尖鼻子，訥訥不好意思出口。因爲這個場合是上流社會的：而那個場合——一個拉皮條的「螞蝗」，一個「淌牌」，另一個「跳老蟲的」，都不算什麼正經貨色。而且他明明知道，上下不分，勢必觸犯上流社會的大忌，溜到嘴邊的話，又强咽回去了。

「既然三缺一，」劉情爽朗地笑起來。「我投陳先生一票，湊足香港四大名龜！」她的中指，在檯布上又美妙地騷動起來。

「他怎配？」司令鄙夷地大吼一聲。

胡奇遇眼尖，他早已面色大變。「配的。配極了！」他厲聲說：「司令，不，局長。…郵政局長，咱們叨陪末座，上當不淺啦！」

少將取下眼鏡，一面揩擦，一面沉思。始終摸不清頭腦。「你這是什麼意思？」他在牙縫裡問。「神經病發作了嗎？」

「你才叫神經哩！」胡奇遇脫口而出。「桌子上那隻小五車，早在搖頭擺尾哪。」

一支暗箭，直透進劉情的腦門。好厲害！她想。本能地將手縮回桌子底下。「胡先生眞出口成章，能說會道。」她訕訕地說。銀盆臉紅得像關公。

「咱們都是識竅的，」胡奇遇開始追擊。「只有又紫兄，才會豬八戒吃人參果，好歹總是那麼一回事。」

起鬨的笑聲，掩沒了他底下的話。

司令被激怒得兩眼冒火，光頭生煙。「都不是東西！」他似乎是罵所有的人。「老子天不怕，地不怕，還怕黃臉婆！你這毛丫頭，敢在太歲頭上動土？」他嚷，忘乎其所以然，突然鼓足中氣，一聲大喝：「來人！」

其時，有個侍役，正朝這邊懶洋洋走過來。聽到這聲吼，三腳併做兩步，應聲而至。

「司令，您有什麼吩咐？」他在喉管裡說。鄒又紫遲鈍的腦袋，忽然清醒過來：「滾！不關你的事。」他揮動短膀子，像趕蒼蠅。

侍役滿頭霧水。嘴巴扁到一邊。鞠了個九十度的躬。「是，是。」他說：「太座有電話，您接不接？」他湊近司令耳邊低聲說。

司令驟奉玉旨綸音，臉上肥肉亂跳，再也顧不得面子不面子了：「哦哦，我馬上來。」他誠惶誠恐離座，邁開短腿便溜。後頸窩上那塊三疊式肥肉，互相擠迫著，使人們油然興起滑稽之感。

他的後面，是一陣男女笑聲合奏。

第二章

當黎發財老板施施然踱進大廳時，那陣譏刺揶揄的合奏並沒落音。他游目瞥了瞥大廳兩端，眉梢、眼角、身翼、嘴巴全在笑，可是未發一言。

司令正坐在酒櫃前面一張轉動的圓沙發凳子上聽訓。他背對著大廳正門，但他的緊張情緒卻明顯地表露在那根蠕動的脊椎骨上。脊椎骨軟綿綿地搭拉著，像根瑟瑟秋風中的蘆葦，似乎連脊椎骨裡邊也潛藏某種程度的惴惴不安，以及出乎本能的順從。他手擎耳機，滿嘴是是是，幾乎發動了全身每一個細胞，證明自己的忠貞不貳。可憐他那雙短腿，夠不到銅桿子，幾乎腳腳蹈空，只好虛晃著，像割斷了喉嗓子的雞。黎發財和悅地砸了砸舌頭，對他那又卑屈又滑稽的背部表情，投以關注和同情的目光。

發財阿舅不是單人獨馬光臨的。名雌粥粥，花團錦簇，像向日葵一般追隨他轉動。

這種氣派，正應了當年黃浦灘上一句老話 — 格嶌麻子那摩溫。當然囉，排場、氣概、機靈、手腕、交遊、財富等等，無論就哪一方面言，這個人都是值得別人翹翹大拇指的。雖然，滾動的石頭不生苔，江湖的行業不聚財；這個人的發跡，也不過是一年半載之內的事。好歹這是亂世。亂世對於人們的心靈有兩種作用：其一是腐蝕性；另一是早熟性。我們懶得去理它。我們只覺得這個白白胖胖、羅圈腿、招風耳、五短身裁的中年漢子，像隻矮冬瓜。用上海話來描寫，是屬於「浸胖浮尸」那一類型的。可是，他胖得很得體，既不令人發噱，也沒有暴發戶那股子大模死樣的臭味。他能說會道，花樣百出，各地的方言他幾乎全會。日本話和英語也對答如流 — 雖然他連一個英文字母或一個日本字都不認得。溫柔之中時時活跳著殺伐決斷，厚重之中不斷湧出精悍絕倫的炯炯目光，眞是一團古怪的混亂。我們只覺得他的臉上幌盪著一種深不可測的東西，秘密達到了無法理解的程度。他似乎什麼都幹得出來，甚至也有被感動的時候。

最奇妙的是：他一個人好像代表了一群人，這也許是一個領袖人物的精神特徵吧。和女士們說話時，那口蘇白，溫軟得彷彿是一陣陣噓拂的春風。雙目朗若流星，凡目力所及之處，那兒馬上有了生氣。此刻，大廳之中眞正動起來了。

黎發財老闆首先召集男女侍役談話，三言兩語，把工作一一分配停當。他的記憶力甚強，好像腦門裡邊藏著一本流水帳，近六十名男女職工他都能清楚地隨口道出他們的名姓和綽號，而且從不錯誤。侍役一哄而散，各就各位，開始工作。然後輪到麗池花園夜總會的男女職員，明快地區分了他們今晚的工作，大家鞠躬而退。十分鐘不到，他已挽著藍玲小姐的手，春風滿面，同張少將、胡奇遇這班人安詳地踱過來。

在陳思敬的眼睛裡，這一男一女，儼然雙璧。男的肥肥敦敦，粗線條，勾勒有力；女的小小巧巧，曲線玲瓏，雖然她高鼻樑兩邊堆積著一叢蒼蠅屎，但笑起來卻十分動人。明眸皓齒與粗眉細目適成對照。令人幻想起白紙扇上的香扇墜。 — 他畫這個葫蘆時幾乎使他噴酒，弄得長下巴像根香腸。

黎發財老闆逐一跟他們握手。輕言細語，問暖噓寒，狀至親切，他的笑容分給了所有的人。尤其是他跟韓水湄小姐談話時，頭微微前傾，態度文靜高雅，三分像董事長，七分像老爺，絲毫不顯做作的痕跡。

韓水湄鄭重地把陳思敬介紹給他。黎發財老闆當下笑口吟吟，嘴巴張得像狗洞，欣然邀約他擔任迎賓。陳思敬驀然覺得這個人四海極了，而且因爲面對面站著，陳思敬對他下顎骨右邊的那顆黑痣，也發生了好感。一那顆黑痣有黃豆般大小，黑得放亮。周邊生動有致地茁長著七八根黑毛，看起來像隻毒蜘蛛，靜候著它的捕獲物。

「乖乖，眞了不起啊！」他想。流露出一臉欣羨的表情。「招牌都掛在臉上了。」

「人生四十，日頭剛剛出山。」黎發財老闆意氣揚揚，用普通話說。「祝壽當然是談不上的。起動各位親朋好友，於心實在不安。不過…，」他瞥了瞥兩位小姐。「大家揚揚眼藥，倒也無啥。」他改腔換調神秘地笑著，結束了他的話。迂緩地掉轉身去，走向佳賓簽到處。

衆人一窩蜂追隨。

鄒又紫好不容易受訓完畢。知道太座雀戰甚酣，無法脫身，膽氣頓壯。收線之後，一心一意要找到劉情算賬。他高視闊步，挺著個大肚子，踐踏得柚木地板鼕鼕亂響，簡直目無全牛。冤不冤中途和黎老闆率領的一夥大軍相撞，只好盤馬彎弓，嚴陣以待。

「司令，消息好不好啊？」黎老闆和顏悅色問：「這麼氣鼓鼓的幹啥？」

「劉小姐得罪了他。」胡奇遇插言。

「包在老弟身上。」黎老闆拍拍寬厚的肥胸脯：「倘有不到之處，歸我是問。」

司令餘火未熄，瞪視著劉情。「我一定要整得你翻一個邊！」

「哦哦，老爸爸，只怕您的功夫不到家啊。」隔了半晌，劉情才臉紅紅地答。

「什麼話？今晚看我的！」

「看你臨表涕泣，遞降書降表納貢稱臣。」劉情嘻皮笑臉瞅住他。

這一下，可把司令的肺氣炸了。於是，大廳之中開始了轟雷和閃電的對吵。世界上偏偏有這種奇事，轟雷擊不倒的人，卻被閃電擊倒了。我們的鄒司令的威猛神氣，已經消失了，紅著粗短脖子，只有在一旁搖頭喘息的份兒了。

與此同時，樂隊奏起了迎賓的曲子。那班起碼朋友，已三五成群，闔第光臨。

玻璃旋轉門像跑馬燈一般急遽轉動不停，人潮不斷湧進。簽到處的女職員，由藍玲、石蕙押陣，一字長蛇陣排開八員女將，負責簽名收禮頒發洋金壽桃紀念章。佳賓留名的紅緞子，長達丈二，紅光閃閃，像是怪蟒的長舌。

黎老闆優哉遊哉地率領著一大批如花似玉的美人，以及司令、將軍之流的名男人，裝模作樣的欣賞著那些壽軸子、壽毯子。西瓜大的字他大概認得兩籮。除了「發財仁兄」這四個字他確實認得出來以外，壽軸子上那些善頌善禱的詩詞歌賦，只當它是鬼畫符，囫圇吞棗一溜而過。偏偏碰到一個附庸風雅的琵琶司令，搖頭晃腦，高唱入雲。濫文人喜歡賣弄才情，寫一筆溜的草字，而我們的司令，往往把五言八句，唸成個駢四驪六，若要通得下去，只好在句與句間安上一串串哈哈伴奏，弄得顛三倒四，笑話百出。其中韓水湄與胡奇遇，肚子裡是比較有墨水的，彼此只好相視苦笑，莫逆於心。

墊底的「青蟹朋友」——送兩張十元港幣大擦一餐的苦哈哈們——慢慢塞滿一大廳。大門外傳來了汽車喇叭聲。大概「紅底朋友」要出現了。「紅底朋友」的身價當然跟「青蟹朋友」不同。他們多半手挽著如花美眷，以的士代步。這與擠電車巴士的青蟹朋及，自然有上下床之別，主人也另眼相看，率領男女迎賓在大門內迎接。

一時笑語喧闐，滿廳溫暖如春。忘記了外面寒流洶湧，北風凜冽，正是冬天。

樂隊奏得更起勁了。簽到處起先是萬綠叢中一點紅，繼而是紅綠相間的局面。慢慢春光爛熳，落英繽紛，紅多綠少。最後，漂亮的小轎車開始沿著游泳池四周的柏油路面上擺起長龍來。一時車頭燈閃爍，喇叭齊鳴。主人夫婦抖擻精神，走向大門外，彎腰折背，迎接出手粗豪的「大牛朋友」。

黃褐色的五百元大鈔，逐漸代替了百元紅底。更闊綽的紳士淑女們，有的使用現金支票，有的雙手奉上銀行禮券或大百貨公司的禮券，五光十色，場面為之一變。而洶湧的人潮，也水漲船高，漫向二樓、三樓。丈二長的紅緞子上，密密麻麻地全是香港社會的知名之士。在柔和的燈光下，那些個龍飛鳳舞的毛筆字，不知什麼緣故，突然輝耀著鬼火似的燐光。

萬物各從其類。此時四層樓，已黑壓壓的全是人頭。底層大廳是青蟹朋友匯合場所，他們在交頭接耳低聲閒聊。分散的笑語開頭像蜂房中的嗡嗡聲，久而久之，聲音越聚越多，變成了風濤澎湃的聲音之海。對面談心，似乎要安裝擴音器，才能夠使對方弄明白到底講的是什麼。二樓是紅底朋友的歇腳場。精彩的堂會業已開鑼。演的是「張義得寶」。一時鑼鼓催場，京胡奏雅，熱鬧非凡。三樓大概是大牛朋友手談之處，麻雀天九梭哈十三張，生涯鼎盛。四樓呢？四樓裝的盡是貴賓。一半用彩色絲絨屏風圍成一二十個小小天地，讓走私夾帶的紳士淑女們談情說愛。一半開了個單雙賭檔，歸胡奇遇主持。「發財埋便」大賭特賭。

八點二十分，滿潮期已過。只有三三兩兩的貴賓，零零落落點綴著場面。黎發財老板大概抵不住寒流，龜縮進大門裡邊。同時示意負責迎賓的人，開始分兵作戰。

韓水湄小姐微提著白緞子晚禮服，銀色高跟鞋輕點著樓梯上的猩紅厚呢地毯，冉冉登上二樓。禮服上的葡萄藤膠片，發出一片微弱的瀟瀟之聲。習習抖動的毛披肩，泡沫似的胸脯，晶光璀璨的鑽項鍊，以及光可鑑人的秀髮，閃耀在讓路的男士們貪婪的眼睛裡，她似乎是帶著上流社會所有的光彩，媚笑著，驚鴻一瞥地掠過堂會的觀眾，對直走向三樓。她沒有看任何人，但臉上的笑容卻散給了所有的人，幾乎使大家的目光全傾注到她優美的背上。倩影在樓梯上消失了，給二樓留下陣陣香風和騷動。

按著是劉倩、柳鶯、石蕙、許虹、徐劍蘭，花技招展，相繼亮相，但只有輕微的反應。等到鄒司令、張少將與陳思敬出場時，觀眾的胃口整個兒倒了。冷淡失望的表情改變了他們的臉型。

大廳大門口此刻只剩下黎發財老闆夫婦把關，領班走來低聲請示。黎發財老闆瞧了瞧錶，跟他嘰嘰咕咕說了幾句，自個兒踅到酒櫃前，撥了個電話。對方接電話的是個娘姨，一問三不知，只好訕訕地掛線。

「你還要等誰啊？」壽星婆問。

「霍顧問。」他雙肘撐著櫃面，厚巴掌不自然地開闔著。「美國領事館的法律顧問。」他補充道。

「他一個人有這麼重要嗎？」壽星婆反詰：「兩千多客人都在空著肚子呢。」

他望著梯口。搖鈴執粉牌的人正匆匆忙忙走下來。「那他們可以先聽京戲的。——馬連良的祭東風，總該不錯吧。」

果不其然，粉牌轉移了大部分賓客的注意力，許多人起身離坐，湧向二樓。饑餓的壓力顯然減輕了，但嘈雜的聲音仍舊刺耳。主人不得不捫住耳朵，似求片刻寧靜。

九點一刻，祭東風已接近尾聲。門外撳響起一陣汽車喇叭，主人如釋重負，笑逐顏開，連忙衝出大門，降階相逢。

霍顧問陪著個衣履光鮮的單皮長子，匆匆走過來跟主人握手，並爲他的遲到連聲致歉。

「這位是文象斗博士，美國巡迴大使吉賽普的隨身秘書。」霍顧問慇懃介紹。「這位是黎總經理，麗池花園夜總會的老闆。」

黎發財鞠躬至膝，跟文象斗握手攀交情。

「不速之客…。」

「請都請不到的貴客。」黎發財眉開眼笑搶著說：「眞是三生有幸，增光不少。」

一陣西北風呼嘯而過，文博士打了個寒顫，連忙翻起乾濕褸的領子。「今晚眞冷啊。想不到這個亞熱帶地方，會冷成這種樣子的。」

黎老闆推轉玻璃門，三個人相率進入大廳。大廳裡邊依舊談笑風生，煙靄沉沉，攪混著客人的視線。最後兩位貴賓遞上賀儀，提筆簽名留念。可是找來找去，全沒插針的地方。一籌莫展地聳聳肩，準備擲筆。

「這兒還有地方。」藍玲小姐笑臉迎人，纖手指了指紅緞子左上角。

文象斗眉毛抬起，兩眼平視。一朵鮮活的薔薇蓓蕾，綻開在藍玲的嘴唇上。微露出一副整齊的白糖似的牙齒。粉臉上的雀斑，生動地震顫著，份外迷人。直到霍逸君簽好了名，而衣帽間的小姐將一塊圓銅牌塞到他手上時，他才好夢初醒，即席揮毫。

「咦，夏博士也來啦！」文象斗放下筆，驚愕地說。

「誰？」霍顧問悄聲問。

「你看，逸君，這不是夏博士的簽名嗎？」

「夏博士是何許人？」

「哈佛的老同學。也是吉賽普大使的同班老友。他那筆錢南園，燒成灰我都認得的。」文象斗認真地說：「我一到香港就四處打聽他的下落，可找不到他的鬼影子。想不到無意之間卻撞上了。」

「是那個戴金絲眼鏡的夏博士嗎？」黎發財插問：「茄子臉，鼻尖上有幾粒白麻子，是不是啊？」

「不錯，正是他。」

「那他是此地的常客。簽的單一大堆，就是付不出一個子兒。」黎老闆鄙夷地說：「人倒也斯斯文文的，可太懂得揮霍啦。」他添說，翻起小眼睛斜睨著文象斗。

文象斗登時覺得臉上掛不住，面露不豫之色。「大丈夫得意一條龍，失意一條蟲。」他正色道：「怎麼可以小人之心，度君子之腹？」

黎老闆被訓得脖子連耳根，紅了那麼一大截。「文博士要找他嗎？」他囁嚅著：「那我可以代勞。」

文象斗點點頭。沒有再說什麼。

黎發財老闆立刻馬不停蹄，到處亂竄。整個大廳都找遍了，就是找不到夏青萍這個人，終於垂頭喪氣踱回來。「說不定在二樓看戲。」他氣喘吁吁地說：「假如不嫌棄，我帶你們到二樓去。」

三人魚貫登上二樓。

二樓的堂會，正上演「華容道」。人山人海，擠得水洩不通。要在人叢中找出一個面部無顯著特徵的觀眾來，可沒有從蕁麻中找尋玫瑰花那麼容易。黎發財老闆首先想到了眼鏡，他把戴眼鏡的人和沒戴眼鏡的分成兩類。然後把戴眼鏡的男人和戴眼鏡的女人分開，結果卻一無所得。但他另有所獲，他發現成千的人都只像是一個面具。這個面具是良心和生活合成的，是一團神秘的皺紋交織成的，越看越可怕。於是，他們走上三樓和四樓，繼續搜索。

（然則夏青萍博士到底躲在什麼地方呢？其中原來還有一段古。事也恰巧，他落座的地方，剛剛就是韓水湄小姐跟陳思敬調情的那個角落。當發財阿舅氣咻咻到處找他，他會錯了意，以爲黎老闆要出他的洋相。暗地裡叫了聲慚愧，連忙摸起一張「星島晚報」，在眼鏡面前架起一道遮羞圍牆，肥脖子一縮，藏得嚴絲合縫的，任你上窮碧落下黃泉，他總歸來個不瞅不睬。看報紙上的春藥廣告。人家上的是「華容道」，他老夫子扮的卻是「夏侯惇」。）

黎老闆既然找不到人，只好乞靈於粉牌與銅鈴。掮粉牌的雜役又出發了。粉牌上歪歪斜斜寫著「夏青萍先生電話」，這一回可收到了實效。肥厚得近乎臃腫的背部一拱一拱地，分開人流，走向酒櫃。發財阿舅眼明手快，一個大躍進，從斜刺裡將他一把抓住。

夏青萍博士左眼有點兒斜斜的，一臉滿不在乎的神氣。「沒。」他說，雙手插進人字呢大衣口袋裡，笑得十分機械。「眞的沒！」他補充。雙手用勁一拖，翻出口袋裡邊兩塊焦黃的襯布，上下擺弄著。那副聖相，可沒有辦法來形容。

「我不是這個意思。」黎老闆笑得右顎骨上那個毒蜘蛛，突然張牙舞爪。「有位朋友急於要見你，找得我好苦！」

「誰啊？」他說，敏捷而熟練地把口袋塞進去。

「我。青萍，久違啦。」背後傳來文象斗的客氣、低沉、堅決的聲音。聲調中含有某種權威，含有某種令人惴惴不安的東西。有經驗的流浪漢都明白，那種調調兒是屬於便衣和花腿的。

夏青萍的茄子臉直顫，厚嘴唇皮發烏，鼻尖上那幾顆白麻子紅得透亮。糟了！他在肚子裡嘀咕。驀然掉轉頭去。「啊哈，原來是你呀！」他說。好像這些話不是從嘴巴裡說出來的，而是從喉管裡擠出來的。「幾時從美國來的啊？怎麼連一張明信片也不寄給我？眞太見外囉。」

「前天來的。」文象斗雙手捫住他的手，親熱地把晤著：「吉賽普也到了。他吩咐美領館的職員到處打聽你的下落，結果呢…卻如石沉大海。」

「這也難怪。」霍逸君平靜地解釋道。「打從一九四九年雙十節，廣州淪陷算起，到今天，一九五〇年二月二十五日爲止，短短一百三十八天裡邊，湧到香港來的難民，少說點兒也超過百萬。局面亂糟糟的，有什麼辦法一下子找到某一個指定要找的人呢？」

「眞不愧法律顧問。」文象斗柔聲說：「來，我跟你們介紹介紹。」

兩人握手，交換了名片，說了一堆久仰，久仰的門面話。「霍顧問眞了不起啊，頭腦精密準確極了。」夏青萍說。

「吃山管山。吃水管水。兄弟是專門辦理登記難民工作的。」霍逸君答。

文象斗逼視著他這位同窗老友，心裡不免陣陣發酸。「青萍，我找你並非別事。」隔了一小會他才說：「吉賽普有意要照看你一注大買賣，錢多少不論，只要帳面上列得出項目來的，都可以實報實銷。」

「可是我身無半文，連起碼的本錢也沒有啊！」

「青萍，人儘管可以窮，但千萬不能窮得喪膽。」文象斗鼓勵他：「只要你有成績，辦得有聲有色，一噸兩噸美鈔，我們並不在乎。」

夏青萍突然福至心靈。「今兒晚上，我們那些青年朋友，正等米下鍋呢。」

「算我的，夏博士，小意思，完全算我的。」黎發財笑嘻嘻地拍著胸脯說：「君子救急不救貧。只要你開口吩咐，我准定照辦。」

「前賬未清，賒借免言。你以爲我不懂規矩嗎？我簽的那些單還……。」

黎發財打斷了他。「夏博士你眞會開玩笑。」他伸出蘭花手，撚捏著黑痣上的長毛：「那値幾個臭錢，何必斤斤計較？哦哦！」他若有所悟，踅向簽名處，從收禮員手上拿了一萬元，順手塞到他的大衣口袋裡。「小意思，什麼時候歸還都可以。如果有急用，隨時電話通知，三萬五萬都包在小弟身上，並且保證隨時派專人奉上不誤。」

「要不要再寫一張借據？」夏青萍居然也神氣起來了。

黎發財的粗脖子藏到肩胛骨下邊：「朋友有通財之義，夏博士您，您太小看我啦！」

「那麼恭敬不如從命，我只好袋袋平安了。」

「青萍兄，」文象斗微笑著說：「我們幾時再碰頭？」

「明天行不行？」

「明天是禮拜天，領事館不辦公。」霍逸君說：「最好是後天吧。」

「咱們一言爲定。」文象斗作出最後決定。「後天，下禮拜一，二月二十七日上午十一點正，我們準定在領事館候駕。吉賽普大使那邊，我會預先安排的。」

黎發財老闆見談話已告一段落，隨即吩咐開席。並卑躬屈膝，堅邀夏青萍一道入座。

壽讌宏開。四層樓擺得滿滿的，多達二百五十席。山珍海錯飛潛動植紛陳，極一時之盛。而旨酒嘉殽，紳士淑女，尤其相得益彰。

黎發財那一桌，席次是這麼排定的。文象斗高踞首席，依反時鐘方向爲劉情、夏青萍、許虹、鄒又紫、藍玲、黎發財、黎太太、張少將、柳鶯、霍逸君與韓水湄。席位擺在二樓，接近戲台的中央，好讓貴賓們一面飲酒談心，一面欣賞中國歌劇。

四層樓全泡在沸騰的聲浪裡。雜七雜八的談話，沒有來由的哈哈、划拳行令之聲、鑼鼓之聲、咀嚼之聲，簡直使人有山搖地動之感 — 上流社會的壽讌，卻予人一種廟街夜市的印象！

酒過三巡。黎發財夫婦起立敬酒：「不醉無歸，萬望各位盡興。」他很文雅的說了這兩句。就陪著太座下椅，到青蟹朋友處敷衍去了。

文象斗、霍逸君與夏青萍這三位大博士，話題慢慢轉入那注大買賣上，開始了全部英語對白。在座的人也有懂的，如外文系出身的韓水湄小姐；也有懂幾成的，如名交際花藍玲小姐；也有不懂裝懂的，如張藝靈少將。其他諸人，叨陪末座，只好面無表情，做做活動佈景板，聽他們三個人胡說八道了。

主人夫婦敬完酒歸席，已經酒氣醺醺，醉得偏偏倒。「三位博士賞光，咱們再乾一杯。」他迷迷糊糊地嚷，大半杯馬丁尼通通倒在小禮服的硬領襯衫上。

「咱們門前清。」文象斗與霍逸君幾乎是不約而同地說。並且眞的一飲而盡，亮了亮杯。

夏青萍大概是量淺，舉起酒杯，剛剛沾濕了上嘴唇皮，又原封不動地塞到湯碗旁邊。「夏博士眞也是。」主人抱怨似地瞧住他。

「滴酒不嚐，吃菜的大王。」他自我解嘲：「何況美色當前，眼睛老早醉啦！」

「你鍾意誰？」主人泰然環顧：「這兒都是些無主的名花呀。」

「發財，大概你醉了。」黎太太提醒他。

「當然、當然囉。你算是唯一的例外，說呀，夏博士，你到底看中了誰？」

夏青萍的茄子臉漲得通紅，訥訥不能出口。「您是我座上的常客，有什麼不好意思的？」主人繼續說，小眼睛裡，洋溢著諂媚的假笑。

「清蒸螃蟹殼，紅燉甲魚頭，叨光眞不少哩。」客人酒後吐眞言，冷冷地答。

在座的人，起先只有三兩個人體會到他那口江北話裡含的土幽默。發出吃吃的笑聲。過後一想，眞相大白，一陣驚心動魄的哈哈突然爆發了。尤其是那個鄒司令，笑得聲若洪鐘，吸引了整個二樓的好奇的目光。

「過去的事兒甭提啦！」主人討好地說：「今後吃喝玩樂，酒色財氣，只要大哥吩咐，小弟絕不還價。文墨上幫不了您的忙，這些個小事，都包在我身上。……座中有沒有合意的？」

夏博士這回當眞有點羞赧赧的表情了。他支吾著不肯明言。「喝酒和好酒是不同的，黎先生。」文象斗博士迂緩地代答：「喝酒是只要這一杯，好酒貪杯，是愛所有的。他呀，咱們交往幾十年，他的心性我摸得最透。…那才叫叫化子吃死蟹，隻隻好。是嗎？青萍。哦哦，不是嗎？」

「既然如此，好辦之至。」主人眉飛色舞。「少將請通知老胡、老陳、石蕙、徐劍蘭一聲，咱們另有餘興節目。」

第三章

餘興節目已在九龍牛池灣木屋區上演。——就是同一個晚上，而且幾乎是黎發財要張少將通知胡奇遇等人的同一個時間。

那是個孤寒而又悽愴的動人場面。那兒笑起來眞是笑，傷感的時候眞是眼淚巴巴，人們的眼睛裡，洋溢著眞純的感情。

室內沒有點燈。十個流浪漢，圍著一個破洋瓷盆，高高低低雜坐著。抽煙、飲酒、剝花生米，圍爐取暖。破洋瓷盆裡燒的盡是些枯枝敗葉、破木屐、爛膠拖、木板門片，以及舊報紙之類。燒得煙霧籠天，氣味實在難聞。寒流從板壁罅縫中伸進尖嘴來叮他們。火燄披靡著，忽明忽暗，加深了這班人臉上的皺紋。他們搭拉著萎黃的頭，肅穆地靜坐著，誰也不願意多說話。好像沉默一經打破，就收不了場似的。——只有流浪漢才親切地知道，沉默是抵擋絕望的最後一堵牆。而事實上，他們也是沉默慣了的。當萬人之上的人什麼都不想幹的時候，他們這批萬人之下的人，應該什麼都不說。這是他們應守的本份。用時髦的詞兒來翻譯，那是他們應盡的義務。

十個人，有男有女，有老有少，互相傳遞著那個大漱口盅。漱口盅裡邊滿盛著雙蒸米酒，嗅起來蠻像酒，喝進嘴裡，卻是很地道的豆鼓味兒。私釀的土酒，特別便宜。可是喝多了，可以使你雙目失明。他們木木然轟飲著，慢慢露出了盅底。餓癟了的胃袋，起先發了一陣酒寒，然後確實有了回暖的感覺。

破板壁中灌滿了風。大家的心窩裡，也醞釀著風暴。

新添的樹枝在活跳的火燄上吐著泡沫，哼唧著，唱起了帶醉的歌。老人佈了一輪「百鳥歸巢」煙捲兒的雜拌味，與枯枝敗葉的泥土味結合著，嗆人欲嘔。青煙嬝嬝上騰，飄浮著。將十來個人沉默的哀愁，融成一片。

這時，木板門吱呀開了，西北風箭似的直透過火堆，火星四迸。

老人正仰起脖子，將雙蒸餘瀝，倒進喉管裡。「誰啊？」他問，巴唧了一下嘴唇。「青萍嗎？怎麼這個時候才回來？」他嘟囔著，沒有偏過頭來。

「我。老師。」那人硬起喉嚨縮縮瑟瑟地答。同時把一捆破床板，輕悄地散在地上。

老人用手背揉擦著老花眼。鬚眉皆白。幽黯加添了他臉上的莊嚴。「那好，戴英，這邊坐。」他稍微挪動了一下屁股，拍了拍那捆舊報紙。「沒有根子的生活，可以增加人的勇氣和信心。冷酷而有情，凡事盼望，凡事忍耐，凡事退讓，這是生活的哲學。我們都在上這一課。」

戴英挨著老師的左肩坐下，向火堆伸出了兩隻大巴掌。巴掌是僵硬的，抖顫的，像在抗拒什麼。有人把幾張舊報紙，裹著一束稻草，伸向火堆，想使微弱的火勢上揚。

戴英劈手奪過這束稻草。「丁令威，這是你的下舖上蓋呢，夜很長啊！」他在齒縫裡柔聲說，大眼睛裡輝閃著感情。「天寒地凍的，要變凍蝦嗎？」

「橫直明天天一亮，我要走了。」丁令威扁起大嘴巴苦笑：「今晚我準備守歲，舖蓋捲兒充公。」

這是幾句極其普通的話。不知什麼原故，卻激發了很複雜的反應。有人臉上浮現著別緒離愁，有人聯想到晚餐、溫暖、家、炊煙，和除夕。雖然那時已是農曆正月初九，新年已經逐漸蛻變成了舊年。

「多早晚決定的呀？怎麼我整個兒蒙在鼓裡？」戴英問。

「不讓他走漏消息，這是我的意思。」老人插言：「你們十二個人中間，就只有青萍和史千秋兩個人知道。可是這頓最後的晚餐，偏偏他兩個人都逃了席。要他們去張羅張羅，免得大家破費，結果連人影子也不見了。眞是，眞是……。」

「我的一套獨種西裝，都被青萍噱出去舉獅觀圖啦！」座中有人哭喪著臉說。他擁著一張破破爛爛的灰軍毯，突然一掀：「你們瞧瞧，像不像餛飩？」

戴英一邊把床板架到火堆上，一邊斜睨著他。一件油膩膩的破背心。一條焦黃的爛底褲。在紅紅的餘燼裡鐫出個明面和暗影。

「大概不像，直朋，」另一個人在大得出奇的玳瑁邊眼鏡上邊瞧著他。露齒微笑著。「排骨。很出色的排骨。」那人添說。門牙左邊脫了兩顆牙齒，笑起來格外動人。

婁直朋把灰軍毯一開一闔。「干城兄，虧你還有閒心挖苦我。」他嘀咕著：「明天，我本來要到黃大仙去求支靈籤的，這一來，可出不了大門。」

「孵孵豆芽無妨，」柳干城把舌尖從缺牙裡呲出來。「窮通有時，君子認命。」

「這是什麼話！」婁直朋率性把軍毯一甩，擺出金蟬脫殼的姿勢，虎著長腰身從側放的蘋果箱上站起來。兩排肋骨，在破背心裡邊若隱若現。

「啊喲，直朋。」幾乎是兩位小姐的合唱。

柳干城推了推眼鏡，也斜著眼睛瞧住他。「這又不像是孵豆芽的了——倒像捐鋼叉的呢。你老哥眞有幾手。」

婁直朋氣得跳腳，爲狀頗傷雅道。

「直朋，如果再任性，我會喊非禮的啊！」公孫大姐伸出雙手整理著髮邊憐惜地說。她左手邊那個年輕漂亮的姑娘，杏眼圓睜。愕然搖動兩條辮子。「再胡鬧下去，我要去打九九九。」她半認眞半開玩笑說。

兩位小姐的抗議收效十分迅速。掮鋼叉的朋友併攏雙腿一屁股頓到矮木凳上。也許是髀骨和硬凳之間缺少了點什麼，他雪雪呼起痛來。

「青萍眞不像話，喲喲！」婁直朋嚷：「要不然，今晚給令威餞行，也不致於寒傖到這種地步的。」公孫紅小姐輕移蓮步，繞到婁直朋的身後，給他披上灰軍毯。「著了涼可不是好玩的，」她柔聲叮嚀著：

「我們中間有個人已經病倒啦！」

「誰？」何老師問。

「您看我們中間少了那一個？」公孫紅撒嬌撒癡地反詰。

「總歸不會是夏青萍吧？」

「我想大概不是的。」柳干城嘻皮笑臉說。

「那一定是史千秋囉。」何老師說：「他得的是什麼病？」

「畏寒畏冷，抖做一團。我和歸來鳳的毯子，都加蓋在他身上，仍然無濟於事。」

「唉，事到如今，我也不得不說了。」歸小姐哽咽著，幾乎不能成語。「今天下午，他爲了替令威籌措一點點盤纏，偷偷摸摸到九龍醫院去了一趟。回來時，面色像一張漂白的紙。四肢無力，頭搭拉到胸面前，可是手上卻捏著這個。」她悲忿地說，從陰丹士林罩袍摸出了幾張鈔票揚了揚。

大家木然無語。

可以聽到咬牙切齒的聲音，和木屋頂上，破瀝青紙的獵獵哀響，悲風從海上吹來。

「這是百元港幣兌換成的美鈔。」歸來鳳繼續說。喉管裡沾漬著淚水：「一張十元的，一張五元的，另外一張是一元的。零頭錢港幣三元七角，是準備你明天搭的士用的，虧他想得這麼週到。」

「這種血錢我不要。」丁令威大聲說：「我去找他，對他當面道歉。」

他從稻草堆上一躍而起，捽開了歸來鳳小姐的手，走向木板門邊。戴英返身攔腰把他抱住，他那壯碩的身軀像頭海豹，丁令威個子又矮又瘦，兩人摟抱在一起，恰似老鷹抓小雞一般，休想掙脫得開。「論理，這種事應當歸我來做。」戴英沉痛地說：「可是，既然老史瞞著大家做了，你也不便過份固執。眞感情是假不來的。——青萍眞不像個東西！」

「論理，像你閣下這把老虎鉗應當稍爲鬆一鬆，」柳干城嚷：「人家丁令威已經鉗得嘴唇皮都發了烏，小心過失殺人。」

戴英把丁令威抱轉去。各歸原位。

「其實我走不需要什麼錢的，」丁令威過了半晌，才慢悠悠地說：「飛東京的機票，是盟總送的。到了羽田機場，就有那邊的朋友接待，要零用錢幹啥？」

他說呀說的，扁嘴牽縮著，露出了牙齒和牙齦。牙齒因爲營養不良的關係，泛著黃光。牙齦卻像熟透了的桑葚。慈眉善目，愁容滿面，使人越看越難過，而且活像一個鄉下老太婆。

「嗨，你這個書獃子，」一直保持緘默的呂公望突然開言：「袋袋裡少了一毫子你就過不了海。常言道：在家千日好，出外一時難。這點子活動本錢你一定要收下才對。」

丁令威瞥了瞥這位好心的四川朋友。「家啊，」他顫聲說：「家呢？這不是說夢話嗎？」

「這兒就是流浪者之家。」呂公望說：「當一切都不存在的時節，這兒至少還有一絲絲暖氣，證明人間仍然是值得留戀的。」

「那好。我答應在這筆血錢中取一毫子，作爲人間友誼的象徵。」

戴英繼續把爛床板投進破洋瓷盆裡。「那不好，」他堅決地說。毛茸茸的肥巴掌向火堆抓了一把。「少拿半個子兒都不成。」

「是什麼道理呢？」丁令威怯怯地問。

「你又是什麼道理啊？」戴英鼓起眼睛瞪著他。

「一毫子可以從牛池灣搭巴士往啓德機場。節省精力，而且不致耽誤時間。」

「友誼可以掂斤播兩零碎拍賣的嗎？」

「在友誼之上，還有公平和正義。」

「民主尊重多數，咱們舉手表決。」

「眞理往往堅持在少數人手裡。」

戴英吞了口口水。他忽然感到談點空洞的道理，全不是這位英國留學生的對手。「那麼，最好請老師作主。」

「民主和眞理，當然是我們追求的目標，正如同社會的公平和正義，是我們生活的理想一樣。」何老師不慌不忙地說：「但民主是一種生活態度。眞理是萬事萬物的本來面目，而經得起驗證的東西。社會的公平與正義是需要的。不過，社會總體的和諧較此更需要，比天平更高一級的是提琴。在這個意義上，我勸你還是收下這筆血錢。」

大家的視線，都纏繞在何老師的頭上。冰霜白髮，凜凜生寒，但他說話時的態度，始終穆如清風，饒有生意。白頭在幽暗和煙靄中彷彿罩著一輪光圈。好像是開向未知世界的一個圓形窗洞，人們似乎可以透過這窗洞預見未來。

「人類生活終極的目標，」老人頓了一頓，繼續說：「是個人與個人、個人與團體、團體與社會，無限眞誠的互信互讓，這是社會總體和諧的三根支柱。至於民主政體，那本是開啓太平盛世的鑰匙。它必須以國內安定，與國際和平爲充分的兼必要的條件。看樣子，我這一生，也許巴望不到了。」

歸來鳳小姐趁著何老師談話停頓時的空隙，把美鈔和港幣塞到丁令威的麻包絨西服口袋裡。「局勢會變得這麼悲觀嗎？老師！」她問。鮮嫩的鵝蛋型臉上，掠過一片晚霞。

「一個人應當服老啊！我今年已經八十二歲。風前之燭，朝不保夕。你想我能再多活二十年嗎！或者，在二十年之內，整個世界的局勢可以澄清嗎？……不會的。」

「無論如何，民主總該是反抗極權的最有力武器之一哇。」歸來鳳小姐爭辯道。

「我也是這麼相信的。」

「那您，老師，爲什麼不把自由與民主，列爲我們共同奮鬥的最高目標呢？」

「世間最大的諷刺，莫過啞子剛剛學會講話的時節，聽話的人，偏偏是個聾子。我們向誰要求自由啊？向香港總督嗎？你總不致於上書喬治六世，跟他大談民主的美好遠景吧。這是什麼時勢，什麼地方？豈容許我們架空立說？」

歸來鳳小姐臉紅了，紅得像要流眼淚。「老師，難道您覺得自由和民主有不妥當的地方嗎？」

「那是如今世界上，兩個最美麗也最空洞的詞兒，如此而已，並無不妥當之處。」

老人把堅定冷峻的目光，投在她的臉上。那是種想把自個兒的意志，灌注到別人思想裡邊的目光。她感受到它的壓力，開始低頭沉思。

「孩子們千萬請記住：這是亂世。亂世是不會出現『在最大穩定中，求取最大安全』那種神話的。而這種神話，剛剛是民主政體的基礎。亂世一方面要求權力的無限集中，一方面要求權力的無限擴張，這顯然與分權原則，與統治者和被統治者合而爲一的理想毫無共通之處，甚至根本是背道而馳的。當整個地球球面都把核子武器作爲和平之杖，把實力作爲是非標準之際，我們這批被當權者趕來趕去，像牲口一般托庇異鄉異國的人，再不能拿『過去』作爲分析『現在』的標準了。我們的混亂，由於我們使用的方法是錯誤的。歷史的擺錘，在治與亂的兩岸擺動，這是歷史的二重奏。爲什麼我們偏偏要文不對題，堆砌一些空洞美麗的詞兒，來自我陶醉呢？」

「那麼，老師，您對青萍兒在火炬雜誌上寫的那篇論文，有什麼感想呢？」

老人瞥了瞥說話的人。「大衛，」他說：「對不起，我根本沒有看到過火炬。」

張大衛不好意思地傻笑起來。他有一個很具特色的臃腫的下巴。也許是剛修剪過頭，絡腮鬍子光蕩蕩的，發著青色，看起來像一頭河馬。「青萍在文章裡邊提出了兩句口號：沒有民主，絕無出路；結成陣線，才是力量。您覺得這兩句話對不對？」

老人輕搔著白髮。瞇起眼睛凝視著火光。「安全和穩固，才是人類社會的眞正生路啊。」他感歎地說，臉上的皺紋加深了：「不如改爲沒有自由，絕無出路；結成陣線，才有力量吧。」

老人沒有再說什麼，火光在他的眼睛裡盪動。

「我肚子餓了，餓得發慌，」丁令威伸了個懶腰說：「這兒餘下三元六角港幣。預計可以買四磅枕頭麵包，兩罐四牛煉乳，三包玉葉香煙，你們贊不贊成？」

「這筆錢是不好挪用的。」歸來鳳首先表示反對。

「你們既然送給了我，我應當有權支配。」丁令威扁起嘴巴說：「史千秋也沒吃晚飯啊。天寒地凍的，你們忍心要他空著肚子熬嗎？」

最後這句話，又把大家帶回現實環境裡頭來了。大家憂形於色，面面相覷。斗室中迴旋著一連串低沉的歎息。

「決定了嗎？」丁令威環顧著。

大家仍然沒有做聲。

「我去採辦。」丁令威掙扎著站起來。「來鳳，你想法子燒一壺開水，讓大家痛痛快快吃一頓。」

「我是小夥計，」小胖子舒遲自告奮勇。「跑腿的事兒歸我。」

「到村口良朋小店，要經過墳場，還要摸一段黑路呢，」另一個人提醒他。「你不怕嗎？」

「怕什麼？」舒遲拍著結實的肥胸脯。圓臉上，眼睛鼓得像貓頭鷹。「如果碰到餓鬼窮鬼攔路，我有資格入夥的。」

「不必充硬裡子啦，老弟，」那人頂眞地說：「我羅堯封專做雪中送炭的好事，這一趟我陪你去。」

兩人走了。遺留下一陣徹骨寒風和低沉的夜話。

火勢熊熊上揚。丁令威的上蓋下舖，最先奉獻給火神作了燔祭。其次輪到戴英的床板，他把最後的一束，小心翼翼地架疊在破盆裡，然後把鑌鐵壺垛上去。鑌鐵壺底下沒有撐架，柴束又過於軟弱，老是搖搖欲墜，險象環生。他迫不得已，只好彎腰弓身，用手提住把手，臨時充任提壺將軍。

好在他身強力壯，又具有一種無可救藥的樂觀精神。雖然被濃煙薰得眼眨眉毛動，淚水直淌，但仍然沒有忘記笑。右眉心叢裡那顆大黑痣，因此格外生動地在捉迷藏。

「倘若是夜壺，那就更妙了。」柳千城說。把滑下來的大眼鏡，推向鼻樑。

「小心我控告你毀謗。」提壺將軍拉長聲調說。

「喲喲，嘖嘖，」柳千城咂著舌頭說：「推事老爺在上，平頭百姓在下。如今顚倒乾坤，小心我反控你誣告。」

戴英的雙手，頻繁地調換著，大概把手已經相當燙了，柳千城還在有一搭沒一搭歪纏。歸來鳳小姐悄悄趄出去了。

「有興趣玩玩跑和子嗎？」柳千城尖聲乾嚷。「喂喂，蝴蝶，跑起，看樣子你正在玩抽棺板哩。」

丁令威從口袋裡摸出一條甕菜葉子似的髒手帕，上前幫手。「干城，也眞有你的，」他抱怨道：「人家正炙手可熱啊！」

「令威你不能當這個苦差，」提壺將軍用臀部屏衛著他手上的那注寶貨。嘻開大嘴巴胡亂地笑起來。

丁令威隔肩遞過手帕。熱度似乎稍減，但仍然熬不住。可憐戴英那張肥臉上，已經油膩膩的盡是汗水了。幸虧歸來鳳小姐適時趕到，用一條濕漉漉的洗面毛巾將把手層層裹住，咬緊牙關，雙手提住，讓戴英休憩片刻。

「怎麼樣？」他搥著酸麻的腰部，天眞地向柳干城挑戰。「打跑和子還是上山打柴，總而言之，我都準備奉陪。」

「當然打跑和子上算囉，」柳干城連忙答：「我有湘潭十六舖王湘記的正牌貨。直朋很可以湊一腳的。」

「打什麼啊？」婁直朋縮瑟在軍毯裡顫聲說：「眞的要黃連樹底下操琴嗎？」

「打花生米。」柳干城提議。

「連花生殼也撩到火盆裡去了呢。哼，花生米。明兒請早吧。」

戴英不由分說。伸出「老虎鉗」，在柳干城的肩胛骨上揑了一把，揑得他怪叫起來。「山後邊，去不去？」

戴英細語說：「有種的跟我來。」

「去，去，去。哎喲！求青天大老爺高抬貴手，就是上刀山我也一定追隨。」

兩人併肩而出。提壺的工作，轉到張大衛的手上。鑌鐵壺開始哼唧，可是火勢已經烊下去了。

老人移坐到公孫紅小姐的肥皂箱上。貢獻出他的坐椅 — 舊報紙。火力伸腰，倏即幻滅。當整捆報紙化爲烏有之際，水已經滾了。呂公望見戴英他們還沒有回來，向婁直朋丟了個眼色，對他那個平放、直放、側放 —

枕頭、書桌、凳子的三用百寶箱頗為垂青。婁直朋會意。但他對這個蘋果箱是有感情的。因此躊躇不決，遲遲不肯下手。

呂公望心一橫。連拖帶抱，把老婁按到矮木凳上。不管三七二十一，開始拆骨。總預備隊投進火線，局勢又穩定了一段時間。當公孫紅小姐的肥皀箱也餵進火神的肚子裡時，門外的腳步聲響了。

現在，坐著的人顯然比站著的人少得多。老人有一張矮凳子，那是敬老尊賢的象徵。婁直朋分到另外一張。也許怕他曲終奏雅，再出洋相。第三張由公孫紅獨據，藉以平息她的依依不捨之情。其他所有的人，就只好或蹲或立或繞室徬徨，像遊魂一般到處飄浮了。

小胖子舒遲伸進頭來。瞥見滿室殘破零亂的樣子，不免一怔。走在他後邊的羅堯封，依循運動的慣性直撞過來，小胖子手上的四罐煉乳和兩包香煙，全撞到地上。

「這麼莽撞的，趕著去收腳尖嗎？」舒遲一面搶拾滾動的煉乳，一面在大罵山門。

羅堯封擺出一副犯而不校，休休有容的莊嚴神氣，橫了他一眼。但他雞冠鼻子上的那條青筋，卻有了相反的表情。

「你們兩位都辛苦啦！」丁令威接過羅堯封脅下的兩條枕頭麵包說：「這邊請……。」他瞥了瞥地下，知道忙中有錯，立刻改口。「請站著烤烤火吧。」

羅堯封已經餓得發黑眼暈，彎腰站在那兒，抖個不停。公孫紅瞧在眼裡，趕緊把矮凳子塞過去，並攙扶他落座。

斗室之中已忙亂得不可開交。歸來鳳小姐把麵包切好，盛在筲箕裡，安放在婁直朋的大膝蓋骨上。然後沖好一大漱口盅的牛乳，拿了四塊麵包陪同丁令威到後邊去了。其他的人，相率縮起頸子喝熱牛乳，啃乾麵包。吃喝得津津有味。一片咀嚼之聲，達於戶外。轆轆飢腸，使飲食格外鮮美。煉乳和麵包，本是極其普通的東西，然而吃在他們口裡，不啻瓊漿玉液，鳳髓龍肝。

老人瞥見筲箕裡的麵包，彷如風捲殘雲，忙柔聲提醒大家。「這兒是不好盡興的，」他說：「每人充其量以四塊為度。」他屈起大拇指約了一約。

「直朋，最好你先打十六塊埋伏。」呂公望說。囫圇吞下一大塊麵包。

婁直朋數來數，。筲箕裡已經只剩下十三塊，顯出一副十分為難的樣子。「這怎麼辦呢？」他抬頭望著裊裊上騰的煙。「老師連半塊也沒吃到啊！」

「不，直朋，」老人慈祥地說：「我沒有吃夜食的習慣。」

婁直朋把送到嘴邊的那塊麵包，偷偷塞到筲箕裡，湊足十四塊之數。「不過，不過⋯，」囁嚅著。「這是晚餐，那裡是宵夜呀！」

「過午不食，我已經習以為常了。」老人平靜地笑笑。「人，生來要吃，這是根看不見的鎖鏈。這上頭是沒有什麼想像力的。我真擔心你們今後的生活。」

「野草頭上還頂戴著一顆露珠呢，天無絕人之路，哼呀吹！」戴英用法官宣判時，那種僵硬的調門說。他們兩人合夯著一根朽壞了的大木，排闥直入。「喂，夥計們幫個場子，咱們要暫卸仔肩啦。」

小胖子和呂公望幫忙接住，戶外半截，戶裡半截，斜擱在大門口。柳千城已經氣咻咻地，累得直不起腰板。戴英這個老天眞，一面抹汗，一面談笑取樂，若無其事。

「不必為生活發愁，老師，」戴英認真地說：「天乾餓不死手藝人，我有的是力氣。」

「而且你還有另外一門手藝，」柳千城又好氣，又好笑，衝著他嚷：「別人的東西，你還會順手牽羊。」

「君子通權達變，決計不能拘拘一格，墨守成規。」戴英瞇起一隻眼睛笑。「大不了，暫時借用，過後損害賠償。」

柳千城雙手交抱著頭。「得啦！得啦！我不聽你這些屁話。我們已經塘乾魚盡，典當無門。虧你還有這麼多窮措大唱腔。」

「木頭可不是我一個人夯回來的啊，」戴英又輕言細語說：「你也要負連帶關係責任啊。」

柳千城一籌莫展地盯住他。「你是主犯。」

「偷盜罪公證起訴，不分主從。」

「那你簡直是栽誣。」

「沒有關係，」戴英拍打著柳千城瘦削的肩膊。「有皇家飯可吃，有公眾宿舍可住，我求之不得。我惟恐法官心腸太軟，太人道了。…好漢做事好漢當，我不會牽連你的。哦哦，你這個小膽百姓！」

柳千城被他拍得當場矮了半截。「我的肩膊是肉做的啊，又不是沙包。」他苦嘴苦臉說。

「尤其難得，有這麼個膿包出氣筒。」戴英春風滿面。「來。麵包、牛奶，有吃萬事足，無官一身輕。」

「啊哈，好個芝麻綠豆的官兒。」柳千城猛喝了一口牛奶。咕噥著說：「文官牛身，武官金板，一掃把可以掃出一大堆來，還怕少了你這種起碼貨色。」

戴英還想辯駁幾句。可是，大嘴巴裡塞滿了麵包，週轉不靈。——要吃就不准說。他服從了這條生活的條例。第五塊麵包已經落肚，大毛手又敏捷地伸出來，像一隻凌空牽絲的大蜘蛛。

「定量分配。」婁直朋閃電式抓住他的大毛手。「你老早已經超額啦。」

「剩下五塊餵耗子嗎？嘻嘻。」他不好意思縮回手來。

「這是來鳳和令威的晚餐哩，」婁直朋焦灼地嚷：「再讓你老兄塡板牙，他們兩個就只好喝西北風啦。」

「不知者不罪。」

「當然，當然囉。」婁直朋漫應著：「公孫大姐請去叫一叫這兩個瘟神。再不來，我可不能負責了。」

「妙得很。人是鐵，飯是鋼。週身力道全湧出來啦。」戴英嚷，轉身大踏步闖進廚房，摸起一把斧頭，把飯後的快樂，全發洩到木頭上邊去了。

木片一捆捆地搬進來。餘燼有了新的接應，又興旺地吐出火燄，暖氣重新回到斗室裡邊。戴英運斧如飛，已叮叮登登砍進大門。

這時，公孫紅小姐陪同歸來鳳與丁令威，出現在大門外邊。

「好啦，戴英。」老人揚手制止他：「刀斧無情，提防誤傷別人。」

戴英停止砍伐。他的呼吸很壯實。嘴巴裡噴出一道白光，在煙霧中急遽滾動。

「這是條天然的長板凳，」婁直朋有氣沒力地說：「大力士，麻煩你費神把它推攏來。」

半截大木推進火盆邊。丁令威、歸來鳳和公孫紅相繼入座。婁直朋連箕箕把麵包放置到丁令威的膝頭上。呂公望端起兩碗牛奶，分送到這兩位瘟神的手上。牛乳起了一層薄皮，上面撒著一些灰色的東西，看起來有點像胡椒粉。儘管天寒地凍，牛奶尚有微溫。

丁令威勉强呷了一口。雖然饑火中燒，但滿懷別緒離愁，食難下嚥。他偷瞧了大家一眼。網膜上閃映著一窩天眞的靈魂。「人性不是別的，」他迅速地想。「人性就是天眞。人的諸般美德，應以天眞爲之冠冕。它在人性中所佔的位置，一如慈悲在情緒中所佔的位置。其它的一切都是次要的，派生的。」他想著想著，嘴角向下一沉，眼淚已奪眶而出。

「一切都淪落在苦難之中。苦難的時代、苦難的祖國、苦難的師友。」他繼續沉思，心頭陣陣絞痛。「而我卻隻身飄然遠引，這算那一套呢？」他自行提出問題，可是求不到答案。

老人開頭只觀察到他鼻子的動作。後來突然瞧見了淚水。「走吧，令威！」他打破了沉默。「在這兒熄滅了的，說不定要在別處燒起來。亂世唯一的好處，就是聚散無常，了無窒礙。走吧。祝你勇往直前，精力飽滿。」

「這兒雖然清苦，可是總有些值得回憶的東西。」丁令威的嘴巴扁得更像老太婆了：「譬如說，老師……。」

「唉，你行將半百，年紀也不太輕啊。」老人打斷了他：「五十歲是人生的一道拱門。物質世界慢慢在腦後隱去。精神世界逐漸在眼前展開。你將開始看到人生的底層。——人的一生，原是在不斷喪失中渡過的。喪失親愛的人，喪失心愛的事物。到嚥氣的時候，喪失最後的夢，如此而已。」

丁令威猝然覺得他的思路觸了礁。「您知道，我的生活一向都是很簡單的。」他吶吶地說，連自己也弄不明白到底要說些什麼。

「那是你們牛津的傳統。」老人莞爾而笑。「生活越簡單，思想越深密。盼望你仍然維持這種生活方式。」

「我不是這個意思，」丁令威又把老人故意宕開的話題拉近：「我是說：在每月六百美金的薪津中，我取用十分之一。餘款掃數按月匯給您，好改善大家的生活。」

「此事最好不作硬性規定。」

「那爲什麼？」

「善舉與惡行有時聯在一起的。幫助孩子們安身立命，過有根有葉的生活，當然是善舉。消磨他們的鬥志和勇氣卻是惡行。生命的第一條誡命是：生活無根，勇氣倍增。其次是：危險成長智慧。你還是權衡輕重，斟酌辦理吧。」

「我會的，老師。我一定會斟酌辦理的。……您有臨別贈言嗎？雞已經開始啼啦！」

老人側耳細聽。皺紋密佈的臉上，輝閃著兒童般的微笑。他緘默著。腦海裡乍現出黎明，青春和生命的光影。「密切注視未來吧。」終於他說。

丁令威用左手猛搔著蓬鬆亂髮。一臉困惑的神氣，偏過頭來瞧著他。

「注視能夠改變歷史行程的新因素，注視社會的新動力，」老人解釋道：「目光永遠朝向青年人！」

喔喔雞聲清亮地響在遠方。啼破了寒夜的岑寂。老人慢吞吞站起來，同大家說：「夜很長啊，我要睡了。記得明早喊我一聲。」

「白頭人不送黑頭人。」丁令威說。

「情分上應該送的。」

老人擺一擺手，拐出木板門，沒入夜暗。

雞聲更頻繁了。

第四章

黎發財老板推牌而起。「啊哈，雞啼啦。」他又一連打了好幾個呵欠。小眼睛全埋沒在肉堆裡。「我實在頂不住了。」

「再玩一輪好嗎？」藍玲微笑著抬頭瞧住他。「就要宵夜啦。」

黎發財老板笑得臉上肥肉直顫。「到這兒來是專門玩樂的，不在乎吃喝。你家裡的那些咖哩雞、咖哩牛肉之類，還是留給這三位大博士受用吧。……我是吃不出什麼名堂來的。」

「咖哩雞、咖哩牛肉都很不錯啊，」陳思敬代主人慇懃留客：「既可以提神醒腦，又可以振奮精神。」

「而且我還特別為你備辦了南安板鴨、金銀臘、燻魚臘肉哩。」

「白相人嫂嫂的竅門兒總歸是落門落檻的。」黎老板將手搭在太太的圓肩上，笑得很甜。

「哦哦，當然囉。肥水不落外人田。這兒難道眞找得到原裝貨嗎？」

不怕你奸似鬼，老娘定要灌你的洗腳水。藍玲想。忿然眨動著微翹的假長睫毛，被眼蓋膏和粉底批盪住的魚尾紋，突然在面具一般的粉臉上綻開來。「醉啦，發財阿舅。」她嬌滴滴地尖聲嚷。臉上依然笑容可掬，但語氣裡顯然帶有相反的表情。

「大概還不致於當場現形，」他神秘地笑笑。「我的臥室安排好了嗎？」

「早好了。小會客室右邊第一間，讓我帶你去。」

「那不必，」他文靜地說：「熟門熟路，找得到的。……水湄，今兒晚上手風順不順啊？」他又去了個臨去秋波。

韓水湄豎起右手食指，輕敲著空氣。儀態十分之優雅。「一底差不多光啦。」她說，水汪汪的大眼睛向上斜睃著他。

「要趕梢嗎？」黎發財問：「這兒是一底。輸輸贏贏，歸我是問，盡興玩下去好啦。」他說，把二十張一扎大牛，隔著長方形餐桌，甩到她面前。「夏博士，您呢？」

「還好，略有斬獲。」

「倘若形勢逆轉，」他週到地叮嚀：「奇遇兄就是銀行，你透支好啦，多少不論。」

「婆婆媽媽的，」胡奇遇白了他一眼：「你以爲咱們都是死人嗎？」

黎發財攙扶著太座，施施然踱出客廳。他的腳步很輕柔，客廳裡的棗紅色地毯又軟又厚，因此聽不到半絲聲息，兩人背影終於在甬道拐角處幽靈一般消失了。但發財嫂的拖屁股和羅圈腿，卻意外地殘留在胡奇遇的鷹眼之中。——眞是一個花里胡哨的女人，他著迷地想，屬於坐下比站起好看的那一類。空有萬種風情，偏偏碰上這個俗物。前面是春天，後面是冬天。這是一切風騷女人的特殊標誌。他繼續想。高額頭不知不覺向上聳動著。——淘一個古井，橫財三百萬。世界上還有比這更賺錢的買賣嗎？他突然氣忿忿地笑起來。

「喂喂，」鄒司令哄著通關鼻子。「你在胡思亂想些什麼？別人要拉檯子擺席啦！」

胡奇遇像從噩夢中醒轉來似的，愣然捫住耳朵。炸雷仍轟鳴在耳朵裡。「司令，這不是操場啊。」他哭喪著臉說。

大家相繼起身離坐。

舌劍唇槍又在大廳另一角展開來。

管家娘姨，臥房娘姨與打雜娘姨三個人全體出動。七手八腳安排杯盤碗盞筷子，開始上菜。主人恭請客人們入席。

七男七女，互相推讓了好一會，終於相間入座。藍玲坐在主人席上，她的右邊是文象斗、石慧、鄒又紫、劉情、張藝靈和柳鶯。左邊是霍逸君、韓水湄、夏青萍、許虹、胡奇遇與徐劍蘭。正對面，在女主人席上，卻顛鸞倒鳳，坐著個陳思敬。好在他只要有香噴噴的軟飯可吃，要他塗脂抹粉，男扮女裝，他也肯幹的。大抵能吃八方的人，骨格一定有些與眾不同。他就有那麼一根高貴的脊椎骨，軟如蘆葦，貴不可言。

依照藍玲宴客的習慣，「宵夜」是以熱葷開始的。每樣菜都是雙份。小巧精緻，一如主人。酒櫃裡各式名酒齊全。但酒杯都是清一色的高腳小酒杯，裝香水當然稍微嫌大些，如果用來飲酒，嘴唇上恐要揩掉三分之一的油，能夠走私漏稅僥倖滑進喉管的，也許就只有那麼一點子酒氣。鄒司令本是個粗人，平生以海量自詡。而且有一鋪逢酒必豪飲，每飲必云天話地，哈哈哈哈的癮。這種裝模作樣，斯斯文文的品酒方式，眞要了他的命。加上那個管家娘姨，禮貌週到，循規蹈矩，半絲不茍，一視同仁。輪流酌酒，決不超位搶鬧，使我們的鄒司命連半個馬鼻的便宜也佔不到。好幾次，他氣鼓鼓站起來，用粗短的手指在大肚子上彈琵琶。可是，急驚風偏碰到這個慢郎中，死活歸老爺自行負責，她一概不管。

劉情小姐瞧在眼裡，偷偷扯了他一把。「狗虱咬人嗎？」她嘻開大嘴巴笑起來。

司令正沒好氣，一屁股坐在沙發椅子上。兩條短腿盤跤著椅腳，想要發作。劉情把自個兒那杯酒推到他面前，換回司令的空杯。「這也算是雙份，」她爽朗地說：「客人總該要存幾分客氣才對。」

司令直瞪著她。一張血盆大口，舌尖在白糖似的牙齒中間震顫，像一團慾火，那確實有挑逗性的。今晚看我整你！他想。「我從不虧待自己，」他說：「而且沒有這種品酒的好德性。」

「司令要的是那一種酒？」主人不好意思地問管家娘姨。

「五星白蘭地。」管家娘姨答。

「搬一打過去。」主人吩咐：「也好讓他盡一盡興。」

「這又似乎太多了，」司令搔著後頸上那塊三疊式肥肉：「不過不要緊。醇酒、美人、名士，三位一體。來，看大杯伺候。」

「這是不是又一新鮮發明？」劉情笑得蹙眉蹙額：「比四大名龜還要新鮮啊。」

「你敢七說八說！」司令勃然大怒。

劉情收斂笑容。「你家，糊六九索！」

起先還只有四、五個人的笑聲，如今竟變成了哄堂大笑。

司令激怒得光頭冒火。幾十根被「夜香港」漿在一塊的黑髮，忽然像掃帚樣沖起來。「討打！」他大吼一聲，一躍而起。可是倉卒中忘了他的短腿盤跤在椅腳上，這一躍不打緊，跌了個仰八叉，痛得在地上殺豬一樣怪叫，臉色慢慢轉白了。

劉情撩起旗袍，趕忙蹲下去，扶住他的頭。「沒事嗎？司令。」她關切地問。

司令的嘴巴直哆嗦，眼睛泛著魚似的光。怪叫聲逐漸低沉下去，蛻變成爲哼唧。看樣子，慘案隨時可以出現。

整層樓都騷動起來了。廚房娘姨停止了炒菜，發財嫂也衣裳不整，趿著雙繡花半高跟大紅絨拖鞋，跑出來瞧熱鬧。

「胖子最容易中風，」陳思敬危言聳聽，大發謬論：「像鄒司令這種肥屍大隻的胖子，格外容易中風。要不要打九九九？」

「十個胖子九個有心臟病，」張少將附和著：「如果心臟病一道發作了，乖乖隆的冬，不死都要脫層皮。」

「他是士官生，學過柔道，而且很有武士道精神。」胡奇遇陰起一雙眼，隔桌望住他。「打不死的才算黃鱔。連摔這麼三、五跤，不過當場表演表演，包管無事。來。老英雄，我敬你一杯。」

鄒又紫聽在節骨眼裡，疼在心頭。他很想一骨碌爬起來，對準這三個下作鬼，狠狠揍幾買賣。可惜力不從心。「哎喲，嘖嘖。」司令的調門兒又高了一個音階。「老子通你們！哦哦，我的媽呀！」他的蛤蟆嘴牽縮著，露出了金牙齒。樣子十分兇惡。

這是一種全球性的冷感，文象斗博士想。一身冷得打顫。

這是一極世界性的悲哀，霍逸君博士想。咫尺之外，有什麼人的世界給毀滅了；而在毀滅邊緣的人，卻充耳不聞，若無其事。—不獨如此，而且還有閒心談笑自若，玩笑照開。身受者的精神麻木，和旁觀者的心靈麻木，合成了這個花花綠綠的化學世界。這世界也太不像話了。

這眞是一種世紀末的風情。夏青萍博士想，倒下去的鼓勵站起來的，世界就是賤貨，勝利永遠屬於猶太的子孫！他的茄子臉上得意的冷笑著。左眼從金絲眼鏡下邊，斜斜地偷窺著身邊那位有「骨」感的高瘦女人。鼻尖上那幾粒白麻子，受到了牽連，突然跳起草裙舞來。

司令的怪嚷，高了一陣，又低下去了。

可以聽到凜冽的寒風，在沉寂的街頭喊冤。寒風挾帶著陣雨，淅淅瀝瀝的，零零落落的，敲打著玻璃窗。在這三百萬市民的睡眠上，黑夜正悠悠走過。

大概過了一支煙久。司令的叫聲，逐漸平息。

藍玲身爲主人，不得不想幫忙把鄒又紫扶起來，但胡奇遇搖手制止了她。

「慢來慢來，」他說：「胖子是不好胡亂擺佈的，喊聲一口氣接不上，小心出人命官司。」

藍玲只好顫顫悠悠，把那個肥腦袋，放回棗紅地毯上。

「還是先打九九九吧，」陳思敬幾乎是舊事重提：「省得大家都要擔干係。」

「鄒先生有沒有直系親屬在香港？」霍顧問開言。

「有的。有太太，還有一個女兒。」劉情抬頭說：「這是他親口告訴我的。」她補充。

「那好。先搖個電話通知他的親人，問他們有什麼意見？」霍顧問說

「我可不曉得電話號碼。」劉情茫然掃視大家一眼。

眾人都像牆壁。沒有人答腔。

「司令，你家裡的電話號碼是…。」劉情低頭撫著他的粗短脖子，柔聲發問。

司令本來是打起鷺鷥眼躺著的。不知什麼緣故，眼睛突然像毛栗子一般炸開了，而且眼神之中恢復了生氣，短膀子屈曲著，雙肘撐住地毯，正想掙扎著坐起來。

劉情一把按住他。「靜一靜，司令，」她體恤地說：「你家裡的電話號碼呢？」

「用不著，」司令迅速說：「扶我到房間去躺一躺，嘖嘖，馬上可以復原囉。」

主人心頭上的那塊石頭落了地。「你們瘟在那兒幹什麼？」她衝著四個娘姨罵：「還不趕快把司令扶到客房裡去。」

藍玲和劉情，左右攙扶著他。四個娘姨半抬半抱，把司令送進小會客室右首第三間客房。

大家囉嗦了半天，飽受一場虛驚，此刻又重新入座。美酒盈樽，笑語遙聞，好像剛才發生的慘案，是出現在火星上的，跟高貴的地球人類，拉不上一丁點兒關係。

雖然，名女人家裡的菜餚，是頂不出名的。道理簡單之至。原湯原汁，都進貢了賢主人貪婪的胃袋，菜裡邊擺的全是味精。吃起來雞不像雞，鴨不像鴨，洋蔥、大蒜、胡蘿蔔、咖哩一大堆，就是那麼一回子事。但天下的洋盤多得很，而且，凡是草種、生命力一定強得嚇死人。倘若地球上突然爆發一場核子大戰，留下的人類標本，勢必是這班角色，謂予不信？請看張藝靈將軍、夏青萍博士和陳思敬先生那副吃相吧。——吃在碗裡，望在盤裡，筷子時常碰頭開小組會議，簡直各有千秋。

宵夜完畢，娘姨們忙於收拾，胡奇遇催促大家開檯。大概他那四愛司絕技，以及推皮蓋瓦，落雪飛花苦功夫，因礙於黎發財老板的情面，還沒有施展得開。這時，大家既然酒醉飯飽，而且老黎又不在場，正是千載一時的機會。再不下手，更待何時。

可惜三位大博士，早已醉翁之意不在酒。他們飽餐戰飯，猛飲咖啡，盤馬彎弓，待機而發。任憑胡奇遇花樣百出，他們三個穩坐釣魚台，紋風不動，只是掩著口葫蘆打呵欠。

藍玲眼光何等精靈，輕悄地向管家娘姨咬了一陣耳朵，即刻眉目傳情，暗示小姐們卸裝歸寢。

韓水湄小姐微提著白緞子晚禮服，走在最後。在甬道轉角處驀然回顧，瞥了瞥陳思敬，然後消失於長甬道中。大廳中水晶吊燈依舊晶瑩奪目，兩壁的曼陀羅花型壁燈依舊煥彩，但勇士們的眼面前，卻倏然蒙上一層雲翳，好像光度減弱了。

胡奇遇厚嘴唇向上翹成一個銳角，一個人在洗牌分牌，然後收攏來，摩撫著牌邊，不費什麼手腳，摸出了那張作了暗記的方塊老頭，笑了笑，插進去，洗起來。主人過意不去，藉故挨攏，跟他玩「捉烏龜」。他在這種場合，是不應該笑的，然而他捧腹大笑特笑，滿肚皮的悶氣，都發洩到了烏龜身上。

張少將偏過頭去瞧住他。他覺得不便過於掃這位老搭擋的興，單獨撇下他開小差，只好犧牲風月良宵，訕訕地走攏去，硬著頭皮捨命陪君子。看樣子，一檔三缺一的梭哈，總歸可以成局的。

大廳裡出現了短暫的沉默。

陳思敬嘴角上叨著煙。雙手插進褲袋裡，頭微微前傾，像街燈柱子一般，兩腿交叉呆立在大廳大門邊。那兒正對大廳和小會客室中間的甬道，他可以望見小姐們的動靜。

小姐們在小會客室裡咕噥了一小會，若隱若現，不時在敞開的摩沙玻璃門口飄動。不久，有兩位小姐踱出玻璃門。陳思敬看得很真切，那是骨感美人許虹和肉感美人柳鶯。許虹樣子倒挺清秀，只是太單瘦了。陳思敬想，吞了口口水。而柳鶯嘛，卻具有女高音歌唱家傳統的優秀體型。身高體闊約略相等。肉和曲線在週身每一部分湧疊、舒展、蠕動、顫顫悠悠的。對於陳思敬那雙慣於敲敲捏捏的手，那太有意思啦。他想著想著，又連續猛吞了好幾口口水。煙灰撲簌簌亂落。——簡直是隻肥肥敦敦的斑鳩，他想，可以滿飲一杯。

「思敬，這邊來，」少將揚手招呼。「三缺一，湊一腳行不行？」

陳思敬打了個躚踵，走攏去。「手頭不很鬆動，」他哄了哄鼻子，附在少將的耳朵邊低語著，同時把煙屁股在銀煙碟裡捻熄。

「沒關係。這兒都是自己人，並無生水。」少將嗄沙地說：「咱們玩小些。十元跟盤，千元一底，總該特別將就了吧。」

陳思敬彎腰取煙。「袋子裡只剩兩粒了，準備搭電車的。」他機密地說，打火點煙。「騙你的是橄欖頭。」

「對不起，我要到洗手間去打一轉，」藍玲微笑起身：「陳先生，等會見。」她巧妙地把小嘴翹向一邊。

藍玲小姐踅進小會客室去了。大概不到三分鐘，陳思敬如法泡製。他踮起鞋尖走路的姿勢十分正確。背影英俊，賽過名流和紳士，可惜兩條膀子軟搭搭的，甩動得又過於快速，使人聯想到衣冠楚楚的稻草人。

藍玲剛與管家娘姨說完話。陳思敬已經跟蹤而至。藍玲霎動左眼，示意叫她避開。然後塞了兩張大牛在他手裡。「親兄弟，明算賬，」藍玲銀鈴樣笑起來。「輸光拉倒。贏錢加一歸還。輸剩多少，還我多少。條件不算太苛刻吧。」

陳思敬一心一意，在打韓水湄的主意。對這種陪太子讀書的蝕本生意，老早已經沒有興趣了。「哦哦，我頭痛得厲害，只想躺一躺，」他心不在焉地砌詞推托著：「韓小姐住那間房？」

「別碰她，思敬，」藍玲好心告誡他。「碰了會倒楣的。」

「那是什麼道理呢？」他聳聳肩。猛搔著豬鬃似的鋼硬的頭髮。「有痳瘋嗎？」

藍玲仰頭正視他，突然噗哧一笑：「想跟別人共腳穿靴，時機還沒成熟哇。」

「馬是人騎的，」他爲了減輕她的精神負擔，只好彎腰弓身，搭低半截身架。「名花無主，誰都可以攀折。」

「人家發財阿舅的禁臠，」藍玲伸出一隻尖手指，在他額頭上鑿了一下：「你也敢去碰的。我勸你快點死了這條心。」

「不到黃河心不死。」陳思敬毅然作答。

「到了黃河死了心。哼，你試試看。」

「試就試嘛。怕我丟醜嗎？」

「癩蝦蟆想吃天鵝肉！」

陳思敬賊似的盯住她。「連你的心頭肉，我也想染指哩。喲喲，小姐，你眞是個夢！」

藍玲面泛桃紅，笑得十分之甜。「她跟我的身份完全不同。她是小先生，不好隨意毛肚開堂的：我頂多只能算作尖先生，擴大會議已經開過了無數次，不十分在乎這個。」

象嘴裡居然吐出狗牙來了，陳思敬快活地想。全身五十億細胞都在跳倫巴。「那麼，今晚便宜我一下好不好？」他開始乘勝追擊，擴大戰果。

「今晚可不成啊。」藍玲神秘地笑笑。

「你又來了，」他佯嗔著。

「一個雞兔同籠的簡單算術，可把我考倒啦！」藍玲飛出一個媚眼安撫他：「十六個人男女各半。我這兒只有六間客房。你想，叫我怎麼安排？」

「開一檯梭哈或者麻將不就解決了嗎？」

「問題不這麼簡單，」她沉思著。「假如不是雙生雙旦，這台戲仍然唱不成。」

陳思敬愁眉苦臉，束手無策。「哦哦。當然囉，被窩裡熱烘烘的，誰曉得拉皮條的苦心囉。」

「虧你還是吃繡花鞋飯的，」她扮了個鬼臉柔聲說：「連一點急智都沒有。」

「倘若我代你解決了困難，你拿什麼酬勞我？」他的語氣裡，頗含敲詐之意。

「惟君所欲。」她掉了句書袋。

「那行，」陳思敬嗅了嗅溜尖的鼻子。喜孜孜地說：「看鄙人略施小計，包管馬到成功。」

「只怕你是銀樣蠟槍頭。」

「只怕你剛吃到一塊橘皮乾，就忘了洞庭湖，臨時變卦。」

她用柔若無骨，緞子似的纖手，脈脈含情地捧住他那骨節嶙峋的大巴掌。「一言爲定，絕不食言。」

他眼勾勾地逼視著這夢一般的女人，下巴伸得老長老長的。「我的服務，一向都很週到，」他自我介紹。

「絕不吹牛。」

藍玲瞟了他一眼。「只要你不牙籤，往後的甜頭多著哩。」

「不會的。老天爺在上。絕計不會的。」他說著說著，兩腿半分彎，像要行大禮的樣子。

她連忙止住他。「這兒人多眼雜，不好打千啊！等會到我房裡去，再表演不遲。你知道我的臥室在那兒嗎？」

陳思敬搖了搖頭。

「從大廳走進來，右首第一間。」她指點著：「沒有編號碼的，」她添說。給了他一個貼士。

「什麼時候來呢？」

「亮起了粉紅色床頭燈的時節，就可以來啦！這是我的鑰匙，你神不知鬼不覺的，摸進來好了。」

陳思敬接過鑰匙。小心翼翼揣進褲袋裡。「憑這個，我可以一步登天啊！」他顫聲說：「你眞是個夢，一個美夢。」

「去你的。你以爲我還是十七、八歲嗎？」

陳思敬一臉錯愕困惑的表情。「像妳這樣的小姐，正是夏天，太富誘惑力啦。」

「想吃豆腐等會再來。我要走了，拜拜。」她美妙地漾動著手指頭。

他搶前一步。「水湄住幾號房？」他低聲問。

「五號，」她忿恚地說：「你佔不到便宜的。」她鄭重其事地添說。

小會客室的摩沙玻璃門一開一闔，藍玲走了。她的糢糊的影子逐漸在晃動，終於不見了。

陳思敬推開另一道門，踮起腳尖走向過道。

在五號門前佇立了一小會，開始敲門。

「誰啊？」室內傳出一個女人的聲音。迷迷糊糊的，像是從酣夢深處透出來的囈語。但音色顯然不是韓水湄的。

這又奇了。他有點躊躇不決。難道是藍玲故意弄聳我嗎？不致於挑水找錯碼頭吧？他迅速地想，瞪眼凝親著房門上那個白色的5字，覺得把握十足。把剛縮回的手，又在房門上鑿了幾個栗暴。

「到底是誰啊？」仍然是那個女人的聲音。接著，室內拉亮了壁燈，同時傳過來一陣窸窸窣窣的聲音。

「我。陳思敬。」

「哦哦，陳先生，妳不懂規矩嗎？」那個女人嘀咕著：「這兒是不作興敲門搥戶的呀。」

陳思敬這回倒聽出來一大半，好像是徐劍蘭的聲音。「徐小姐嗎？」他壯膽開言：「請問韓小姐住那間房？我有要事找她。」

室內傳出一陣溫軟的笑聲。房門開了。

徐劍蘭已經下了裝。秀髮蓬鬆，跣足而立。水紅滾邊的長綢睡袍輕籠著青春健美的胴體。白皙的瓜子臉上，徘徊著恬淡的笑容。

「韓小姐住哪間房？」他問。

「五號。」徐劍蘭莊重地說，一點都不像是開玩笑。

「五號？」陳思敬重複著：「一個山頭，能容納兩隻老虎嗎？」

「你看。毯子裡邊窩藏著什麼？」她提醒他。

陳思敬大踏步走近床前，用力一掀。韓水湄原形畢露，並且吃吃地笑個不停，原來她還沒有卸裝，連高跟鞋都穿在腳上。

「你這是搗什麼鬼？」他氣咻咻地質問。

「我們早已猜中是你啦！」韓水湄翻身坐起，用雙手整理著頭髮。

「那何以見得？」

「還沒摸到鑰匙，就先挨門挨戶敲門的，不是你還有誰呢？」

陳思敬瞥了徐劍蘭一眼。「有要緊的事兒，到小會客室去，我跟你當面商量商量。」

「在這兒就行。劍蘭不是外人。」

「有點說不出口。」

「你也有難爲情的時候嗎？⋯⋯請先走一步，我隨後就來。」

陳思敬彬彬有禮，鞠躬而退。

韓水湄推門而入。他像餓貓捕老鼠似的，一個虎跳，把她摟住。

「思敬，快點放手，」她細聲說：「到洗手間去。」

倆人輕擁著，進了洗手間。她反手將門扣上。

接著是一陣長吻和一聲歎息。

「今晚眞的不能依你，思敬。」韓水湄說，明亮的大眼睛裡突然洋溢著感情。

「那爲什麼？」

「你不會再生我的氣吧？」她委屈地說。

「當然。當然囉。他媽的二姨媽！」

「再過四、五天就乾淨了。那時⋯。」她羞人答答地咽下了溜到嘴邊的話。

「我可不願意看到誰再碰你一下，我會咬牙切齒嫉妒，我會發狂。」

「這顯然是不容易辦到的。因爲，因爲…。」

「因爲什麼啊？」

「別這麼瞧我好不好？思敬，我確實受不了。」韓水湄的臉上，飄過一團哀愁：「一個女人既然要靠這副原始本錢過活，勢必由命不由人。女人的肚子，正如男人的錢袋，不作孽是壯不起來的。」

陳思敬因所謀未遂。心有餘慍。「賤貨！」他衝口而出。

韓水湄臉上一陣紅，一陣白。粉頸低垂，淚水撲簌簌滾落在雪白的緞子晚禮服上。「我們這一圈子裡邊的人，有那個算得上是高貴的啊！」她感慨萬端地說。目光纏繞在銀光閃閃的高跟鞋尖。

「那麼，水湄，」陳思敬好像天良發現，語氣變得相當柔和了：「如果你眞心愛我，今晚一定要聽我擺佈。」

「擺佈得還不夠嗎？」

「你陪我到大廳去玩通宵梭哈。這樣，我的氣才可以平一平。」

「那怎麼可以，疲倦得要死。熱被窩不鑽坐冷板凳，那怎麼可以。」

陳思敬冷笑著，笑的十分機械，十分可怕。凡恐怖面具上所有各種古怪的笑容，全集中到他臉上來了。「心懷嫉妒的人，往往是冷酷無情的。」他低聲說，仍然冷笑著：「讓別人一而再，再而三地死等，那也是一種精神虐待，後果歸你自個兒負責。」

韓水湄背倚著陳思敬的胸脯，抬頭斜視著他的尖鼻子長下巴，以及在冷笑中輕輕抖動的小鬍子，心靈的空虛和迷惘達到了一個新的高峰。她彷彿窺見了隱在他冷笑後邊的東西，那是她不願意的，她不讓回憶之夢，輕輕易易滑失。「好吧，我答應奉陪，」終於她說：「我到後邊穿件大衣再來，你先走一步好了。」

他的虛榮心似乎得到補償。面具上邊的冷笑，彷彿解了凍，顯出幾分生氣。——世界上有一種名叫人類的動物，是慣於在窮凶極惡之中找尋快樂的。他們過份的低三下四，就暗示著他們的虛榮心特別強。他們得不到別的享受，就以想方設法傷害別人爲快樂之源，痛苦反射到他們身上，就變成了舒服的感覺。陳思敬是這類動物的標本之一。此刻，他毅然打開洗手間的門，心滿意足地走了。在通道大廳的甬道上，他假傳聖旨，把一號房間的柳鶯小姐，調虎離山，陪張少將玩個通宵。

他輕身快邁，昂然跨到大廳，向藍玲丟了個眼色。通知她一切已經功德圓滿，安排就緒。

不久，韓水湄小姐和柳鶯小姐相繼入局，冷了場的梭哈，又熱熱鬧鬧地開檯了。

「祝佳賓們春宵甜夢。」藍玲一派甜言蜜語，臉上綻開了十分冶蕩的媚笑：「這是咱們週末俱樂部的不成文法律，相逢不下馬，各奔花月良宵，美艷之花笑靨迎人，願佳賓們不虛此行。」

話剛落音，她叮噹丟下四把繫著紅絨線縧子的鑰匙。

「這兒一切都是神秘的。」她繼續冶蕩地說：「各位按鑰匙上的號碼開門。不准亮燈，不准通名報姓，不准互訴往事，因爲我們是沒有記憶的，今宵有酒今宵醉，請大家起立。來！」她拍了拍巴掌。

管家娘姨端著個扁盤，裡面放著一隻翡翠茶杯，兩瓶金雞鐵樹酒，開始酌酒。

「這是傳杯，每人滿飲一杯。恭祝神秘女神萬歲。」

主人說完，轟飲了第一杯。其次，輪到文象斗博士，霍逸君博士和夏青萍博士。陳思敬接過傳杯，向賢主人扮了個鬼臉，一飲而盡。翡翠杯傳到了韓水湄小姐的手裡。她本來量淺，也只好胡亂灌下去。柳鶯對於這種「番鬼佬涼茶」式的淡酒，滿不在乎，往大嘴巴裡一倒了事。張少將和胡奇遇殿後，相繼飲完，儀式已畢。主人又禮貌週到地對每個人微笑點頭告別。然後款擺蛇腰，進入香閨，輕輕把門碰關。

主人留下陣陣香風，還在大廳裡邊飄盪。但餓狗搶屎的特寫鏡頭，已經在大廳中上演。主角是夏青萍和陳思敬這兩位仁兄。

夏青萍看中的對象是許虹，橫直燕瘦環肥，各擅勝場，情人眼裡出西施，他覺得許虹小姐才是可供攀折的迎春花。但陳思敬卻是負有秘密任務的。一號房現在空著，他必須捷足先得No. 1 這把鑰匙，方好交差。否則，好事成空不算，也許還會吃頓排頭。這種向自己面門上「攞堆老」的事體，是千萬使不得的。因此，兩個人就蹲在地毯上，對搶起來。冤不冤夏青萍偏偏摸到第一號鑰匙，不肯放手。陳思敬找不到一號鑰匙，不免兩隻眼睛像火流星一般，賊不溜鰍地在夏博士的手裡繞來繞去。

夏青萍以爲得了寶。把鑰匙往大衣口袋裡一塞，連忙站起來。半截紅縫子在大衣直口袋外邊幌動著。

「博士，您摸到的是幾號？」陳思敬壓低嗓門在齒縫裡問。

「管他幾號，」夏博士意態悠然地說。「抓到籃裡就是菜，好歹不過是逢場作戲。」

「可是這是大有講究的啊！」陳思敬說：「您有沒有心上人？」他旁敲側擊。

博士一楞。「有的，」他答：「你能給我一個貼士嗎？」

「當然，當然。君子成人之美。」他雙肘撐著地毯。半爬半跪，挨近夏青萍。「誰啊？」

「許虹許小姐。」

「住二號房，」他說。隨即閃電式揚了揚手上的鑰匙，揀選出一把來。「哪，這就是許虹的。」

博士以爲陳思敬帶他的籠子，取下金絲眼鏡，揩抹著。沒伸手去接。

陳思敬情急，劈手將博士口袋裡的鑰匙搶過來。兩人因此起了衝突，扭成一團，全不像是有過教養的人。

「眞是狗咬呂洞賓，不識好人心，」陳思敬狺狺而詈：「把別人的好心當狗肺。」

「你不是那種慈眉善目的人，一點都不像，」夏青萍反唇相譏：「高低我不換。」

「這是一號。」陳思敬認眞地說：「一號的主人在牌桌子上，你要抱著個枕頭過夜嗎？」

「那你怎麼這麼熱心？」

「我是邊務大臣，比不得您是主帥。」他指著自己的尖鼻子，卑順地答：「不信，我馬上給您找人證。」他說，像竹子般站起來，走向柳鶯小姐的後邊。「你住幾號？你說！」

「一號。」她在喉管裡顫聲說。

夏青萍釋疑。在陳思敬手上取過二號鑰匙，揚長而去。

「思敬，你要通宵達旦，做塘邊鶴嗎？」胡奇遇陰鷙地笑笑。

「什麼時候啦，水湄？」陳思敬故意問。

韓水湄勒起大衣袖子。「三點差五分，」她答：「假如你不玩，應該是睡的時候了。」

陳思敬爲了對水湄表示忠貞不二。把一號鑰匙又揚了一揚。「抱著個空枕頭發單相思，也不是味兒囉。」他說，嘴巴扁到一邊。

其時，文象斗和霍逸君，正慢條斯理彎腰撿起鑰匙，一先一後走了。「我以爲這兩隻饞嘴的怪貓，不吃魚腥呢？」陳恩敬聳聳肩，吹起口哨來。

大廳裡突然昇騰起一連串清脆的哈哈聲。

「不必出學費，可以學到掰夥撈世界的一點點本領。」胡奇遇說：「坐下來仔細研究研究，不要老是那副失魂落魄的瘟樣子。」

陳思敬用呵欠掩飾自己的窘態。「瞌睡蟲鑽到節骨眼裡來了。啊哈！眞要命。」

「早點休息吧，思敬。」韓水湄柔情脈脈地說：「養精蓄銳頂替我，熬到六點，歸你負責。藍府上的早餐，非到十點以後是開不出來的，你還有四個鐘頭的苦工哩。」

「好的。再看一輪我會去睡的。」他敷衍著。心裡在盤算，那時大概會亮粉紅色的床頭燈了。

第五章

陳思敬打開了藍玲小姐的閨房門，抽出鑰匙，然後採取一種急促的獸類行動，閃身而入。倒退著，把司別靈門鎖輕輕磕闔。

室內開著熱氣。溫暖如春。一式桃花心木傢俱，參差有致地擺設著。淡雅脫俗，清麗悅目。牆壁髹漆成天藍色，與乳黃色地毯相映成趣。梳妝台是整個閨房裡最爲突出的一件龐然大物。上邊排列著形形色色的化妝品。大概可以開一間小型百貨店。桃紅色床頭燈寂寞地亮在那兒，但床上闃然無人。一切的情調都是富於詩意的。陳思敬置身其中，彷彿置身於天方夜譚中的皇宮。

窗外，陣雨撲擊著玻璃窗，疾風呼嘯而過。搖撼得鋼窗格登格登作響。寂寞。如今只剩下那陣雨，那陣雨。那陣開天闢地以來，永遠重複著的古老而單調的低語。

陳思敬木然掉轉身來。梳妝台的雪亮的大圓鏡裡出現了一張疲憊的長臉、濃眉、小眼，一個尖鼻子和兩撇小髫子。嘴唇軟軟的。低低的額頭上，油光閃爍，彷彿上了一層油。

他凝神注視著自己。一張熟悉的臉，同時也是一張陌生的臉。眼角上出現了很深很深的皺紋。他突然覺得那是由人類蛻變而成獸類的痕跡。

天藍牆壁上的那個鍍金圓球，滴溜溜轉了一圈。一串清脆的音樂開始奏鳴。牆壁活動起來了。呀開了一條縫，終於敞開了。陳思敬驚詑地偏過頭去，瞥見了剛剛走出專用浴室的藍玲。此刻，門自動給關上了。關得嚴絲合縫的，一點痕跡也不容易找到。

藍玲頭頂上還盤著一條白色毛巾，腰肢纖細，瘦不盈握，斜挽著另一條雪白的寬大的浴巾。腰肢以上是全裸的，氤氳熱氣在她那晶瑩透剔，細嫩光滑的肩膊上擴散成神秘的夜霧，越發增添了她的嫵媚。她含笑走出來。在柔和得近乎幽暗的光線下，迂緩地輕悄地移動著她的纖足；從容、寧靜、溫柔與性感，兼而有之。此外；在她那熱氣蒸騰的肉體之上，彷彿還蟠踞著一種看不見的東西，風騷、冶蕩，一切都過於成熟，過於綿軟，予人以一種好花將謝的遲暮之感。——這是一種奇怪的發光體。是曙光和暮色的混合形象。這形象能使世界上所有的浪子觸電。

陳思敬的腦海裡突然強烈波動著。全靈魂都在著火，整個身體都在燃燒。他覺得有一股一發不可收拾的衝動，在血管裡濊濊奔騰。他死命地抱住她，呼吸短促而有力，心臟欲從胸腔裡湧到嘴巴裡來。他驟然覺得頭有點暈，眼面前的那個發光體有點兒模糊，模糊不清的物象在天藍色的背景上懸宕。一種難以描述的奇怪的渴望，像陣雨一般激打在她生動而富於變化的泡沫似的胸脯上。

互相佔有的慾望好比閃電，震顫在孤男寡女的眼波裡。

藍玲似乎感受到了這個。她文靜地取下頭上的毛巾，雙手捧住，半遮半掩著前胸。「哦，來啦！」她點頭微笑著，用睡意朦朧的調子說，並且故意把尾音拖得特別長。

陳思敬覺得那種聲調裡邊，潛藏著一種超乎自然的魅力和誘惑。「夫人，奉命報到。」他一躬至膝，偷窺著那雙塗著蔻丹的小小巧巧的天足。

她對直地向他走過來。沒有和他接觸，擦身而過。坐到圓鏡子前面，開始描眉。

陳思敬拿起擱在春凳上的緋色半透明尼龍睡袍，輕輕披在她的酥肩上。當指尖滑過她的背部時，她突然吃吃地浪聲笑起來。「謝謝！」她說：「現在輪到你了，思敬，親愛的。春凳上的那套睡衣是留給你的。向右邊旋轉，浴室的門就開了。打開煤氣，痛痛快快洗個熱水澡。——春宵苦短啊！」

陳思敬以快速動作解除了全副披掛。把浴巾圍住瘦削的腰部，拿起那套睡衣褲，踅到夕夢思床後邊去了。

闊大的香閨裡，隱隱約約飄浮著花灑的刷刷之聲。

藍玲小姐描好眉，塗好唇膏，再在臉旁和鼻樑上，薄薄地撲了層香粉。然後，伸出小指，喎起小嘴，對準鏡子十分精細地剔掉稍嫌多餘的地方。她似笑非笑，寂寞地欣賞著鏡中的人。在眼蓋膏和眼角弧線接壤之處，在向上巧妙地挑起的眉梢上，盪漾著千種風情。於是，大圓鏡子裡微微搖曳著一朵上流社會的嬌艷之花。——這朵花熱情如火。可惜就太像鏡子裡的火燄，看起來火光熊熊，其實不過是靈光冷燄。當然囉，鏡花水月，畢竟是空虛的；而人的心靈和頭腦，卻最忌空虛。女人們在空虛的心靈裡邊製造愛情；男人們在空虛的頭腦裡邊製造欺騙。因此，有三種東西貶抑了上流社會的身價，而使它成爲不折不扣的「半上流社會」。那就是：愛情？一種本能。欺騙？一種習慣。人？一種動物。沒有比這三種東西得到的結論更堅定更冷酷的了。邏輯是從來不懂得慈悲的！

當陳思敬浴畢轉來時，藍玲小姐早已慵睏地上了床。床頭燈仍然開著，香閨內仍然是那種半明不暗的情調。她斜靠在棗紅軟緞床背上，嘴裡嚼著香口膏，心不在焉地在讀晚報。我們只能看到她的面部和腿部。她鼻尖上沁著微汗，雀斑若隱若現，使秀麗的鼻子愈發顯得清秀可愛。也許，名女人的香閨和精神病院的病房，是比鄰而居的。任何名女人在心理上都不可能是正常的，因此，她們的生理反應永遠先於心理反應。讓極力壓抑的情緒在生理上表露出來。當浴室的旋轉門自動奏鳴時，這個夢一般的女人到底在想些什麼，我們一無所知。唯一可知的是半透明的緋色尼龍睡袍內，肉體的神秘的顫慄。

陳思敬穿的那套睡衣睡褲，看起來實在有點滑稽。衣長不能遮肚臍，褲子的長度，跟馬褲差不多。但這兩件頭的寶貨，卻顯得奇大。如果前前後後，左左右右，塞上幾個西瓜，想來大概是沒有問題的。「暫時委屈委屈吧，明兒晚上就好啦！」她從報紙上邊瞧住他，不免噗哧一笑。「思敬，這兒坐。」她添說。同時用左手輕敲著床邊。

陳思敬一臉捉襟見肘的窘困神色。把半邊屁股顫顫悠悠地挨上夕夢思。「這到底是誰的？」他沙嗄地問，用勁把衣服打了個大褶襞。

「你想還有誰？」她鄙夷地說：「當然是鄒胖子的東西。不過不要緊，衣服是乾淨的。他早已飽食遠颺，三個月不來啦！」

聽說是琵琶司令的舊物，他早已噁心得要作嘔。「我情願光得像根手指頭，也不穿這件撈什子囚衣。」他說。賭氣把睡衣從頭頂上剮出來，狠命地擲向春凳上。

「這樣也好，既來之，則安之，不必拘什麼形跡。」她說。貪婪的目光纏繞在他的胸脯上：「哦哦，思敬。你眞是一個奇蹟。」他驚齒牽唇，一臉錯愕的表情。

陳思敬左顧右盼著，摸不清他這話的底細。

「一張耗子臉，卻配上一個這麼壯實寬闊的胸膛，你真會打埋伏！」她喜孜孜地解釋道。「哪，這兒有點發麻，你給我輕輕敲敲。」她繼續說，把一條雪白粉嫩的短腿，斜擱在陳思敬的膝頭上。接著，床頭燈滴答兩響，熄了。

美麗的罪惡，在黑暗深處，燦開了奇蹟之花。這所多瑪．蛾摩拉的荒唐之夜啊。

陳思敬嗅了嗅鼻子。一股香馥馥的甜味兒，從黑暗中溫暖著他的鼻孔。他熟練而準確地搓捏著她的纖足。纖足瘦不盈握，膩細滑軟，柔若無骨。他用指頭通著她的腳趾，她突然浪起來，嬌喘嫩哼，黑暗中飄浮著一片靡靡之音。

陳思敬積年風月場中打滾，吃慣了拖鞋飯，豈有「胃病大王」不知到口的肥食軟硬之理。那雙慣於拈花惹草，骨節嶙峋的大手，朝婦人軟綿綿的大腿上一陣捏，捏得她呻呻吟吟，哼哼唧唧，嬌軀蛇一樣貼著斯蘭伯乳膠床墊，顫顫悠悠，兜轉浮浪。然後他雙手合十，像驟雨般輕砍著她白淨的皮肉：接著響起一片蹕蹕啪啪的敲擊聲。

這樣敲敲捏捏有刻把鐘之久，藍玲通體舒泰，嘴裡除香口膠嗚咂有聲外，已聽不到別的聲音了。而陳思敬的那雙空空妙手，也逐漸把節奏緩和下來。

「完了嗎？」藍玲故意拉長聲調柔聲發問：「思敬，你的服務真週到。」

「哦哦，當然囉！」他停止了奏樂。「腰酸背脹，雙手發麻發軟，這就是舒服的代價。」

「整個兒工作還沒完啊。」

陳思敬腦海裡天靈一閃。但他突然想起了那個肥答答的鄒胖子，又陡然一陣噁心。「那麼，夫人。」他逆來順受，窩盤著說：「您一定要把在男人身上受的冤氣，發洩到我的身上嗎？」

「好個乖孩子，倒會假撇清。」藍玲用夢意般的聲音巧妙地笑著說：「老娘見精識精，老早看破了你八、九分啦。」

「額外的工作，必須加幾個子兒的工錢。」

「眞是，眞是。」她在齒縫裡顫聲說：「鳳凰無寶處不落，你就會在刀口上勒索。…一千元還不夠嗎？」

「花木瓜，空好看。說起來裝你的幌子，不說也罷。」

「那是什麼道理？」

「噗！別推睡裡夢裡。那是要連本帶利，加一奉還的呀。黃貓兒黑尾巴，夫人您已經當面說斷了的。」

陳思敬說著說著，又故意賣弄著他那套麻姑獻壽，仙猴摘果的特技起來。

藍玲吃吃地笑個不停。「喲喲，你眞黑心。」她浪語著：「死溫存，活打劫，不見兔子不放鷹。算我服了你。…千元打賞行不行？」

陳思敬打蛇隨棍上。得寸進尺。「打令，我的親娘。」他甜蜜蜜地低聲喚：「求只求張良，拜只拜韓信，兒子不識高低，還要夫人賞兒子一件信物。」

藍玲被他左一個親娘，右一個兒子，嚷得一身都酥軟了。「別指山說磨，遠打週折好不好？」她佯嗔道：「大家都是老江湖，眼意心期，彼此需要。來，荒唐萬歲！」她突如其來伸出纖纖素手，風情萬種地安撫著他的豬鬃式鋼髮和多毛的肥胸脯。

陳思敬並沒被柔情蜜意所軟化。「買賣不成仁義在。」他說：「此時縮手，都還來得及。」

「鬼來了。你還需要什麼？快說吧。」

「鑰匙。沒編號碼的鑰匙。」

「鑰匙老早在你西服口袋裡了啊！」

「這是隨時可以收回的。」

「可惜週末俱樂部只作興露水姻緣，大家逢場作戲，從沒有死對頭。」

「夫人，我倒想跟您結成一對生死冤家。」

藍玲像被蠍子螫了一下，突然尖聲嚷起來。「這兒只有五分鐘熱度，交易而退。各盡所能，各取所需。你想我們的關係能維持到明天嗎？珍惜千金一刻啊。這兒，短暫就是永恆。」

「下禮拜六我再來可以嗎？」他終於鬆了口氣。

「唉，誰能預料到明天的事呢？」藍玲似乎動了一丁點兒眞感情：「大家都只是一點火花，一堆泡沫和一陣風。努力阻止『明天』光臨，這是夜暗中人們的希望。」

「我拒絕沒有回味的愛。」

「那是十五、六年前的境界啦。你以爲我們還是十八、九歲的小夥子嗎？」

「我的哲學是好花不謝。」

「好找張長期飯票是不是？」

「你簡直侮辱我的人格！」

「別光火，思敬，」藍玲和悅地說：「在咱們這個圈子裡，人格都跑到狗身上去了。誰身上可以嗅到一點兒人味啊？」

陳思敬沒有作聲。他的牙巴骨咬得磁磁作響。

「我損傷了你嗎，思敬？」黑暗中她溫柔地說：「來，到口的羊肉，別落在狗嘴裡。儘呆在一旁發楞幹啥？」

「無論如何，我要求梅開二度。趙錢孫李，依不依隨你！」

「你眞是個職業兇手。」隔了半晌她才說：「我的兒，誰養得你這般乖巧伶俐的呀？」

「瞎扯淡，」陳思敬又施展特技，用軟鼻子和小鬍子浪著她。「閒話一句。答應不答應？」他催促道。

「好吧。哦哦，好乖乖，依你便了。」

他出其不意，拉亮了粉紅色床頭燈。

藍玲眉黛低橫，秋波斜視。嬌呼嫩喘成一團。「啊，不，」她慌忙伸出纖纖素手，想去關燈。「這兒的規矩是⋯嘻嘻⋯。」

原來陳思敬在她白馥馥的胳窩下掐了一把。她像觸了電，癱軟了。「今兒晚上我是客。做主人的，總不好意思過於堅持原則吧。」他柔聲說。

她低低地斜睨著他。瞥見他額角、眉尖、腮邊、兩頰上，全堆垛著虛假得令人不快的和悅的表情。他的臉色和臉型顯然改變了。一副吃拖鞋飯的涎皮嘻臉的怪相，赤裸裸呈現著。四目相接，他嗅了嗅尖鼻子，神祕地奸猾地笑起來了。

陳思敬瞇起那雙煥發著邪惡的光芒的小眼睛，死死盯住藍玲的粉嫩的嬌軀。一朵微微震顫著的嫵媚的鮮花。

他想。巴唧了一下厚嘴唇，恨不得一口把她呑下肚。他的視線纏繞在她的鵝蛋型臉上。她笑得很甜，笑得很生動，彷彿有陣陣春風正在她的白膩的臉上噓拂。而挺直秀麗的鼻子兩邊，雀斑卻在忽紅忽白的色調裡隱現。此刻，他眼裡充滿了一種難以形容的慾火與光亮。誰都能感覺到，但是他那種複雜的感情，誰也無法把它們如實地表達出來。他諦聽著這個瑩潔芬芳，曲線玲瓏，而且堅實充盈的胸膛在急遽跳動，好像聽到了妖精的呼吸。

她的大而明亮的眼睛，乞憐地回瞧著他。使陳思敬覺得那簡直是劑春藥。眼睛霎動著，彷彿在說話——來吧，這一切都是你的！

她的敞開的睡袍已經給卑鄙的情慾暗暗裡準備好了一條看不見的軌道，使他的血液整個兒沸騰起來。一種盲目的獸性的迷惘，突然掩蓋了陳思敬的麻木的心靈。如今只剩下那個肉體，那個肉體，和那陣風騷蝕骨的震顫。

於是床頭燈滴答熄了，黑暗重臨。

在貴婦們潔白芬芳的皮膚底下，到底潛藏著多少黑暗的東西啊！

斜對面，隔著甬道，是第二號房。

夏青萍博士正摟抱著許虹小姐悠然入夢。也許他的粗短脖子受到一點兒委屈，鼻息相當粗壯。濃黑的臥室之內間歇性地飄浮著齁齁鼾聲。好像一列火車正穿過九曲十八洞的隧道，時時拉響汽笛示警。

許虹小姐則不然。她感覺到青年人在戰鬥之後所能感到的那種迷亂、昏沉與疲憊的情緒，眼睛睜得大大的。一顆寂寞的飄泊無依的芳心，强烈地跳動著。彷彿窗外的淒風苦雨，正狂亂地打在她的心扉上。她的頭隱隱發脹，而且感到身體的某些部位，微微作痛。她思前想後，憂傷萬感，可是她的思想不能靜止在任何東西上邊。

「三十歲是少女的末日。三十歲也正是婦人的妙齡。」藍玲的話莫明其妙地潛響在她的回憶裡。她仍能清楚地看到她說話時，那種嚴肅而生動的臉色。「完滿、確準、成熟。外表平靜，心情旺盛，那正是生命的夏天。」

不知什麼緣故，她驟感被窩裡熱烘烘的。有點像雷雨將要發作時那種鬱悶的夏夜。夏博士癡肥癡肥的胸脯正在起伏，聯帶使她的思潮也波動不停。她用手溫柔地撫摸著他的胸脯，覺得它柔膩得像團舊絲，而且好像觸摸到了一堆火燄。他在夢裡咿唔著，她本能地縮了手。

「夏天，夏天。」她細細咀嚼著這兩個字。彷彿那是一隻禁果，愈怕被人提及，愈要偷偷地咬它一口。「那到底是什麼意義？一切都還原爲肉體。一個美人和一個肉體難道眞有相同之處嗎？不，不十分相同。爲什麼這個時代的男男女女，只曉得從肉體中獵取情慾，而不知道從靈魂中追求愛情呢？」她困惑地睜大了眼睛，望向閃爍著淡青色微芒的玻璃窗。

玻璃窗上並沒找到答案。只有雨點在上面蠕動。模模糊糊的，像氤氳著熱氣的浴室玻璃。「靈魂是情人，肉體不過是姘婦。」她繼續想，思緒顯然被攪亂了。「然而這個時代 — 這個顚三倒四，一切都擺在廉價市場上拍賣的時代啊！」

一隻肥厚的大巴掌，輕輕在她纖腰上滑動。那隻手起先還只是一條蚯蚓，但慢慢變了，變成了一條蟒。腦海裡可怕地旋轉著的風暴平息了。她又回到了戰場。人們要侮辱災難到什麼時候呢？黎明的光影不是伸手可及嗎？

而四號房此時正開闢爲第三戰區。

鄒司令腿痛消退，心翻滾如油鍋。而劉情小姐，經過整晚的囉唣，早已弄得精疲力盡週身發軟，心裡跟墳墓一般淒涼。

「要賺豬的錢，除非伴豬眠。」她三番四次唸誦著這兩句話消氣。

可是，符咒有靈驗的時候，也有失驗的時候。當那隻兩百磅加碼的「琵琶」緊貼著她時，她的呼吸告訴了她：那不是一條肥豬而是一條死牛。她突然感到喉管裡乾得出煙。他的哼唧完全是生理上受了重壓的結果。雖然鄒司令認爲很過癮，把生理上的痛苦誤認爲心理上的快活。

「又紫，你不可以。」她在黑暗中掙扎著。「不可以霸王硬上弓。那，那是不可以的。」回答她的是一陣破銅鑼似的哈哈。「你已經夠累了，需要吃吃甜頭。你必需充分合作。」

「哦，不，又紫。」劉情幾乎嚷起來。

「不準備合作嗎？」

「叫我如何合作呢？像條死蛇，麻煩死人！」

「歲月不饒人啊！」鄒司令顫聲說：「何必一定出我的洋相。」

「養精蓄銳，明兒個晚上來不行嗎？」

「那我這張大牛，不是白白裡做了人情嗎？」

「來日方長，五百元又算得了什麼？」

「小姐，你的口氣倒很大哩！」

「你以爲這完全是人肉買賣嗎？」

「我想大概是的。」

劉情小姐勃然大怒：「我想你家黎山老的，也大概是的。」

「你怎樣敢辱及先慈？」鄒又紫厲聲相向，死死攀住她的雙肩不放。

劉情一個鯉魚打挺，把「琵琶」翻落一邊。

「銀樣臘槍頭，中看不中用。」她在齒縫裡罵：「你要揀便宜，快活谷、灣仔、干德道中、油麻地、廟街、青山道、九龍城、尖沙嘴碼頭、榕樹頭、京士柏、宋王台，到處都有。三塊五塊傾偈；十元八元過夜；何必把大牛往大海裡打漂飄！」

鄒又紫被罵得眼睛發楞，鼻樑發黃，半晌不敢回嘴：「眞是一頭胭脂虎，吃人不吐骨頭！」他訕訕地回嘴。

「泥娃娃還有個土性子哩，哦哦，司令。」她開始籠絡他：「就是一隻餓癟了的老虎，也不必呲牙裂嘴，在活僵屍身上打主意的。」

「偏偏碰到你這死靈魂，今天五百，明天五百，亂開方子要錢。」

「一個女人有幾個二十五啊？一定要等到人老珠黃，打空斧頭嗎？貨賣當時，一個願打一個願挨，少一個銅板休想。」

「你眞能說會道。」他不免低三下四，挨起光來。

「八百斤的野豬，一張寡嘴！」

「一張專門會說謊的寡嘴，一張專門會圓謊的寡嘴。除了吃飯飲酒，你的嘴就祇有這兩項用途。」

「不，哦，不！司令。」劉情吃吃地笑起來：「還有第三項用途，捨不得告訴你。」

「笑什麼？」司令注射的百賴特靈發作了，說話有了本錢，陡然勇氣百倍。「老子一定要整得你翻一個邊！」

談話中斷了。斗室之內，擠滿了鄒司令粗壯的喘氣聲。

那是一幅世紀風情畫。人們的嘴，一方面漫天撒謊，一方面卻極力爲謊話辯護。個人的精神和肉體墜入衝突和絕望的深淵。要命的淪落之感，掃空了一切安全和穩固的基礎。而人類社會，只有在安全和穩固的基礎上，才有它自己的理想，自己的制度，和自己的需要。如今一切都不存在了。僵化的冷漠狀態支配一切。最顯著的標本，那就是我們的「半上流社會」！

第六章

夏青萍博士，平地一聲雷，突然抖起來了。

二月二十七日(禮拜二)上午十一時正，他如約晉謁巡迴大使吉賽甫。同窗老友。談笑甚歡。花開紅，有人逢。一時牛池灣那六間木板破寮，過氣的達官貴人、名男人、名女人雲集，屋限爲穿。不盡財源，滾滾而至。要錢有錢，要人有人。風雲龍虎，前程似錦。而他的基地，節節向前推進，由牛池灣到鑽石山，由鑽石山到九龍城，由九龍城到彌敦道，房子越住越大，汽車越坐越小。——絕望之門終於朝著希望敞開了。

老人和他的十二門徒正面臨抉擇。

丁令威孤身飛往東京，就職盟總。史千秋、張大衛、柳千城、婁直朋，戴英、羅堯封、呂公望與公孫紅小姐，先後喬遷。留在老人身邊的，就只有小胖子舒遲和歸來鳳小姐，大夥都稱呼他倆爲金童玉女。

老人堅持仍居於牛池灣故居，未始是沒有理由的。花園洋樓，氣概萬千，當然是求之不得的美事。不過，當他考慮到那道鐵門，和鐵門上掛著的「禁止喧嘩、嚴拏白撞」的木牌時，他毅然決然拒絕了夏青萍的苦苦哀求，因爲他知道那是另一個天地，他的眼睛望不到可愛的青年人。

三月初三，夏青萍、文象斗和霍逸君這三位大博士，光顧草廬，轉達了吉賽甫的邀約之意。老人對於太平洋學會的領導人物及其顧問，如拉鐵摩爾、卡德爾、居禮、希斯、范宣德、費爾德、費正清和吉賽甫之流，在出賣中華民國計劃上所賣的力氣，就覺得氣憤填膺，羞與為伍。因此，辭以年老多病，不願應酬。三人乘興而來，敗興而返。

翌日為禮拜六，吉賽甫大使以及門弟子的身份，偕三位博士再訪茅廬。那時是下午四點鐘左右，彤雲密布，寒流未退。老人縮縮瑟瑟坐在矮木凳上接見了這位大使。破洋瓷臉盆裡生起了一爐炭火，歸來鳳小姐和舒遲殷勤伺候，寒酸之中倒另有一番親切溫暖的氣象。

老人在二次大戰之前，曾任哈佛大學的客籍講座，開過「中國政治思想史」，據說還相當叫座。而吉甫賽，文象斗與夏青萍，當年都是他講壇底下的聽眾。立雪程門，當然算是弟子。那席爐邊閒話，一開始就追溯到一九三六年。以下是值得紀錄的全副英語對白的片斷：

「思想不是劈空而來的，」古賽甫大使突然轉入正題：「文化有它的物質基礎。」

「當然，當然。」老人聳了聳高額頭：「不過精神基礎更為重要。」

大使的藍眼睛裡，煥發著玻璃珠子似的光彩：「那麼，貴國文化的精神基礎，到底在什麼地方立定根基呢？」

老人不慌不忙向炭火擠開了五個手指頭，態度十分沉靜、莊嚴。「五千年，」他說。

「那不過是個數字啊。」

「它代表悠久。」

「悠久？多空洞的名詞！」大使拙笨地豎起一根手指頭，困惑地瞧住它：「那不過是從具有生命的文化，蛻變成死亡的文明之象徵。」

「如果這個文化的蛻變週期很長，或者說，衰變係數出乎意料之外的大，有點意義嗎？」

「倘若如此，那又當別論。可是，據我的瞭解，任何一種類型的文化，它的生命力都不是無窮的。他總有一日精疲力盡，趨向死亡。在這一意義上，悠久與古老，似乎能夠等同起來。」

「反過來說，悠久，博大，高明是相關的。一種早已定型的文化，幾千年的過程還沒有完全崩解，證明它有堅實充盈的一面。」

大使搔了搔蜜黃色卷髮，親切地笑起來：「這是東方式的推論。然而我願意同情地考慮你的論點。」

「中國文化沒有完全崩解的兩大論據。」老人蒼勁有力地說：「第一是中國人的行為標準，有些東西是不可交換的。也許它帶有某種程度的遲鈍，也許還相當固執。然而它跟商業民族的行為標準截然不同。第二，中國文化在發展過程中。也曾遭遇無數次的挑戰與回應，但從沒有喪失過它的自信心和自尊心。——胡虜無百年之運。一代才智之士，就在此一基礎上開百年文運。自由的種子是靠殉道者的鮮血灌溉而成的。中國人知其不可為而為之，任何商業民族無法瞭解這種文化精義。中國人最自豪的地方，就是一生裡邊，總有一兩樣東西是不賣的！」

「哦哦！」大使雙手抱膝，肅然動容：「瀝青紙棚子裡的偉論。然而這畢竟是中國的。」

「恕我不能迎合你的要求。跟你大談自由與民主的道理。尤其我不能同意，你們那些『土地改革者』之類的童話。」

「好說，教授。」大使用指頭不自然地輕敲著膝蓋骨：「面對著鐵幕擴張，貴國人民的努力，應以什麼居先？」

老人沉思有頃。「文化！」他毅然作答。

「軍事呢？」大使偏過頭去瞧住他，紅紅的炭火映照著他那張狹長的臉，愈發顯得輪廓分明，生氣勃勃。

老人搖了搖頭：「小米加步槍，是無法制海的。今後二十年，必然是和平相持的階段。那是一切文化的冬天。我們的努力，是將中國文化的生機，好好地保存在芽胞體裡邊，使它在適當的條件下，萌芽茁長。」

「根據我們所搜集的情報資料予以綜合判斷，也許朝鮮半島與中南半島，在可以預見的日子裡，恐怕都難免捲入動亂之中。——對方的軍事擴張，正方興未艾呢。」

老人莞爾而笑。「死屍身上長指甲，正是理想僵化，文化末期的必然現象。兩個半島衝出去都是海，我們絲毫不必怕它。中國的糾紛，自古來自北方。眞正的戰火，也許會在北邊的國界線上燒起來。」

「可能嗎？」夏青萍急托住滑落下來的金絲眼鏡，驚愕地插言：「啊，不！決計無此可能！」

老人微笑著。「這是一種歷史的錯覺。」他平靜地說：「個人有終身的朋友，但歷史上從無永久的友邦。國際道義的神話永遠擋不住經濟的現實。——所謂兄弟般的友誼，那不過是嘴巴上叫得比較親熱而已，我從未看到他們的平等互惠的友誼基礎。」

大使把雙手放在小腹上，姿態十分高雅，莊嚴。「這是個很深刻的看法。」他讚賞似地瞅住老人：「你預料衝突的癥結到底在什麼地方？」

「國際主義與民族主義間的衝突。」老人提高嗓子說：「但必須增加若干詮釋。衝突的癥結完全是經濟的。雖然衝突的形式，粗粗看起來好像是一場思想論戰。——你只要想想，拿別人的東西時，你用的是國際主義，親兄弟利益不分，拿得越多越好；給別人的東西時，你用的是民族主義，親兄弟明算賬，給得越少越妙。任你如何靈活運用，結果總歸是殺雞聚義，打狗散場！」

大使的高鼻子笑得一拱一拱。三位博士捧腹大笑。老人始終保持了他一貫的平靜，臉上一絲笑容也找不到。

「那麼，教授，據你看，」大使略爲頓了一頓，繼續說：「在文化運動之前，是不是可以先發動一個氣勢磅礡的政治運動呢？」

「原來你的葫蘆裡，賣的仍然是這樣半文不值的萬應靈丹。」老人詢問似地盯住他，想。「我沒有弄清楚你的語意。」他故意說。

「我是指一項政治的革新運動。將西方的民主制度，西方的自由精神，移植到東方來。敝國是樂於看到在貴國的民間，能夠出現一股新興的民主力量的。— 在一正一反的兩大勢力之間，出現個第三勢力。」

「中國人有句俗話，」老人囁嚅著：「一個和尚挑水吃，兩個和尚抬水吃，三個和尚沒水吃。兩個和尚已經夠了，還要多加一個和尚幹啥？」

「我不能完全瞭解你所說的。」大使困惑地說：「難道民主運動不是你們今天救亡圖存的一條道路嗎？」他認眞地反問，並且霎動著深沉而明亮的眼睛。

「內心的要求和眞正的激情，不是鈔票能燒起來的。」老人嚴正地說：「中國人對政黨政治的容忍精神沒有學會，但每一個野心家都深通槍桿子上出政權的道理。我們有報紙，但我們並沒有給輿論以自由。我們也行代議制，但代表的是官意不是民意。我們也使諸權分立，但我們最後領教的，就只有那毫不相干的軍權，制衡一切。當實質條件一點都不具備時，我們搖幌著一牌美麗的空招牌幹什麼？一代人的心智白白的浪費掉了，是不是還要我們的下一代做英勇的可憐蟲？」

「哦哦……。」大使脫口而出。

「一切制度都是欠缺容忍精神的，即令是民主制度也不例外。」老人繼續說：「世界上還沒有任何一種建立在自由之上的制度，公然容許別人有反對的自由。在這一意義上，我認爲至少要有半個世紀的時間，從事國民的再教育。讓大衆在採取行動之前，必須使他懂得爲什麼要採取行動。」

「你堅持，教授，先開展文化運動。」

「不錯，正是這樣。」

「只怕日暮途遠啊！」文象斗插言，顯然帶有某種程度的暗示作用。

「你的文化運動，從何處著手呢？」大使和顏悅色地問。

「必須喚起民衆。」

「用什麼方法，達到你的目的？」

「這是亂世。亂世必使暴政抬頭。有四種人也必然是暴政的副產物。第一類是血氣方剛，蔑視權力的年輕人；第二類是喪失產業的人；第三類是遭暴政凌辱，折磨與擯棄者；第四類是無安身立命之所的眞正無產階級。這是一切社會動力的生力軍，新理論，絕對公式和激烈辦法的總預備隊。在六萬萬人群中，將佔絕大多數。只要新理想的曙光能夠照射到這班人群中來，喚起民衆的工作，勢必收效。」

「鐵幕控制甚嚴，也許文化運動，緩不濟急。我的意見，」大使瞥了瞥三位博士，「跟他們三位相同。政治運動爲主，文化運動爲輔，力圖打開目前這個僵局。」

「嚴重的本末倒置。」老人說，兩眼凝視著洋瓷臉盆中的炭火。

「不過，文化運動，一定要請您出面主持。」大使起身告辭：「詳細辦法，請文博士夏博士代我磋商。」

老人送走了四位來客，坐在矮凳子上半晌沒有說話。他木然楞在那兒，紋絲兒也不動。雖然他的眼睛仍炯炯發光，可是，他的臉色卻喪失了往常的光釆，漸漸變得陰沉起來了。

一種不成熟的見解，將使數億生靈多二十年的苦難。他悒鬱寡歡地沉思著。野心家與空想家都一心一意要改造世界，結果世界越弄越糟。要使民衆心甘情願去死，必先使他們懂！爲期二十年的文化運動，眞個是緩不濟急嗎？難道除開欺騙和收買外，沒有第三種方法可以運用嗎？國家的主要職責，在乎預見未來。痲醉只是庸醫的拙法子，它的直接後果是劑量增加和上癮，它的遠期後果是醫生本身也相信痲醉，而且有意無意之間過失殺人。

第七章

吉賽甫大使當晚十時飛漢城。在那兒稍事盤桓之後飛東京，順道赴台北與馬尼拉。他逗留香港前後共十一天，約見了一打以上的風雲人物，在木屋區拜會過一個中國人。約見的工作很順利，拜會的工作並沒有圓滿達成任務。因此，他頗耿耿於懷，臨時決定於三月中旬，再度蒞臨香港。

但吉賽甫之來來去去，確起了羯鼓催花的作用。在百餘萬難民們空虛痲木的心靈裡邊，遍開著希望的花朵。那時正是南國的春花三月，連脊椎骨裡邊都可以滋長它自己的夢想的季節。

上百的大小團體，開始歡渡政治蜜月。

這些風起雲湧的政治組合，有的名稱甚爲簡潔，如「人社」。有的卻以嚕囌表示本團體的氣概，如「中國人民爭取自由民主反極權暴政大同盟」。有的只有夫婦兩人爲基本成員，另以兒女親戚湊數，如「友愛社」。好像咱們中國人在搖籃裡吮手指頭時，也懂得玩起政治來了。有的人上一百，五藝俱全，如「民主陣線」。有的打著學術團體的招牌，如「大陸問題研究所」，「中國財政金融座談會」。有的卻以同學會、同鄉會、宗親會相標榜。名目繁多，不勝枚舉，民主之士，車載斗量。

把戲人人會耍，各有巧妙不同。

上百的團體，如果都要顯出與衆不同的面目，必然都要具備點兒特色。但特色並沒有這麼多。而這班人中，又不乏智慮短淺，混混之輩，迫不得已，只好「天下文章一大抄」。儘管有那麼多的小組會，今天茶會，明天杯酒言歡，後天著手籌備，第四天宣告成立；發表政治綱領，分送宣傳小冊，並且在報紙上大登廣告，但目標只有一個 — 爭取美援，方式只有一雙 — 上萬言書、陳情表，哀哀上告，懇請領事館「有瀆清神」，轉國務院垂鑑。

萬言書或陳情表的內容，大抵也屬於千篇一律的刻板文章，毫無新奇之處。開頭總是追究大陸淪陷的責任，痛詆別人腐敗無能。好像這些沒有了部隊的總司令，沒有了部務的入閣大員，沒有了報紙的社長或總主筆，沒有了黨員的黨魁，對這場天翻地覆的大變，絲毫不負聯帶關係責任似的。那麼，平心而論，如果這班人肩頭上擱不了四兩重的責任，難道要讓乳臭未乾的毛頭小子，以及那些無拳無勇的平頭百姓來挑千斤重擔嗎？

責任追究完了，文章一轉，臚列出毛記政權殘民以逞的罪惡。起先是十大罪狀，後來續有增加，成爲十二大罪狀，十五大罪狀，第七十四封萬言書上，洋洋大觀開了「二十一」條。文章的第三節，不免露出「當今天下，捨我其誰」的氣概，以及「胞與爲懷，痌瘝在抱」的心襟。只要別人肯予以援手，則攬轡有澄清之志，包管霖雨蒼生。

最後，總是以「斯人不出，於天下蒼生何」之類作結。那是一種感歎式結尾。寫陳情表的人自以爲神來之筆，負責翻譯的人耳邊廂只聽到一片哀鳴。

必須明確地指出：百餘個政治小團體，不管他們的牛皮如何吹得呼呼聲，可是結合的原則只有兩個 — 生存競爭和憎恨。因爲是生存競爭，所以必然要求你死我活，縱橫捭闔，無所不用其極。因爲是憎恨，所以醜詆別的團體，不遺餘力，對本團體的成員，詐僞百出，虛假蒙騙，隨時隨地可以廉價出賣。這當然是生物界演進的法則，一旦施展到人類社會裡邊，那就顯得有點太那個了。

「政治蜜月」給霍逸君博士帶來了意料之外的苦頭，因爲他是負責政團登記的人。他開始感覺到幫洋人辦理「華務」原來並不那麼輕鬆。

每個走腳路的政治團體必須通過他這一關，每天不免有三處五處應酬，席不暇暖忙得昏天黑地，胃袋裡像排洋灰椿似的，塞滿了山珍海錯，差點弄出胃病來了。這還不算。「人事卡」的問題，使他頭痛得要死。原來每個政治團體，在萬言書或陳情表之後，照例附上一份「綱領」之類的印刷品，和一份人事表格。「綱領」照本宣科，格式大同小異，譯起來駕輕就熟。而人事表格則大費周章。

迄至一九五〇年三月底止，登記存查的政團共七十四個，有名有姓而且頗有來頭的人氏總共一千零四十二名。可是這些人中大部分是「百搭」，往往甲團體有他的大名，乙團體也出現他的尊諱，甚而至於丙丁戊己庚辛團體裡邊，也照開如儀。所以人員總數雖然是一〇四二名，去重汰複的結果，落實數字，只有二〇二人。這當然不夠悍然開府的氣派與排場，只得將將就就，在名字的音譯上下功夫。

其中最突出的例子是一位姓劉的老哥。他一個人百搭過二十三次。在「龍岡親義總會反共後援會」的名冊內，他當然「當仁不讓」赫然列上大名，但「朱陳宗親會抗暴會」的名冊裡，他又報稱姓陳。在別的座談會上，他說他是複姓。江蘇、湖北、湖南、四川、雲南等地域性小組織內，也分別掛單。理由很簡單：原籍江蘇、寄籍雲南，父親在湖北做過官，湖北是他的第二故鄉；母親是湖南望族，他也算半個湖南騾子。他在四川求學，四川同鄉理應有份。這還不算稀奇，奇就奇在「海南島人民自由大聯盟」的名冊裡邊，居然也有他的名字。理由大概是這樣的：當年蘇髯公貶謫瓊崖時，從汴京帶了個姓劉的長隨，也許在那兒做過門斗，小心求證的結果，原來是他的發派祖宗，這樣一來，河南省同鄉會，他也可以插上一腳的，然而他謙遜不過，並沒有這樣的尖頭腦袋，見縫就鑽。好在譜系學是在古今中外一切學問中最不成玩藝的東西，以此類推，大致不差。這位劉老哥參加的是各式各樣的反共團體，開的是八達公司，代理的是「南方」影片，自吹自擂曰「騙商」，拜的是夏青萍博士的門，照的是黎發財老板的牌頭，在「政治蜜月」中，顯得八面玲瓏，十分活躍。

諸如此類的曠世奇聞，在一九五〇年當時，確實是見怪不怪，其怪自敗的。而霍逸君博士的音譯工作，簡直鬼斧神工，曲盡其妙。他起用了各地的方言，努力「同中求異」，苦心孤詣，有時也弄得一籌莫展，只好請教西藏喇嘛與蒙古王爺，請他們按照西藏語系或蒙古語系的音義，半翻譯半杜撰。至於這批三頭六臂的寶貨，如何也會跟蒙古西藏結上香火緣的，那就只有天曉得了。

在這七十四個上過萬言書，寫過陳情表，有政綱政策，有黨魁群眾，辦法成籮，且登記有案的政治團體中，當時以「咀角塘灣台」，最稱生涯鼎盛，人們曾叫它爲「五大金剛」。

咀爲「石塘咀俱樂部」的簡稱，主持人許老總。俱樂部中網羅的知名之士，有黨魁，有學者，有文人，至於帶兵官、參謀長、達官、貴人、辯士、政客之流，當然不在話下。風雲際會，如蟻附羶。一時猛將如雲，謀士如雨，學者專家如林。春雲乍展，氣勢驚人。而許老總三杯黃酒下肚，意氣揚揚，小大由之，來者不拒。大有「周公吐哺，天下歸心」的氣概。

角爲「北角週末俱樂部」的代名。主持人黎發財老板與藍玲小姐。手下擁有夏青萍、文象斗與霍逸君三大財神，韓水湄、劉情、柳鶯、許虹、石蕙、徐劍蘭六大名旦，以及鄒又紫、胡奇遇、張藝靈、陳思敬四大名龜，另有銀行經理，工商界鉅子，社會名流幫襯，教主、道德促進會會長捧場。吃喝玩樂，嫖賭逍遙，以及各種意想不到的妙事，都可以在這兒享受到。朝朝寒食、夜夜元宵、喚雨呼風、得心應手。是當年眞正的實力派，也是「半上流社會」中的頭號標本。醉枕美人膝，醒握美援權。一把如意算盤，敲得滴滴答答亂響。

「北角週末俱樂部」，標榜精兵主義，對會員的揀選，採取「有條件的吸收」原則。一般平頭百姓，毛頭小子，等閒不得其門而入。唯一的例外是老頭身邊的金童玉女，他倆曾被邀光顧過一次。邀請的人當然醉翁之意不在酒，而在那個頑强的老頭子。結果是未及於亂，悻悻告退。這是該俱樂部成立以來，唯一的失敗紀錄。懲前毖後，以後再也不准傻蛋們光顧了。

塘為「九龍塘軍事座談會」的別名，主持人上官雷丞與關聖歎。顧名思義，是個清一色的軍人集團。他們杯中有白乾，胸中有甲兵，額上有黃埔，肚裡有妙算，紙上談兵，頭頭是道。可惜英雄已無用武之地。宿將們充其量只能從麻將牌九骰寶梭哈上逞威，美人醇酒裡盡興。老驥伏櫪，壯心未已，其志可嘉，其情可憫。

灣為「淺水灣時事研究會」的代號，主持人唐維仙和谷夢雨，以學者專家為班底，院長部長級的大人物也不在少數。其中還包括前共要員，民盟健將，以及留港的立監委員，國大代表。坐而論道，談笑風生，酒食徵逐，雖未能免俗，但言多及義，到底另創一格。巡迴大使約晤的一打人物，有半打以上曾出現於淺水灣頭。

台為「金龍台軍事小組會」的簡名，主持人衛震宇、丁大河。骨幹人物包括三名兵團司令，五名軍長，十二名師長，大抵以抗戰時期揚威國外的遠征軍將領為基幹，而丁大河卻是緬邊游擊總指揮部派駐香港的聯絡人。這個小組會專談軍事，而且集中談緬邊的軍事，實際上也眞刀眞槍，隱隱綽綽有行動配合，是當年的行動派。

牛鬼蛇神的局面，開始把陰影投射到老人寧靜的心田。他嗅到了那種詐偽虛俘的氣味，他聽到了當面阿諛逢迎，背後互相醜詆的言語，感到心情很沉重。有一種尖銳的刺激，像錐子一般鍥進他的思想裡頭，打破了他感情上的平衡，彷彿整個時代的悲哀，全盤壓在他那幾根老骨頭上。

這到底是個什麼時代？浮在這個時代暗影裡的，又到底是些什麼心靈啊？他出神地想，皺紋密佈的臉上，湧現著茫然若失的表情。當數以千萬計的百姓，在刺刺刀尖上流血哀號；當萬萬以上的人民，人同此心，心同此理，異口同聲呼喚著自由，而一批出類拔萃的上流人物，卻把要求自由的強大呼聲，變成了一個時髦的消遣。

好像這麼一個生死攸關的重大問題，可以在醇酒美人黃金美鈔中伸手可得，而永遠不必經過血海屍山，不必經過長期的艱苦鬥爭，從睡夢中睜開眼來，「自由」早已掉到鼻子尖上似的。這種麻木是一種無可救藥的麻木！許多人在期刊上，在報紙上，發表了許多不必要的空洞而誇大的言論；許多人帶著自私的虛榮，在這個問題上尋求消遣。他們唯一的目的，只是要吸引大眾的注意，要喊叫得比別人更響亮，藉以證明人海之中還有這麼一點子泡沫存在，並且藉以掩飾自己的失意和倒楣。

這就是「半上流社會」與任何社會階層截然不同的地方。

人們以血淚和生命追求理想，他們卻以呵欠和笑談尋求消遣。

人們以強烈的渴望和眞摯的感情，展開一場轟轟烈烈的鬥爭。他們卻以冷漠的態度和虛浮的熱情，從紙上和嘴上發動自由民主運動。

那麼，這些虛浮的熱情和自私的虛榮裡邊，是不是也有理想的成分存在呢？在這個問題上頭，眞能找到一丁點兒眞摯的感情嗎？答案幾乎大部分是否定的。——一個可悲的民族，仍然僵化在可悲的命運裡。

老人目擊到這一切，而且深切感受到這一切，他覺得異常沉痛。他要求寂寞，可是喧囂與麻煩，卻逼人而來。

在那些日子裡，他那張虛掩著的破木門，老像打呵欠似的給別人推開了。一批又一批男女活動份子、過氣大亨、社會賢達、馬路政客、斗方名士，探頭舒腦走進來，上下古今有頭無尾談論一大陣子，終於帶著他們的懊喪和絕望，廢然而返。

這批人中，半數以上是屬於政客型的人物，誇誇其談，口若懸河，歸納起來有三多：情報多，主意多，方面多，獨獨缺少宅心仁厚。小半數是屬於事務型的人物，他們久經歷練，嫻熟典章，以三事見長：長於殷勤，長於奔走，長於縱橫，單單短於識見。因此，儘管他們有三多三長，在老人的眼睛裡，民主運動的前途並不一帆風順。

人來人往，老人不勝其煩。而排天送來的各式各樣的請柬，更使老人煩上添煩。開頭，他還派遣金童玉女，胡亂抵擋一陣，落後，請柬愈來愈多，兩人忙得分不開身，只得揀選比較重要的團體，予以應酬。可是請客的人很至誠，有的竟然登門坐催，活像討債的人。老人窮於應付，只好蝗蟲蚱蜢一體看待，率性在大門口張貼八個大字，「來日無多，謝絕應酬。」杜門謝客。

但既然設了門，必然就有串門的人，慾望是不受理性節制的。一棵搖錢樹，雖然嚴禁別人伸手去搖幾搖，但手癢的人可多著哩。就在張貼那張告白的同一個黃昏，木寮之中居然來了一位怪客。昂藏七尺，一表人才，有一對小眼睛，一個溜尖的軟鼻子，和兩撇短髭，聲調尖脆，帶點桂林口音。

那是個溫暖的傍晚，美孚油燈在斗室裡邊投射出一圈慘淡的黃暈。門外，黃昏的腳步正踐踏著荒野，隱約傳來，一陣陣蛙鳴和一種春天的預示。

老人正在口授一篇論文的最後一段，小胖子舒遲，迅速地記在拍紙簿上。歸來鳳小姐則粉頸低垂，湊近油燈，縫補著老人的一片破襯衫。客人一闖進這寂寞的小天地裡來，三個人幾乎不約而同抬頭瞥了瞥他。老人的思路被打斷了，他面露不豫之色。

「哈囉，老師，我們好久沒見啦！」客人邊說邊趨前熱烈握手、鞠躬至膝，執禮甚恭。「您好，您好嗎？」他添說，小髫子滑稽地跳動著。

老人滿頭露水，抬頭平視著這個素昧平生的人。一張善於表情的黃瓜臉，一縷固執的僵化在嘴邊的傻笑，和一陣歡若故人的虛假做作，全在老花眼裡漾動。

「記不起了嗎？老師，我就是陳思敬。」他繼續說，用食指點著軟鼻子。

老人用一隻小手指挖著耳朵，死盯住他，沒有說話。又是一個當面撒謊不紅臉的妄人！他想，鄙夷地哄著鼻子。

「無事不登三寶殿，老師。」他喊得甜蜜蜜的，調門兒弱極了：「我是夏青萍博士的……，」他猶豫了一下，「學生！」

「要找青萍嗎？」老人開言：「他已經喬遷啦。」

陳思敬兩隻手掌推擠著空氣。「不，不，」他極力否認：「我是專誠來拜見老師的，這兒是德公的介紹信。」他摸出一封八行書來，雙手奉上。

老人讀完信，心裡在嘀咕。這種人也「堪膺重寄」，大概中國人的事業都輕若鴻毛囉。「你時常跟李先生通信嗎？」他問。

「不錯！」陳思敬一臉奸笑：「德公住紐約，不瞞您說，老師，我是他在此地的代表。」

「他派出來的代表，最近一週之內，已經不止五個了啊！」

陳思敬拍著寬胸脯。「那些都是扯旗號的。誰眞心實意給他老人家奔走呼號？除了我陳思敬以外，並無分店。」

「所以你的生意特別興隆，是不是？」

「我想大概是的。」

「那好。請你代爲上覆李先生，說信已經收到了。」

「還有別的話吩咐嗎？」

「我想大概沒有了，可是，」老人忿恚地打斷了他的話：「年輕人，不必失望。冷灶不是你能夠燒的，你最好燒熱灶。凡事多跟青萍他們磋商磋商，你們的氣質很接近，趣味也相投，我想比較談得攏些。」

「不過，不過，」陳思敬囁嚅著：「信上明明指定，要跟您切取聯繫啊。」

「回信告訴他，說已經聯繫上了，不就得了嗎？」

陳思敬呆瞪著這個歪彆老頭子，早已涼了大半截：「您老怎好住這種房子？把我們這些做聯絡工作的，可害慘了！」他抱怨道：「無門牌的木屋，太簡陋，太偏僻了。眞找死人！」

「我已經不勝其煩了。」

「幹政治活動的人，是不能怕麻煩的。」陳思敬向前微俯著腦袋，差點沒有吹起口哨來。

「而且也要排場。怎好裝模作樣，自鳴清高？」

「民主運動，難道很污濁嗎？」老人心平氣和地反駁。

「至少不這麼清苦。」

「對不起，也許你摸錯了門路。幹政治活動的是夏青萍，不是我。」

「夏老師說您是他們的頭兒呢？」

老人突然覺得喉嚨乾得作痛，臉上的皺紋加深了。彷彿整個時代的不幸、墮落和苦難，全棲息在那些皺紋的陰影裡。

「這算是一個有頭腦的時代嗎？」老人改變了語氣：「行動永遠走在思想的前面，除了事後的胡猜亂想之外，就只是盲動。——頭痛醫頭，腳痛醫腳，缺乏遠見和想像力，有頭腦的時代決計不是這種樣子。」

陳思敬的小眼睛裡露出死魚似的光芒，「眞倒楣！」他想，黃瓜臉上湧動著嘲諷的神情。「一切全不得要領，白白裡荒廢時間！這種老朽昏庸的傢伙，如何懂得渾水摸魚的樂趣？」

歸來鳳小姐的嚦嚦鶯聲喚醒了他。「陳先生，眞對不起！」她微笑著插言：「咱們正在窮忙，我看您也可以走啦！」

陳思敬厚臉皮上掠過一陣興奮的神采，偏過頭去瞥了瞥她，一身登時酥軟了。「哦哦，打擾了，」他喃喃吶說：「好一朵開在荒山野嶺上的鮮花啊！」他把這句輕薄的話强咽下肚，因此，喉核像活塞一般，在長脖子上滑動。

「今兒個晚上是陰曆正月二十三，」歸來鳳小姐提醒他：「月色不大好，穿過墳場時要小心點兒才對。」

「是嗎？眞的嗎？」陳思敬用尖嗓子急促地說：「那我告辭了，」他添說。忘記了跟老人熱烈握手，三腳兩步，竄向門外。

「顯然是個鼠輩。」小胖子嘻開大嘴巴笑起來。

「最典型的鬥士，」老人糾正他。「你看他花拳繡腿，滿身流氣，夠得上當代英雄的條件。」

「這種人希望他以後少來。」小胖子正色說。

「以後他不會再來的。」歸來鳳小姐說：「他一進門，看到我們有了上餐，沒有下餐的那種蕭索樣子，還以爲是找錯了主子哩。」

「很難說，難說得很。」小胖子頗不以爲然：「他那雙從下往上瞧的賊眼，此刻還好像留在這兒。」

歸來鳳小姐臉紅紅的，覺得有點難爲情。「小心眼兒！」她把小嘴撇在一邊：「碎嘴子！」

「保持我們的心理平衡，這是目前最要緊的事。」老人莊嚴地說：「被分割的時間，等於沒有時間。工作沒有效率，那就是眞正的原因。來，讓我們完成最後的一段。」

舒遲豎起鋼筆，等待老人開言。

「歷史證明，任何大變革如果沒有一組全新的制度作爲基礎，必然是換湯不換藥、徒勞無功的。而文化運動，是一切新理想和新制度的溫床。中國之命運繫於今後二十年中國人在文化上的共同努力，新知與舊學並舉，加緊譯介當代各國的新思潮，並且分門別類整理國故，乃當務之急。有生命力的文化，不獨有智，而且有情。文化沙漠開頭驅逐青年，末了斷送國運，心靈的寂寞是歷史上最沉痛的寂寞。今後必然是以新理想、新制度和新行動，喚起民眾的時代。而文學與藝術，乃古今中外一切文化運動的開路先鋒。」

「我們這一代人的共同努力，就是要在文化上構成一個强大的磁場。」

斗室之內，只有鋼筆在拍紙簿上疾書的颼颼響聲。那聲音很微弱，當然是不會有回聲的了。

老人收聲。

第八章

第二天是禮拜天。

南國的春花三月，已經有了熱烘烘的感覺。春天，春天，太陽朗照著，大地溫馨如夢。春天，春天，到處都活著，呼吸著，到處都在喧囂！

老人午睡醒來，下了床，慢吞吞踅過地坪，走向那間專做會客之用的斗室。

還沒有坐定，歸來鳳小姐趕著把上午的活動，一五一十告訴他。

「這是民主陣線送過來的稿費，」她說：「兩篇文章總共一千元，請您在稿費通知單上簽名。」

老人接過稿費通知單，仔細地看看。「過份囉，來鳳，這怎麼可以？」他說：「千字百元，亂世文章，不會這麼值錢的。」

「人家夏青萍，還主張多送哩。」

「你不以爲這是種賄賂的行爲嗎？」

「前次大同社致送的稿費，我記得也是百元千字。」

「那不同，傻孩子。」老人憐惜地說：「月波是老友，他念舊，又不好師出無名，只得以稿費的名義破格致酬。其實那是過份的。」

「民主出版社送給您的車馬費，您又原封退回去了，史千秋他們都爲此事不安。稿費無論如何不好再退啦。既然是特約撰述，出手粗些也是情理之常。是嗎?哦哦，不是嗎?」

老人微笑著，沒有再做聲。

「我們也收到了幾筆稿費，」歸來鳳小姐靦腆地繼續說:「民主陣線、獨立論壇、民主評論、自由人、中聲晚報、呼聲報、自然日報、香港時報、工商日報，以及火炬月刊、地下火花旬刊、人生半月刊二月份下半月的稿費，都收到了。舒遲收到二百七十元，我比較少些，只有一百七十元。」

「那也不無小補。——你們寫的是那種性質的文章?」

「文藝創作。短篇小說、散文、詩，胡亂都寫一點。橫直那是無師自通的東西，只要寫得眞摯動人就行了。」

「這一點點甜頭，恐怕會引誘你們走上終身吃苦的路子，爬格子是不能當作職業的。」

歸來鳳小姐困惑地盯住老人，外表的寧靜好像被突破了，「那是什麼道理呢?」她說，沒有從他臉上移開懇求的親切的目光。

老人瞥了瞥她，壽眉向上斜挑，白如蔥根，她臉紅了，沉默著。「你能數得出，世界上有那一本傑作，是成於職業作家之手嗎?」他柔聲說:「道理很簡單，職業作家是完全沒有內心要求的時候，像擠牙膏一般，死拉硬拼，倉卒下筆的。」

「擠牙膏?」她沉思著。堅決地望著他的眼睛，滿臉燃燒起火熱的紅暈。「我從沒有這樣的感覺，老師，眞的我沒有。我只覺得要寫的話太多，倉卒之間，找不到適當的語言。」

「那是因爲你不是職業作家的緣故。」老人微笑著，仍然帶有睡意的眼睛像星那樣發亮。

「一個人，在精力過剩的時候，開始遊戲，在感受過剩的時候，從事創作。職業寫作和非職業寫作的區別，就只有這麼一點點不同。」

「謝謝！」她說，嘴角上仍然隱現著那縷堅決的笑容。「今天下午，我們這班青年朋友有個集會⋯⋯。」

「在什麼地方？」老人問。

「就在我們這兒。這個集會有雙重意義，第一，慶祝狂飈社成立。第二，祝賀我和舒遲，出任編輯，大夥都想恭請您參加。」

「狂飈社是個什麼性質的團體？」

「文學與藝術團體，歸中國民主青年大同盟執行委員會直接領導。公孫紅、舒遲和我，都參加了。社員十人，完全是執行委員會的委員。」

「Sturmund Drag，」老人意會深長地唸誦著，極力制止了呵欠。「如果單單只爲了一個淺近的政治目標搖旗吶喊，那是沒有多大出息的。自由的精神，才有七分狂氣，三分飈氣，不過我還是樂於參加你們的集會。」他說，用顎骨打了個呵欠，沒有張嘴，「青年人總是可愛的。」

「您不反對舒遲和我出任編輯嗎？」

「沒有反對的理由。人都該有個安身立命的職業，編輯工作並不壞，不知是應那個團體的邀請？」

「舒遲出任民主陣線週刊社的編輯，我嘛，我主編中聲晚報的副刊 — 夜聲。」

「又是青萍玩的花樣，沒附帶別的條件嗎？」

「他們懇切要求你老人家在合同上簽個字。理由是這樣的，文化運動與其落在別人手裡，不如歸我們自己掌握，您雖不出面直接領導，但有兩個代表參加，總比沒有發言權要好得多。」

「理由不能算不正當，」老人的皺蹙的臉顯得相當蒼白，而且，突出的下巴已有點打抖。「盼望你們兩個，逢山開路，遇水搭橋，打起精神好好幹。披荊斬棘，任重道遠。這根文化運動接力棒，此刻就交到你們手上了。」

歸來鳳小姐的頭，越垂越低了。她强烈的感到，老人的話具有千鈞重量。

在間歇性的沉默中，可以聽到地坪裡雜遝而至的腳步聲，以及放肆的笑。

老人文靜地站起來，慢慢走向破木板門邊，歸來鳳小姐在後面跟隨。

青年們來了，高高矮矮排成個半弧，站立在老人的面前。

「這就是我們的老師。」公孫紅小姐開始介紹。「這位是程爲蒼，中聲晚報主筆，我們的大哥。」

老人望著這個舉動遲緩而鎮定的高瘦青年，點頭微笑，表示歡迎。

程爲蒼趨前鞠躬握手，並親切地問候老人。

「這位是許達五，平凡出版社社長，咱們的二哥。」公孫紅小姐機械地說：「是史學界的後起之秀。」

許達五露出牙齒笑了一下，但笑得很勉强，什麼也沒有表達出來。老人抬頭，對直地瞧著他那絡在寬額頭上的頭髮，以及那張狹長而蒼白的臉。

又是一根電線桿子，老人迅速地想，並且瞥了瞥他那兩條鷺鷥般長腿。容易激動的神經和高傲的自負，全擺在臉上，這種氣質顯然是與眾不同的。

接著，公孫紅介紹了時代文藝社總編輯晉文，與老人見面。晉文是這個團體裡的三哥，身型矮矮胖胖，脖子粗短，蓄著陸軍頭，具有文藝青年那種滿不在乎的精神特質。

「聽說這幾天，你老人家忙得不可開交。」晉文聳了聳肥肩膊說：「人們都把牛池灣，比喻為終南捷徑，想不到我們又來麻煩您了。」

「那是不同的。」老人微笑頷首：「那班人說了就等於做了，你們至少明白在說與做之間，還差那麼一大截。來，我們到山後竹林裡去走走，讓大家在一個廣大的風景裡，領略領略春天的氣息。」

「我們還希望在這兒弄晚餐哩。」舒遲說：「大包小包的東西，我們都帶來了。」

「分頭辦事吧！」老人說：「你們三人是主人，應當下廚房做伙頭軍。我負責陪客，等會坐席，到竹林裡來喊我們一聲。屋裡實在悶，霉氣難聞，還是到外面散動散動的好。」

「他們派定我打雜。」人叢中一個青年肚裡半截，嘴裡半截嘀咕道：「我無法走開。」

老人望著那個青年，有一張純樸老實的粗麻石臉，和一個低額頭，高度與晉文差不多，也是屬於矮胖型的人物。他笑起來眼睛瞇成了一線，嘴巴大得出奇，和整個臉型全不相稱。

「他是樊通。」舒遲順便介紹道：「我們的老四。美國之音中文部節目主任。」

也許是舒遲咬字不那麼清楚，也許是他那個大名眞叫人聯想到一些可笑的東西，大家不約而同縱聲大笑起來。

「嘻嘻，這才叫有鬼啊！」樊通也苦笑著，雙手搔進鞋刷子似的短頭髮中。

「既然如此。」程爲蒼說：「老六和老四暫時對調吧。」

「好的，大哥。」舒遲恭敬地答：「這兒我熟門熟路，我來做開路先鋒。」

公孫紅，歸來鳳與樊通三個人留下來備辦晚餐。舒遲率領大家，沿一條曲曲折折的碎石小徑，向山後緩緩行進。青年人在一起總是有談有笑的。老人居中，和一個綽號叫做「泰山石敢當」的高個子青年併肩而行。春風駘蕩在寂寞的荒野上，新綠髹漆著大地，陽光明亮而溫煦，一切都欣欣向榮，一切都富於生氣。這眞是個稀有的美麗的春天，植物，動物和人類同樂。

老人的心靈裡邊噓拂著重生的喜悅。他彷彿活轉去了，活在十九世紀末葉那些安穩寧靜的日子裡。雖然，陪伴他的是個又壯實又高大的青年，具有北方人魁偉的體魄和南方人靈活的心眼；但老人高瘦的身軀，以及因生命力衰退而必然出現的氣喘與彎腰折背，都沒有使老人顯得更蒼老。幸福只存在於人們的心靈之中，年齡的感覺也是這樣。

「你叫什麼名字？」老人邊走邊問。

「石誠志。」大塊頭答：「過去在胡宗南將軍麾下當過少校營長，現任大陸問題研究所所長。」

「你對文藝也愛好嗎？」

「這是年輕人的共同興趣。」

「一種高尙的興趣。」老人點頭。「可絕對不是一般人心目中的享受，娛樂或安慰的工具。」

石誠志濃眉上揚面露喜色。「那麼，老師，」他問：「未來的藝術應該是一種什麼樣子的藝術呢？」

「使友愛和互相團結，成爲一切人所習慣的感情和本能的藝術。藝術其所以是人類共同的精神遺產，就因爲它把民族、國家、膚色等等荒謬的區別消除了，代之以一種共同的感情，從生活本身向全人類指出大團結之路。藝術使冷的理性轉化爲生氣蓬勃的感性，使憂鬱、煩悶、絕望的心靈保留著一線生機。未來的藝術，應當朝這個方向開展 — 這難道不是很重要的事業嗎？」

「是的，眞的。」石誠志一知半解地點頭。「很重要的。」他添說，並且送給老人一個像是禮物一般的微笑。

一行八人穿過一大片竹林，在向陽的山坡上圍成一個蘿圈，箕踞而坐。新鮮的風帶著善意，在木瓜樹上碎語。草香和泥土氣息，將純樸的鄉土的感情，帶進了青年人的潛意識。

一直保持緘默的胡世濤忽然開言了：

「流浪者的春天。」他優雅地托著眼鏡，高額頭上層湧起皺紋。「故國和鄉土，如今就只留下一陣一陣的氣息了。」

老人抬起老花眼望著他。「他叫胡世濤。」舒遲乘機介紹道：「我們的九弟，華夏書店總編輯。」

「可惜我們的腳底下，已經沒有泥土了。」老人迂緩地說：「這是流浪者眞正的悲哀。」

「也是時代的悲哀。」許達五接著說：「半個地球在暴力統治之下，一半人類被奴役著。人類歷史上，還沒有出現過這麼一個怪局面。」

「所以我大聲疾呼文藝自由。」一個蜜褐色圓臉青年插嘴。

老人瞥了瞥他。

「我叫黃再生。」圓臉青年自我介紹：「主編文藝復興月刊。」

「是君勱先生的那本機關刊物嗎？」老人問。

「是的。我在昆明民族學院唸過書，是君勱先生的及門弟子。」

「教育的影響力是無窮無盡的。一代人隱沒，一代人興起。歷史正祝福你們，我很高興。」

大家沉默了好一會，開始低頭沉思。

程爲蒼曲起長腿，慢慢站起來。

「今天是狂飆社正式成立的日子。好的開始是成功的一半，我們盼望老師先說幾句話。」

「且慢！」老人用巴掌輕拍著空氣。「不拘形跡，坐下來慢慢談。——在沒有弄清楚你們的觀點之前發言，那是很容易引起爭論的。」

「狂飆社標榜一切藝術歸眞返璞。」晉文說：「我們抨擊一切塗脂抹粉的東西，杜絕藝術賣淫。」

老人點頭表示贊許。「應當有具體條件的。」他說：「在商業社會中，一切都可以還原爲商品。在杜絕藝術賣淫之前，先要防止藝術商品化，這是可能的嗎？」

「可能嗎？」晉文吊兒郎當皺著鼻子，掃視了一圈：「眞的不可能嗎？噗！」

「在另一個社會裡邊，藝術可能不是商品。」許達五補充。「不幸得很，它變成了傳單。那兒的職業作家變成了腦力勞動者。寫作不叫做趕貨，巧立名目，叫做趕任務！」

「權力跟自由是水火不相容的。」黃再生說：「文藝圈子裡邊，不應當有大法官、執達吏、警察、憲兵、打火漆、蓋官印、領牌照、揮權杖，一切代表權力的東西，一切象徵權力的東西，統統應該從文藝園地裡掃除淨盡。因爲，藝術是無法結黨營私的！」

「好，好，好極了！」程爲蒼微笑點頭：「世濤，盼望你作個紀錄，這段話將列入成立宣言之中。」

湖世濤迅速地摸出鋼筆，但忘記帶紙。石誠志連忙撕下幾張懷中紀事冊，遞過去：「再生，請複述一遍。」

他開始工作。

黃再生又從頭講了一遍，語氣緩和了一些，沒有先前那麼潑辣和火氣十足了。

「既然自由文藝極端反對權力，勢必也要用同樣堅決的態度，排斥瑪門！」晉文縮起肥脖子高聲說：「任何藝術安上商標，都是瑪門的傑作。瑪門，就是財神爺。那股子銅臭味，實在不敢領教。喲喲喲，怎麼啦？」他忽然瞇起一隻眼睛滑稽地笑了。「我影響了你們的嗅覺嗎？無心之失，請原諒，請多多原諒。」

「難道我們拒絕接受別人的援助？」許達五反詰，聲音裡帶著某種鎮靜的力量。

晉文偏過頭去用一隻眼盯住他，發現他那張狹長而蒼白的臉，顯得又莊嚴，又僵硬，像個面具，瞇著的那隻眼不由得不大大地睜開了。

「我想大致如此。」他終於冷冷地說。

「那是什麼道理啊？」

「一切的援助，都會附帶條件的。狂飇社不應該有條件限制。」

「假如不附帶任何條件呢？」

「你看見過冒煙的地方沒有火嗎？」晉文的嘴巴已扁到一邊，沒有改變目光的原有的方向。「人家找尋買辦，我們就樂於充任文化大班，是不是？老闆與頂頭上司之間的區別，在本質上到底有那些不同？」

「未見得出錢的人一定附帶條件，我永遠不相信。」

「那是你自個兒太天真的緣故。」晉文的聲音有些發抖：「文藝復興運動成敗的關鍵就在這兒。狂飈社能不能發熱發光，也全靠勇於捨棄，而不是勇於爭取。爲千千萬萬人效勞的事業，必須自動自發，主動權不能操於毫不相干的人的手裡，反過來說——」他巴唧了一下厚嘴唇思索著，頓住了。

許達五冷冷地逼視著他。「反過來說，又如何？」他仍然帶著同樣冷淡的表情追問。

「反過來說，」晉文接過話碴子：「假如我們不能夠從廣大讀者的口袋裡，一毫一毫地把錢攢聚起來。那麼，雖有一噸兩噸鈔票堆起來燒，轉瞬都成灰燼，一切努力也都徒然。這個社會，捕風捉影，買空賣空的角色還算少嗎？何必要我們也跟著湊熱鬧！」

「我不以爲接受援助，與自由文藝運動，是背道而馳的。」

「你堅持的，正是我要特別反對的。」

程爲蒼拍了拍巴掌，一方面提起大家的注意，一方面制止他們倆人再爭辯下去。「好啦。好啦。」他做了個勸解的手勢，兩條長手臂像翅膀一樣輕輕扇動：「你老人家有些什麼看法？」

「狂飈社成立的宗旨，是爭取文藝自由嗎？」老人緩緩地問。

「是的。」

「自由與權力積不相容。是不是？」

「不錯。正是這樣。」

「排斥權力，既然已經準備列入宣言之中，同樣，反對瑪門，也應該列入宣言才對。」

許達五的瘦削的臉頰上，突然起了神經質的痙攣。「兩者的性質完全不一樣。」他猝然插言：「怎麼可以混爲一談？」

「權力不一定是屬於政治範圍的。」老人平靜地說：「自古以來，經濟也是一種權力。所謂財雄勢大。今天當然更變本加厲囉！財權興風作浪的力量，有時也許還大過政治權力。」

許達五懶懶地苦笑著，一臉外交官似的狡猾神情。「空口打哇哇，勞而無功。——玩魔術的也還有扇子和毯子哩。我們怎好妙手空空，無中生有，顚三倒四鑾幹？」

「就是出版一個小型刊物，」石誠志幫腔：「也需要萬元港幣的按金。理想雖然崇高，可是總得顧及現實。」

「找兩名太平紳士擔保，不是一樣的嗎？」晉文反駁。

「幾個窮光蛋，求爺爺，拜奶奶，只怕沒人肯出頭幫忙。」石誠志說。

「暫時跟出版商合作，等到羽毛豐滿之後，另行開檔，也強於接受有條件的援助。」

「你以爲出版商是死人，讓你自由自在鑽來鑽去嗎？」許達五說：「一把如意算盤，可惜老是敲不響。」

「如果你們要求藝術的充分自由，」老人說：「商人也應當在驅逐之列。開辦的經費歸我籌措，並且另外預備一筆基金，讓你們有三年的試驗時間。我知道任何事業都需要時間和精力來培養的。你們覺得三年夠不夠？」

「哦哦，夠了！」幾乎是大家的聲音。

「三年有成！」晉文揑著個蘭花手，喜孜孜地說：「只要不附帶任何條件。」

「絕對不！」老人說。

大家轟雷般笑了。

「讓我們先推舉一個執筆起草宣言的人。」隔了一會，程爲蒼發言。

「賢者多勞。」胡世濤搶著說：「歸你自己動手如何？」

「不必丟我的醜。」程爲蒼推讓道：「這兒的高手多得很。」他添說，環顧大家，最後將視線停留在許達五的瘦臉上。

石誠志順水推舟，「我投達五兄一票。」

「我附議。」黃再生說。

許達五的僵硬的臉，開始解凍。他的白多黑少的大眼睛裡，忽然閃著柔和的光輝，面色也漸漸明朗了。「我推薦晉文弟，」他敷衍說，但面部表情看起來倒很認眞的：「能者無所不能，他的筆端常帶熱情。」

「這是歷史性文件，當然，需要史家執筆。」

「不准當面罵人。」許達五正色道，語調裡裡外外顯然含有相反的表情。

「罵得你心癢癢的，樂不可支。」

「胡說八道！」

「嘴硬心軟，嘻嘻。是嗎？——不嗎？」

「你再說我要…。」

晉文打斷了他。「得啦，得啦。我要舉雙手贊成。」

「你們兩個都是吵精。」舒遲開言：「坐在一起老愛抬槓，好像永遠沒個完的日子。」

「誰耐煩跟他拌嘴？」許達五嘀咕著。

「就是風暴，也有雨過天青的時節啊！」舒遲皺了皺眉頭：「銅臉盆撞著鐵刷子，旗鼓相當，我看還是少說幾句為妙。」

晉文和許達五狼狽地沉默下來。

「我們盼望您對我們說幾句話，老師。」程為蒼帶著發熱的面孔和迅速的手勢說：「這應該是老年成熟的智慧，和青年奔放的熱情互相結合的時候了。」他添說。

老人凹癟的腮幫子輕微顫動著，用潮濕而高興的目光，對直看著程為蒼。他好像要極力閱讀寫在這年輕人臉上的某種特殊東西，扁嘴開闔著，可是沒有發出聲來。

「我們今後努力的目標，求您指點。」程為蒼繼續催促說：「當老年人保持緘默時，年輕人難免不放肆囉。」

老人微笑點頭。「希望智慧與熱情能夠互相化合。」他說：「這是一個清新而健旺的時代，應有的前奏。」

「那麼，我們今後努力的目標呢？」程為蒼重複發問。

老人豎起一個手指頭，詢問似地瞧住它。「第一，希望你們不要陶醉在目前的小天地裡。世界大得很，目光總得望向吃苦受難的同胞，密切注意一切新生的可大可久的事物。第二，盼望你們不沾染這個時代的氣息，虛浮驕吝，拖離了實心任事的常軌。」

程為蒼明亮的狂喜的眼睛，向老人凝視著。「您看，這個風起雲湧的自由民主運動，會產生什麼效果？」

「效果是很顯然的。」老人憮然不悅，且略帶憤慨。「給世人留下了一個雲湧的印象，且僅僅是風起雲湧而已。——新生的時代，一切圍繞著理想而活動；沒落的時代，一切圍繞著權力！不幸得很，燃燒在那班老年人，中年人胸膛裡的，就只有權力的慾火。蟠踞在他們的思想裡邊的，也只有自私自利的幽靈。這會產生什麼樣子的效果呢？」也好像自己問自己，「一代之去，寂寞無聲！」

「此刻這個運動，不正是熱火朝天，轟轟烈烈在開展嗎？」

老人的眼睛越發潮濕了。「一個沒有根子的運動，怎會轟轟烈烈啊？」他迂緩地說：「救亡圖存，喚起整個民族的活力共同奮鬥，才是五萬萬民眾的內心要求。共同活下去，是第一樁要緊的事，如何使所有的老百姓都活得像人，才是第二樁要緊的事。本末倒置，總歸是無根的。」

「我們的做法是：，」

「從民間來，到民間去。」

「目標？」

「喚起民眾，共同奮鬥。」

程爲蒼瞥了瞥胡世濤。「記下來了嗎？」他問：「性質呢？」

「保持文化運動的純潔性，不必捲進權力鬥爭的漩渦。」

「這是可能的嗎？」

「風氣使然，我知道你們志不在此。」老人感喟地說：「不過我必須指出：目前這個政治運動，是分四個階段進行的。開始時，驚天動地：援助到手之後，歡天喜地：援助繼續不斷湧來時，昏天黑地：援助停止時，寂天寞地。二十年努力，萬事成灰。可惜我只能看到它的萌芽，看不見結局。」

「那是什麼道理啊？」舒遲插說。

「風前之燭，朝不保夕。」老人苦笑道：「喊聲有個山高水低，這項預言，可能成爲話柄。」

「話柄。」舒遲說，也好像是憤慨：「歷史上最大的笑話！」

「問題全出在人的身上。」老人抬頭，嘆了一口氣：「整個時代，迫切需要眞正的人，而我們卻找不到！」他繼續說。臉上的肅穆莊嚴，表達了言語無法表達的東西。

大家彼此互望，默然無語。

老人仰頭望天。天宇高爽，呈現出一片蘋果綠色，正是亞熱帶雨季來臨前明朗美麗的好晴天。「在新的跑道上，努力盡你們的本份。」他說，突然覺得先前那個灰色世界，又帶著新的希望，新的美麗，在新的不可動搖的基礎上，開始活躍起來。

第九章

一九五〇年三月十二至十七日，半上流社會仍在歡渡政治蜜月。如火如荼的民主運動，接二連三積極展開。就是燒窯，也有「窯變」的時候。大時代的烈火，正把一批一批的達官貴人，燒煅成社會賢達。又把這些社會賢達，加粗彩飾，裝點成紳商名流。儘管廣大的毛頭小子，平頭百姓，爲自由而戰，熱情不假；但這班久經鍛鍊的民主鬥士，卻只剩下一點點微不足道的燐光。他們的身上，差不多集中了古今中外一切的嘉言懿行。而且正因爲有這麼多的嘉言懿行，竟把人間的美德給沾污了。

自私自利的諸般雜念，雖然能夠使「半上流社會」的人們，驟感水乳交融，如膠似漆，但那是不可能產生新希望和新理想的。從泥淖裡來的，畢竟只是泥鰍。從屍骸上產生的生命，畢竟只是蛆！不管時勢如何能造就英雄，餵得飽飽的泥鰍到底無法修煉成爲巨蟒；而波瀾疊湧的白蛆，到底不是興雲作雨的龍。時代太偉大，人物太渺小。因此使這個時代的舞台顯得格外空虛和寂寞。人們說的是假話，幹的是損人利己的勾當。他們口口聲聲要向歷史有所交代，可惜交代的是白卷。許多噴嚏加在一道，仍然叫做噴嚏。—— 難道眞能構成風暴嗎？

三月十三日，許老將公開招待記者，發表談話。毅然表示勉任艱鉅，重振旗鼓，願得有志之士，從頭幹起。言下大有憂以天下，樂以天下的壯志雄心。

香港輿論界的反應卻出乎意料之外的冷淡，零零落落的冷嘲熱諷，幾乎成爲暴行。台北輿論界比較捧場，他們高喊出「歡迎歸隊，共赴國難」這八個大字，實大聲宏，算是迴響。

三月十五日，蔣總統在台北宣佈復職。當天下午五時，吉賽甫巡迴大使在總領事傳禮門陪同之下，假半島大酒店舉行記者招待會。除以白皮書爲藍本，重申對華基本政策外，並於有意無意之間，露出「敝國希望中國出現第三勢力」那句閒話。那話簡捷有力，綱舉目張，至少比起許老將那等肥肥胖胖的言論來，要有份量得多。大家如獲至寶，如聆綸音，絕望而麻木的心靈深處，忽然有了天堂的感覺。

而這個週末，十七日下午，黎發財老板正式接辦了青山大酒店。駿業宏開，雄圖大展，不免大宴親朋，熱烈慶祝一番。賀客盈門，冠蓋雲集。

記得那一天是農曆二月十二。將盈的月亮，冉冉從海上昇起，而滿溢的賓客，卻開始慢慢消散。晚上十點鐘以後，黎老板娘也賭氣開車走了。剩下來的人，連黎發財在內，大概不到二十個人。

青山大酒店大廳裡邊，有十來個人圍著兩張餐桌，正賭得興高采烈。靠近落地窗，臨海的那一桌，賭的是羅宋。張藝靈少將斜起肩膊在派牌。也許手風不大順，額角當中那條青筋，鼓脹得像條菜蟲，眼鏡也滑到鼻尖上，看起來樣子很滑稽。柳鶯小姐坐在他的對面，正嘩嘩洗牌，血紅的小嘴扁到一邊，木木然面無表情。其他兩人，一個是兜腮鬍子，正聚精會神瞇起一隻眼睛看牌，神氣活像裁縫穿針。一個是屬於小白臉型的人物，穿著一襲線春長袍，倜儻風流，時不時斜睃著柳鶯，眼角生春，一副輕薄嘴臉。

另一桌六人。賭的是梭哈，我們只認識胡奇遇和霍顧問。其它四位光鮮體面的紳士，恕未識荊。雪白的檯布上，「大牛」「小牛」繽紛盈目，狼藉滿桌。百元跟盤，萬元一底，大家小賭消遣。胡奇遇到底是老將，臨危不亂，不動聲色，滿頭霜雪，凜凜生寒。此時他正在做莊。四A絕技馬上就要出籠。可以在他那張文靜的臉上，發現兩種麻木的表情 — 劊子手的心靈麻木和老千的精神麻木。紙牌一字長蛇平攤在檯面上，十二隻焦灼的眼睛炯炯放光。大廳之內寂寞無聲。澎湃風濤從海上吹送過來。三樓，三一二號套房裡邊，隱隱傳出麻將牌的聲音，夏青萍博士與許虹、石蕙、徐劍蘭，鏖戰甚酣，成了一個「三娘教子」的局面。許虹小姐的牌品甚高，雖然手氣欠佳，牌閉得要命，但仍然一貫地保持她的甜笑，輸輸贏贏，並不縈懷。這在夏博士的眼睛裡，愈發覺得她瘦體增妍，秋波流慧，是一個可遇而不可求的理想對象。

二樓，二〇九室，陳思敬與藍玲小姐，闢室談心，重尋舊夢。

對面一一〇室，此刻是黎發財老板跟韓水湄小姐幽會之所。一派吳儂軟語，以及嬉笑浪謔之聲，時時從門縫裡漏出來。

鄒又紫可說是唯一辜負春宵的人。十一點鐘左右，他跟在太座屁股後邊，訕訕然走了。撇下個高頭大馬的劉情，臨時與文象斗博士湊合，在海灘畔並肩攜手，來回蹀躞，親暱之狀，儼然一對舊情人。

明月在天，微風輕拂。月色給礁叢鍍了一層鎳。海水沿著礁叢柔慢地蠕動，彷彿一條條綠色的小蛇。四垂的星空像綴滿了鑽石的藍色絲絨，而對岸的青山禪院，半浮在蔚藍的空氣裡。四條長腿在海灘上沙沙晃動，低沉的笑聲和更低沉的私語，使一切富於夢幻和睡意。

「香港眞是個溫柔美麗的城市。」文象斗感喟地說：「軟軟的顯得過於成熟。」

劉情驀然抬頭。銀盆大臉上，綻露出特別動人的沉思的笑容。「啊，是嗎？」她吃驚似地說：「魔鬼的天堂，是不是啊？」

文象斗偏過頭去，輕吻著她的前額。「有意思。」他說：「魔鬼的天堂。」他下意識地重複著。

「住久了，你會膩的。」

「至少我還沒有這種感覺。可是，我眞的要走了。」

「什麼時候走？」

「後天中午。」

「到那兒去？」

「華府。」

劉情忽然撇轉身子，面對面瞧著他。「當眞的嗎？你這魔鬼！」她幾乎嚷起來。

「我有公務在身。但願後會有期！」

劉情雙手攀住他的肩膊，倆人靠得更攏了。「當你孤獨的時候，也許你會想到香港的。」她拉長調子顫聲說。

「是的，會的。特別會想起這個月白風清的春宵，和海灘上的美人。」

「是的，會的。」劉情困惑地望著他，眼睛睜得溜圓溜圓的，彷彿蜥蜴呆瞪著顫動的葉影。

「會個屁！哎呀，嘴巴兩塊皮，你怕我不曉得。」

他固執地瞧著她的眼珠。她突然覺得柔和的夜色彷彿像酒。

「一切都在醉裡夢裡。」隔了一小會他才說。

「一切都像一陣風，」她接過去說：「任性的風。」

「其實大家都不是自由的。」

「而且彼此都欠誠意。」

「那倒不見得。」

「你又來了，文博士。」她沒頭沒腦地打斷了他：「你要曉得，我們的生活都假得可怕。你我都不是正常的人。」

文象斗感到她的語氣和所說的話，一點也不相稱。因爲她的語氣是冷冰冰的，而聲調又十分平淡。可是，話裡邊卻捎帶著一些別的東西。「妳好像跟她們有點不同。」他微笑著說。用放亮的黑皮鞋蹴踢著細沙。

「絕對一樣。」劉情吃吃地笑起來：「吃我們這一碗飯的，都懂得一項眞理，越是裝模作樣，要求高尙，越是痛苦。人家叫我們爲名女人，其實是蛆！是變相的洩慾器！」

「我想大概不至於。」文象斗皺了皺眉頭說。

「還不相信嗎？」她用深深省悟的聲調說：「嫉妒是女人的天性，但我們中間卻以吃醋爲羞恥。我們有時也流眼淚，但那是萬金油的功效，並不是眞感情。」

文象斗做了個劈柴的手勢。「住嘴！別再激起我心頭的痛苦，加深荒涼。」

「既然要活下去，那些東西都是多餘的。這兒的愛情是可以挑精揀肥零售批發的。它不惜分給別人，給得越多顯得越豐富。」

他伸手摸了摸她的前額。發現她並沒有發高燒 — 爲什麼說的話卻像囈語呢？「有感而發，是眞心話。」他同情地望著她說。

「是痛心話！」她忿恚地說：「是對命運的抗議！」她補充。

文象斗緊緊將她摟抱，兩張嘴熱烈地焊接著。輕微的嗚咂聲和粗壯的鼻息聲，飄散在夜靜之中。激情在他血管裡奔流，梗塞住他的胸口。而她溫柔地貼戀著他，眼睛裡抖顫著淚光，芳心砰砰躍動，手指用力地掐著他的背部，眞摯的感情喚醒了她的強烈的內心活動。給生命帶來了新鮮的意義。此刻，她不再以爲生活是可詛咒的了，反過來說，她突然感到生活的可愛。她的喉管裡輕顫著千萬種音調，但仍然傾訴不盡久經壓抑的衷情。

他終於脫離了接觸，巴唧了一下嘴唇。他抬頭，月光輕瀉在她那烏油油的髮絲上。淡淡的光輝在她那張扁圓臉上散佈著最美妙的色澤。「一顆憂鬱的星。」他囁嚅著。自己也弄不清楚到底是什麼意思。

「一個夢。」她笑得很甜。

「是的，一個夢，夢到重逢的時候。」

他沉思著，望向大海。看起來海也像在夢中一樣。

「像浮萍似的，是不是啊？」

「不。」他堅決否認。

「我知道夢是不能欺騙你的 — 你不是那種人！」

「因爲我發現了你的內心要求。它指出了你的純潔和高貴，那不是憤世嫉俗的言語和行爲所能掩蓋的。」

「啊哈，原來如此！」劉情幾乎笑得伸不直腰來：「一個撈偏門的女人，居然也有純潔和高貴，那豈不是天方夜譚？」

「人，不能以自身爲可恥的對象。」文象斗嚴峻地盯住她。劉情陡然感受到它的壓力：「共同的災難把我們聯合起來。我們不能隨波逐流，自甘墮落。如果能夠改換一個環境，你的本來面目可以慢慢恢復的。」

「恐怕只是一種絕望的努力。」

他憐惜地死盯住她。然後慢吞吞地一個字一個字地說：「愛是不會有絕望的，愛因爲絕望而顯得更聖潔。我愛你，這就是一切！」

「這是你心裡的話嗎？」劉情的面色更形開朗了。

「不必懷疑別人的善意。」

「我總覺得這不過是夢。」

「苦難的時代，把人們的自信心壓扁了。我爲這一代人悲哀。」

「那是什麼道理？」她嘟噥著。

「我們行事爲人，老愛瞻前顧後。沒有目標，沒有計劃，沒有步驟。流淚的時候並不悲哀，笑的時候感到痛苦。這難道不是缺少自信心的明證嗎？」

「這個年頭，一切都是可疑的。」

「你懷疑什麼？」

「第一，我懷疑男人的嘴，說得那麼容易，做起來就很難囉！」

「我不是那種人。」

「也許是的。──誰能保證？」

「這兒。」他翻轉大拇指戟指著自己的心。

「這兒是最靠不住的。因此第二，我始終懷疑女人的心。」

「我欣賞你這份爽直。」

「我也欣賞你這個壽頭。」

「盼望你耐心等待我回來。」

「是嗎？——一個眞實的夢。」

「是實實在在的。」他强調說：「決不是夢！」

「可惜生活本身小器得很，它從不輕易饒人。一個下過海的女人，就等於是個撕過肉票的强盜、差不多都是終身職。」

「必須關閉那張墮落之門。」

「爲了一個坑得我上不上下不下的人，先砸碎自己的飯碗嗎？」

「生活費用，我會爲妳妥善安排的。」

「在情慾正旺盛的當口，我奉勸你打鐵趁熱。要不然。我只好勸你放下癡心妄想，生活不能養活青春。沒有男人的女人，才會顯得憔悴，假如還有機會碰頭，到那時再談。」

文象斗博士用左手中指，猛搔著耳後根。他躊躇不決。顯然，這個謎一般的女人，對他的善意並不特別感到興趣。「眞實和夢幻之間，到底有條什麼樣子的界線呢？」他說，好像是自己問自己：「你這顆憂鬱的星啊！」他突然作了結束。

「生活，博士。」劉情匆促地尖聲說：「既不是詩，又不是什麼哲學。生活是很醜的東西！赤裸裸的肉慾，是我們共同的老師！」

「唔唔…。」文象斗氣忿得簡直要流眼淚。

「醜事裡邊也有眞理。」劉情繼續說。有意將滿肚皮冤氣發洩個夠。「女人，猶大！男人，賤貨！你知道快樂的別名叫什麼？」

他木然搖頭，沒有做聲。

「叫懶惰！」她嚷，尖聲變得更爲淒厲了：「快樂和懶惰，是雙胞胎，只有無用之物才可以供人取樂。」

「唉，可憐的名女人囉。」

「別擺出那副悲天憫人的樣子騙人。」劉情的聲調柔和得多了：「一個肉體，萬種風情。你們的心眼裡，就只有這個。」

「我不單單要一個肉體。而且肉體與美人之間，也沒有必然的聯繫。」

「我不懂你那些怪話。來，上樓去，痛痛快快的，也好留個眼前情意，別後相思。」

文象斗驀然回首。二〇一號房裡的電燈，悄悄熄了。夜窗虛靜，色調柔和而幽黯。一個女子的半截身影，正嵌在夜窗當中，遠望好像一個幽靈，夜風在她頭髮上噓拂，柔曼的秀髮，忽明忽暗。

「怎麼啦，水湄。」黎發財老板撚著右顎上那幾根長毛，眉開眼笑地說：「哦哦，小姐脾氣突然發作了，我衝撞了你嗎？」

「這麼葷不葷，素不素，鬼混在一起，到底算什麼啊？」

黎發財老板顛起腳尖走攏去，伸手在她細嫩的臉蛋上捏了一把。她仍然在賭氣，紋風不動，沒有掉過頭來。

而且抱定了逆來順受的宗旨，並沒有把頭偏離半寸。

「算雜拌兒，」他笑嘻嘻說：「亂世男女，大家吃吃豆腐，就是這麼一套。」

「豆腐裡也有骨頭的，你這夜不收，還有頂頭上司管著哩。」

「儂勿要觸霉頭，」他說。軟語中透露出鋒尖。「扳起副討冷飯的面孔。」

「我敢嗎？發財阿舅…。」

他雙手緊摟著她的前胸。嘴唇舐著她裸露的酥肩和光可鑑人的秀髮。「水湄，你眞是世界上稀有的一注寶貨。」他用賞光的調子認眞地說：「擺平也許比站起，姿勢還要妙些。」

韓水湄情知不妙。「是的，是的，你看，阿舅，」她敷衍著，極力想爭取時間：「明月當頭，風景眞妙啊。」

「別梔子花茉莉花，老打太極拳。」黎發財老板說：「死人身上找不到的快樂，活人身上可以找到。一碗新鮮菜，死鬼已伸了頭筷，我不過討點殘羹冷汁，有那麼稀罕！」

韓水湄呆瞪瞪地眺望著海灣。青山和青山灣的剪影，在淚眼裡閃耀著。而對岸藍色的森林，鬱鬱蔥蔥的，加深了她眼睛的幽怨。她驀然想起了外灘之夜。彷彿有一種特別溫柔，特別甜美的東西，鑽進了她的心窩。「一別竟成永訣！」她用沒有聲音的聲音唸誦著。月亮的光輝在她雙頰上，敷上了薄薄的一層霜。

「怎麼啦？不高與嗎？」他說，把手悄悄挪開。

「未見得每個寡婦，都是在十字街頭拉夫的…。」她的後半截話，突然在嘴上消失了。

「你還要討價還價，繼續頂山頭是不是？」

「此刻不頂山頭，落後只有爬山頭的份兒啦。」

「我不會留手尾的，這個請放心。」

「鬼才相信。喊聲一箭上垛，叫我怎辦？」

「不會的。搶手貨別人才出得起高價錢。哪，這兒是簽了名的匯豐支票，你覺得能值多少，就開多少好了。」

「我不是這個意思。」韓水湄咕噥著：「世界上有許多東西，不是鈔票能買到手的。」

「唏，活見鬼！」黎財發老板鼓起肥肥的腮幫子，兩手打鼓似的幌盪著。「貨賣當時，別輕輕易易扔掉了到手橫財。再說，好運氣也不是經常照看人的，乖巧的人心裡自然明白。」

陳思敬的那句怪話，又迴響在她的記憶裡頭。——跟一個不喜歡的人肉帛相見，比叫他的小名更容易！她想起了這個。頭一偏，撇轉身來，不小心碰撞到了一件東西，臉上像潑了瓢豬血，喉管裡擠出了一個「哦」字。而銀子一般的月光，灑落在她那渾圓的富有彈性的雙肩上，楔進她那香馥馥的瘦削的脊背上，怯怯增輝，妍麗無比。好像她這個人，是全部由光輝和戰慄創造出來的。

黎財發老板英雄氣概十足。「運力在腰，力能扛鼎。」他指著自個兒的鼻子：「包管不是蝦鱔之輩，靈不靈，試過方知。」

韓水湄趕緊用白緞子似的雙手，捫住耳朵。「阿舅，你不可這樣。」

「這樣有啥關係？」他眉開眼笑，愈發逞起英勇來了：「嘻嘻，該死的臭娘們，眞有一手，眼睛勾了人的魂，就有本事死活不管。」

「別發酒瘋，這麼楞楞睜睜的。我看不順眼。」

「阿舅倒看的很順眼哩！」他將滴溜溜的小眼珠子翻向眉心，兩條毛茸茸的粗眉毛可怕地皺了皺，用森氣逼人的目光對直地盯住她。「我曉得的，女明星和名女人都是一號貨色，要是光瞧她們的臉，一本正經，神聖不可侵犯。好像平時連一點葷腥也不沾嘴似的，那我實實在在曉得的。」

她陡然覺得他的目光和他的言語，像一束貓公刺，刺痛了她的心。她有點六神無主，惴惴不安。「咬人的狗兒不露齒，只顧海罵幹啥？」她顫聲說，同時覺得身心全跌落在瘧疾狀態中了。

「好傢伙。老米醋，挨著做。此刻我不跟你拌嘴。你到底依不依？」

韓水湄紅霞滿臉，粉頸低垂，沒有做聲。

「又吃紂王水土，又說紂王無道，阿舅不作興這種洋盤規矩。」

「君子不强人之所難…。」

黎發財老板忿然打斷了她。「我不是僞君子，我是眞小人。滿肚子男盜女娼。決不裝假正經唬人。」

「如果你要…，」

「沒有什麼如果不如果。姜太公釣魚，願者上鉤。支票和短褲，任你選擇。穿青衣，抱黑柱，我倒要問問你，你到底靠誰過日子？」

韓水湄一怔，正待答辯，但黎發財老板發了橫。那些帶有威脅性的村話，又兜頭兜腦淋下了滿滿幾大桶。

「經沒唸完就得罪和尚，眞有妳的！」他粗聲粗氣結束了他的話。

「啊喲！阿舅。我知道你是在氣頭上，」她柔聲安撫他：「其實你也犯不著動肝火的。甕中捉鱉，手到擒拿，還怕走了不成？」

「這才像句話。」黎發財老板登時軟了驃，胖臉上的橫肉像三春白雪似的化了，小眼睛從肉堆裡擠出來，春風又噓拂在他臉上了。「一個女人，最要緊的是懂得如何製造機會。」他添說，一雙白淨肥厚的小手，龍江虎浪地在她面前撇起野來。

「您親口答應過的，八字還沒見一撇哩。」

「眞是小膽百姓。」他把圓圓的面孔英勇地推過去：「你怕閻王爺會賴小鬼的賬是不是？要做明星，阿舅掏腰包讓你自費拍片。只要今晚你服務週到，明天天一亮我就吩咐那些個幫閒的，趁食的，給你預備電影劇本，安排預算。—— 別這麼呲牙露嘴的，一副皮笑肉不笑的樣子。阿舅不喜歡。」

韓水湄吃驚似的驀然抬頭，接觸到他那雙滑溜溜的小眼睛。不知什麼緣故，她突然聯想到那是兩隻小老鼠，豎耳動鬚，在濃眉底下轉來轉去，不免噗哧一笑。粉嫩清秀的臉上，深深漩起兩個酒渦。

「笑什麼？」黎發財問。在她臉蛋上又捏了一把。

「不笑什麼，」她收斂笑容：「還答應過別的嗎？」她追問。

「哦哦，你這一手眞落門落檻。」他喜孜孜地說：「當然。憑你這塊料，香港小姐當然不成問題。下禮拜六自見分曉。」

「一切佈置好了嗎？」

「鋪謀定計，山人自有妙策。」他猛拍著肥厚的胸脯：「若要揭開選美的假把戲，且看今晚的眞功夫。」

韓水湄小姐剛平復的秀臉上，又像潑了一瓢豬血。嬌羞中含蘊著媚態，越發出落得鮮嫩明麗了。「我不是這個意思。」她嫵媚地說，聲音低得幾乎聽不清楚。

「那又是什麼呢？」

「你仔細想想看。——喲，貴人多忘事哩！」

黎發財老板眉頭一皺。「不行。無論如何都不行！」他在齒縫裡嚷：「人只有前眼沒有後眼，我不準備把一個腦後見腮的貨色留在身邊，隨時隨地提防他的暗算。」

「思敬也是個老實人，只要你能推心置腹，破格用人，他一定會感恩圖報的。」

「我的眼睛裡擱不得這粒砂子。」他大聲說：「壞蛋識壞蛋，此人絕非善類。」

「阿舅您又來了，」韓水湄撒嬌撒癡地摸弄著他右額上的那顆大痣，並且輕揉著痣邊那幾根長毛。「你好比天，他不過是一塊磚，他有多大神通，敢在你跟前搗鬼？」

「話雖如此說，我總不放心用他。」

「你一定要掃我的臉嗎？」

「江湖上最忌婦人之仁。人無遠慮，必有近憂，此事暫時擱在一邊如何？」

「要解決，一起解決。」

「做買賣也有零售和批發之分嘛。」

「我選擇批發的方式。」

「不再討價還價嗎？」

「是！」

「水湄，老實告訴妳，」他憐惜地說：「妳在我們這個黑吃黑的圈子裡，可以說是個女聖人。江湖無風三尺浪，小心駛得萬年船，希望妳別固執。」

「做個見面禮也不成嗎？」

「大房子、小轎車、鑽戒、金條，隨你的歡喜。只是這件事我不能依你。花錢養人，決不願意養一條蛇，你知道嗎？」

「愈說愈不像話了。」她的下額哆嗦著，臉色也變了：「隔牆有耳。人家聽見了該作何感想？」

「不獨如此。」他逕直說下去：「而且希望你們以後完全斷絕關係，別藕斷絲連的，增加我的煩惱。」

「那是辦不到的事兒。」

「你樣樣都聰明，就是不懂抓緊機會。」黎發財老板的胖臉上，又綻露出一絲笑意：「機會好比一隻小鳥，抓得太緊，會抓死的；抓得太不緊，噗噗噗噗，飛了。」

韓水湄斜睨著它那兩隻短膀子的滑稽動作，在鼻孔裡笑了一聲。「飛不走的。」她說。顯然有點忿忿不平之意。

「大概翅膀的毛兒還沒乾。」

「你就看準了這一點，是嗎？」

「既然光只是生意經，」韓水湄憤慨地說：「陳思敬也該是交易條件之一。」

黎發財老板驀然聯想起了那兩句怪刺耳的彈詞 — 滿床錦被藏小賊，三頓珍饈養大蟲。連忙聳了聳肩，以掩飾自己的不安。「生意人片言九鼎，從不作興節外生枝，好吧。」他突然將她攔腰抱起。「看樣子你的雅興很不淺哩。咱們當面鑼，對面鼓，談它個夠！」

談話突然停止了，窸窸窣窣的神秘的響動，從寂靜中隱隱昇起。

幽黯中，晚風輕颺起的長髮，閃爍著黑漆似的微芒，而兩條長腿，正絕望地亂蹬著空氣。

第十章

這兩條瑩潔圓渾，足踝鮮細，且富有彈性的長腿，在麗池花園夜總會選美大會最後泳裝決賽時，也曾大出風頭。使近千的捧場嘉賓，紳士淑女，眼睛被吸引得呆突突的，格外放亮。

連續三晚的選美大會，此刻已進入最高潮。一九五〇年度的香港小姐，預計可以在三月二十五日子夜時分正式誕生。

台上與台下同樣熱烈緊張。

報名參加角逐的美人共三十二名。屬於北角週末俱樂部旗下的大將，在此最後關頭，幾乎全部傾巢而出。柳鶯小姐擔任司儀，藍玲小姐、鄒又紫司令、夏青萍博士擔任評判，黎發財老板充任大會主席。另外，黎太太統率徐劍蘭與許虹，胡奇遇統率陳思敬和張藝靈少將，擔任會場內外的招待佈置，並且臨時組織啦啦隊，分成六組，散佈在人叢中，鼓掌歡呼助威。

韓水湄、石蕙、劉情三位小姐，是正式參加競選的。其中韓水湄是大熱門，劉情是大冷門，而石蕙則不冷不熱。三位美人都順利的通過了第一晚的入圍賽，昂然進入第三晚的決賽。必須指出：參加決賽的美人總共十四名。但有位名叫田心的小姐，臨時因病棄權，所以泳裝繞場的小姐，實際只有十三位。

裁判員除上述四位外，還有美國旅運業大老板希爾敦夫婦，英國娛樂業鉅子歐戴爾夫婦，以及默片時代紅透半邊天的女星楊耐梅等，總共十一位。希爾敦任總評判。他打的分數，具有舉足輕重的分量，跟其他十位評判員總平均分數平分秋色。而這樣一張卡斯脫，也夠得上說一句「極一時之選」了。

會場設在麗池二樓翡翠廳。就馬連良唱堂會的舞台擴充裝飾而成，設計的人頗具匠心。前景、後景、天幕、腳燈等等，無論就色彩、燈光、陰影、遠投而言，都安排得中規中矩。舞台設計者在繪畫佈景和裝置佈景上，從沒有放過細節上的實感，因此也顯露了一種抄襲的技巧和才能。換言之：這是一種教科書式的複製，設計者使用了太多的攝影術的方法，而遺忘了藝術方法。我們只能從佈景上看其美麗的空洞，絢燦的寂寞，佈景本身並不帶有任何目的，也無法傳播藝術的激情。事實上，那種鵲橋銀河的形象，在與會嘉賓們的心靈和頭腦裡，是應當具備強大的感染力和說服力的。

孔雀藍的天幕，在腳燈和頭燈雙重照映下，呈蓮青色，斜拖向網幕遠景。網幕遠景上雜綴著亮晶晶的眉月，寒星，與銀輝色的浮雲。下方舖貼著深赭石色山巒，草綠色地幕。隱隱綽綽有一條曲徑溝通天上人間。網幕外是一片虛白。因爲燈光配置得不好，漏出來的光照在網子上，人們能夠隱約看見稀疏的網線格子。

舞台中央架著一座鵲橋。色彩鮮明，光艷奪目。鵲橋呈半弧形，寬約三尺，最高點離舞台面約五尺。舞台面平舖著桔紅色地毯，又厚又溫柔，人行其間，輕盈妙曼，愈顯綽約丰姿。

現在，柳鶯小姐的嚦嚦鶯聲，愈來愈嘹亮了。她一隻手搭著麥克風，另一隻手打著各種暗示的手勢。紅暈滿腮，水桶腰款擺，看起來十分之肉感。

參加決賽的美人兒，在這位司儀員的催場下，頻頻露臉。她們在上場門接受了助選團歡呼致敬，然後隨著樂隊的四拍子慢板樂章，迂緩地繞過前台，慢慢踏上鵲橋。在鵲橋中央怯怯地扭動嬌軀，表演了她們自己認爲特別美的幾個姿態和手勢，生硬地走下來，再繞前台半週，隱沒在下場門後邊。就是這樣，完成了她們的歷史任務。美醜妍媸，自有評判員仔細品評，而且有十一位評判員的平均分數爲證。俗話說：妍皮不裹癡骨。能夠這麼在台上走走的人，在粥粥群雌中，已經算是出類拔萃的了。

最使人感到美中不足的：是美人們的化妝。她們的髮式，她們的三點泳裝，她們的塗脂抹粉，全揀最時髦的去學。時髦是趕上了，可惜自己面部的特點，也被那些「時髦」遮蓋了，反而予人以一種怪裡怪氣的弄髒了的印象。等而下之，予人以一種戴著面具演戲的滑稽感。她們忘了，所謂化妝，不過是像舞台上的佈景一樣。在舞台上，最主要的是演員，在美人身上，最主要的是儀態。——而儀態，是出現於各式各樣表情之中的。有了恬靜的眉毛，才會出現沉思的慧眼。甜美的表情是面部表情的事，而不是化妝的事。青春和衰老，不在乎皮膚白皙，而在乎眼睛靈活不靈活。十八無醜女，青春正祝福著她們的錦繡年華。然而因爲不善於化妝的緣故，使她們的面部產生一種呆板的效果。精心描出來的柳葉眉或掃帚一樣的怪眉，裝上去的睫毛，塗飾的眼膏等等，使一雙雙異常美麗的眼睛，喪失掉表現力。這才叫「暴殄天物」。反過來說：如果眼睛不能反映千變萬化的感情，最美麗的面孔也不過是面具。美人們萬種風情，千種儀態，全流露在秋波宛轉之間。感情最先出現在眼睛裡，然後面部肌肉收縮，輕顰淺笑隱去。最後，身體其餘部份的肌肉才來幫助眼睛，這就出現了姿態和手勢，而這些姿態和手勢都是自然的，生動的，完全擺脫了文明戲台上的庸俗習氣。——柳鶯小姐將紅馥馥的小嘴湊近麥克風前，嗲聲嗲氣地嚷著「七號」。同時，右手大拇指和食指扣成一個圈，其他三個指頭向下按了幾按。

樂隊吹奏著另一支曲子。七號還剛伸出一隻白膩的小腿和那隻紫紅緞子全高跟鞋，佈置在人叢中的陳思敬，胡奇遇與張藝靈，已經分別領導著他們的啦啦隊，開始喊叫鼓掌。因爲人多勢眾，位置適宜，聽起來好像是「滿堂彩」似的。

在近千紳士淑女的網膜上幌動的是石蕙。她五短身材，膚色瑩白，通體嬌嫩清新，像水蔥兒一般，紫紅色緞子泳衣，緊裹著她的身體。微微地擠壓著豐滿的肩膊和胸脯。圓圓的手臂和纖細的手俊美地擺動著，幅度不大不小。表現得又愉快又活潑。

她踏著輕盈的步子，繞過前台。沒有望向人群，極力保持外表的寧靜和從容不迫的儀態。桔紅色地氈的返光，在她的大眼睛裡煥發著歡樂的光芒。一縷會心的微笑，巧妙地彎曲著她的薔薇小嘴。從側面看過去，這位嬌小的美人，簡直無懈可擊。

她慢騰騰地走上鵲橋。在橋中央躊躇了一下，開始表演各種姿勢。掌聲轟響著，歷久不息。搔首弄姿的纖手，在慌亂中有了無處擺放的感覺，然後怯怯地扭動著腰肢，雖然不怎麼生硬，但也並不自然。捧場的掌聲適時再起，前排的評判員可以看清楚她的腿腓在微微打顫，她的耳根連脖子，紅了那麼一大截。

「糟了，怯場是會喪失水準的。」霍顧問暗忖著，忘乎其所以然地把鉛筆噙在嘴巴裡。但自始至終沒有移開他的體恤的鼓勵的目光。「功虧一簣，未免可惜。」他繼續想。緊張的心緒表露在他的額頭上。——光滑的前額一波一波地浮起了皺紋。

夏博士則受人之託，忠人之事。他也斜著左眼，從金絲眼鏡上邊瞟著鵲橋上的石蕙，同時又陰起右眼瞅住霍顧問。肚裡盤算著如何多送幾分，以求不負霍顧問的雅囑。他臉上的那一台戲實在是生旦淨丑俱全，比起鵲橋上的那一台戲來，如果不算旗鼓相當，斷然是有過之而無不及。此刻，不知什麼緣故，他的那副胖臉突然扁了，像副貓臉，而且開起染坊來了。鼻尖上那幾粒白麻子，忽然熟透了，紅艷艷的，從鼻子上一直泛濫到鼻樑兩邊。

與此同時，台下的掌聲和口哨聲大作。也許因爲時間配合得不好，也許因爲另有作用，使人們直覺到那是一種不懷好意的鼓噪，含有喝倒彩打爛草鞋的意味。石蕙的臀風乳浪還在蛇一般扭動，她的白胖胖的臉已面向觀衆。該死的鴨屁股髮式，和批盪在圓臉上的那一厚層粉底，竟整個兒歪曲了原有的豐潤甜美的臉型 — 圓臉好像縮了水，兩頰浮腫著，似乎長了凍瘡。化妝的結果，不獨沒有增加她的美觀，反而擴大了她的醜陋，青春的光彩被化妝泥住了，人們眞切地看到，那不過是一個鬧劇式的面具，而且是被不入流的化妝師，使用印象派的油彩「排筆」，塗抹得一塌糊塗了。

霍顧問倒抽了一口冷氣。謝博士驚齒牽唇，猛搔著後頸窩。只有鄒司令，篤定泰山深爲劉情小姐慶幸。至少這隻蒼龍頭上之角，猛虎口中之牙，已經不費吹灰之力拔除了。三强鼎立之勢，轉瞬成爲兩雄對峙，看形勢頗有跑出一匹黑馬，大爆冷門的可能。他想著想著，手指漫不經心地搏弄著鉛筆，三疊式下巴，鼓出過癮之至的表情。霍顧問狼狽地沉默著。冷眼淡然無味地瞥了瞥他，鄒司令感到了這個，覺得不好意思，把鉛筆往耳朵上一塞，然後擺出西子捧「腹」的美妙姿勢，粗短的手指在凸肚子上彈起琵琶來。

鵲橋上，石蕙小姐的嘴微微張開了，露出白糖似的一線牙齒。她的下唇打顫，呼吸顯得相當急促，或者說，她正在困難地呼吸著，似乎是支氣管炎之類的毛病，突然發作了。在潛意識中，她仍想極力維持外表的寧靜。

可是迷亂的懊喪的情緒，正擠壓著眼瞼四周，香粉紛紛飄墜，未末了，她想運用臨去秋波，挽回局面，可是她的烏溜溜的大眼睛裡忽然有了淚，人們只覺得那是一種古怪的表情，比哭還難看得多，此刻，掌聲變成了鞭撻，口哨和喝彩簡直可以製造暴行。石蕙小姐蹌踉而下，步子細碎而飄滑，再繞過前台。在霍顧問的眼睛裡，她的身體已恢復了平衡和寧靜，但塞在瞳孔裡的幽怨，仍然在燃燒。

石蕙小姐俏麗的背影，在下場門處一扭，不見了。十一位評判員，依據不同的審美標準，在計分紙上打下分數，霍顧問愛莫能助地搖了搖頭，在NO.7 名位之下送了75 分。夏博士是一位一步一趨的老好人，打了74 分。鄒司令卻老實不客氣送了她一個及格分數。不過，他老先生的阿拉伯字寫得並不標準，6 字拖長了一條翹尾巴，粗粗看起來，6 字與8 字樣子都差不多。而霍顧問到底以故人情重，黑著良心又在7 字底下加了個半弧，成了個9 字。夏博士事事要跟霍顧問比肩，也照添半弧如儀。這樣一來，石蕙小姐那已經扔到東洋大海裡的希望，又陰差陽錯地撈轉來了。

緊隨著石惠小姐之後，依次出現了八號、十四號和十七號三位小姐，捧場者寥寥，場面冷落。連稀稀疏疏的掌聲與交頭接耳的私語，也無精打采，帶有瞌睡意味。接下去，是二十號。司儀員的清脆的嗓子，明顯地提高了半個音階。而彎腰駝背的麥克風畔，浮現出柳鶯小姐明燦的笑臉。她的肥厚的小手舉齊髮際，打了個全體統請的手勢，台下的掌聲和歡呼聲，已暴風雨似的響遍整個大廳。

樂隊開始奏樂，但二十號卻遲遲沒有出場。

陳思敬一躍登椅，伸長驢脖子山呼海嚷。這個一向窮得像教堂老鼠的「長毛」，如今確實發達了。衣履光鮮，毛色煥然一新不算，今晚居然理了髮，尖下巴刮得光溜溜的，青燐閃閃。坐在他前面的紳士淑女，愕然回望。瞥見他那隻軟軟的尖鼻子和一對招風耳，全在跳「侖巴」。手舞足蹈，樂而忘形。表情十足，醜態畢露。坐在他後邊的紳士淑女，皺著眉頭，嗤著鼻子，盯住他腦後那個胡桃般大小的肉瘤發呆。——因爲興奮過度，肉瘤充了血，紅若櫻桃，而且似乎還會跳舞以娛嘉賓，允稱一絕。

柳鶯小姐放開女高音嗓子催場，可是並不壓場，也沒收到預期效果，台上的戲搬演到了台下。憑他陳思敬這塊料，居然吸引了那麼多高貴的眼睛，難怪他要躊躇滿志，睥睨不可一世了。黎發財老板見鬧得太不像話，忙打手勢制止陳思敬再胡鬧下去。他橫眉怒目，胖臉紅若火磚，小眼珠子炯炯發亮，完全是一副吃人的兇相。

「顧問先生。」鄒司令彬彬有禮地拍著霍逸君的肩膊。壓低嗓子通知他：「連台好戲在後頭啊！」

霍顧問右肩往下一沉，不屑地瞟了他一眼。「對！」他說：「對極了！」他添說，下巴骨咬得吱吱作響，兩頰不斷凸出疙瘩。

「我不是指這個。」鄒司令又在他肩膊上開始親熱起來。「我指的是…。」他瞇起一隻眼睛做了個魔術師的滑稽動作。

可憐霍顧問的耳朵和肩膊吧，我的老天爺！雷聲不小，雨點眞大。「請您注意，閣下，我第一次提出警告。」霍顧問惱怒地偏轉臉去，用打顫的聲音繼續說：「假如再這樣毛手毛腳，閣下，也許我要…。」

「你要什麼？」鄒司令眼睛鼓得像兩粒牛卵子，困惑地搔著下巴。

「我要採取行動。閣下！」

「好的，好的，我舉雙腳贊成。——陳思敬你這龜孫子，你敢公然破壞秩序，看老子槍斃你！」

他把椅子用肥臀一推，飛快離座。風車般一轉，破口大罵起來。他中氣十足，怒火沖天。神態不減張桓侯當年在當陽長板坡的那種英雄氣概。

霍顧問起身，伸手搭住他的光頭。「你再侵人犯規，鬼喊鬼叫，馬上罰你離場！」

三個人串演一齣「表錯情」。最適合紳士淑女們的欣賞水準，因爲這是個喜劇與鬧劇永遠劃不清界線的場合。大家都格外賞識動作很多、表情特別走樣的東西。全場的眼睛整個兒朝他們三個人集中起來。

適逢其會，韓水湄小姐出場了，冷冷清清的根本無人理會。樂隊懶洋洋地吹奏著，聲浪當然敵不過鄒司令的破銅鑼，以及瞧熱鬧的觀眾，起鬨的笑聲、樂音幽靈似的飄浮在壯大的聲海裡。

韓水湄小姐的頭微微低垂。恬淡的笑意在明潔的臉上消失了。面頰通紅，像要流淚的樣子。陳思敬的原意，是想捧場，可惜幫的是倒忙。他驀然抬頭，瞥見她已踏上鵲橋，走向橋中央。此時，台下噓聲四起。浪謔怪笑之聲，像排砲一樣此起彼落，互相轟擊。她以爲自個兒出了什麼岔子，登時慌了手腳。而陳思敬親切地瞧見她那副趦趄不前，下巴打顫，臉色啞白的樣子，知道闖了大禍。當下眼睛一花，手腳發軟，一個倒栽蔥，跌倒在前排的兩位妙齡女太太的身上。挨了護花使者們的一大頓火腿雞蛋不算，簡直是孫悟空大鬧天宮，弄得整個會場炸了窩，亂七八糟的，久久無法安靜。

韓水湄小姐下了鵲橋，淚承於睫，急步再繞前台而過。當十一位評判員陸續將視線收回，望向台上時，韓水湄小姐正背向觀眾，開始步出舞台。男女評判員們驚愕地凝視著她的背影，好像是光明和陰影構成的，黑白分明，窈窕迷人，默片一般在網膜上閃爍，大家都不免帶點憐惜和歉意。

事實上，最感到痛心的是陳思敬。忙沒幫上，自個兒卻抱頭鼠竄，被幾名壯漢拳足交加，攆出會場。最爲抱歉的是黎發財老板，眼看那頂充鑽石玻璃冠冕，平白地戴在別人頭上，一切的諾言都成了不兌現的空頭支票，心裡懊惱萬分。而最爲憐惜的是一個聾子畫家。他不過是一位毫無發言權的普通觀眾。然而只有他自始至終欣賞著這位美人的風采神儀，目不轉睛，心無二用，不止一次把她比擬爲「上帝的傑作」。——黑天鵝絨的「比堅尼」泳裝、黑天鵝絨的高跟鞋，淡雅樸素極了。放光的秀髮、泡沫似的胸脯、羊脂玉般的圓圓的手臂和長腿、雪白而秀麗的小腹，確實是一個無與倫比的發光體。他從她的均勻的骨骼，優美的身段，以及素淨的沒有弄髒的臉，一直聯想到「黃金分割法」和「曲線構圖」。

「那是值得最偉大的畫家下筆的模特兒。」他無限憐惜地想。「偏偏碰到這些個驢子，活該倒楣！」他想著想著，憤然離座。昂頭穿過大廳，頭也不回下樓走了。

二十號之後，輪到二十二號出場。大紅泳裝並沒有引起觀眾的熱情，只留給觀眾一種清湯寡水的印象。所收到的唯一效果是場面冷靜下來了。

接著是忸怩作態的二十三號，和動作過火約二十六號。在十一位評判員的審美眼光裡，還沒有二十號那個背影出色。

二十六號之後，依次是二十八號與二十九號。雖諸般做作，但給觀眾的印象，究竟是庸俗的、模糊的。只有寥落的掌聲陪送她們走向幕後。

麥克風嘹亮地播送著「三十二號」。壓軸戲終於上演了。

鄒又紫此時正捧住個琵琶肚腩，粗聲粗氣連連打呵欠。聽到這個數目字，突然像著了魔，臉上所有的器官都一起動起來。而且還很自愛地把肥巴掌搗住狗洞，極力使呵欠消聲匿跡。

三十二號是劉情小姐，就東方的審美標準而言，屬高頭大馬這一類型。身裁健美。體態粗壯。具有運動員的好風度。如果不是在選美大會上，而是在健康比賽或運動場上，那她準可以贏得觀眾的青睞。可惜在這個場合賞識她的人並不多，除了鄒司令是「情人眼裡出西施」，眞心實意捧場外，胡奇遇和張少將率領的那兩組人馬，一面奉命鼓掌，一面幌腦搖頭，嘴裡還吹吹吹地發出些怪腔表示抗議。

劉情小姐的那襲比基尼是淡紫色的，高跟鞋也配的是淺紫色。這對於皮膚特別粉嫩白皙的小姐，算得上恰到好處。椰殼髮式使她那副平板的銀盆大臉，略帶幾分古典情調，看起來至少不太討厭。但面部化妝的確大成問題，粉底過厚，撲粉又不太勻稱，使那隻扁鼻子顯得矮塌塌的，紫色唇膏擴大了本來已經夠大的嘴唇。紫色和過於濃艷的胭脂，以及蓮青色眼膏似乎有點搶色，並且能遮掩臉上的自然表情，看來頗不順眼。

她繞場之後步上鵲橋，大概是鵲橋搭得並不堅實的緣故，發出一片格吱格吱的響聲。她站在鵲橋中央勉强做完那幾個搔首弄姿的表情之後，小心翼翼地走下橋來。在瘋狂的樂隊和更瘋狂的掌聲中，昂頭挺胸，矯若游龍，隱沒於下場門後。

紳士淑女們現在不再喧嘩了。大家屏聲靜氣，慢慢向評判員席位圍攏來。衆目睽睽，等待揭曉。

胡奇遇和張藝靈，慣於獻小慇懃，他倆披開人叢，鑽到評判員席位跟前，拿起算盤，代替他們計算分數。柳鶯也以清閒之身，踱下台來，幫著唱名報分。

只有黎發財老板，呆呆地站在前台左角，焦躁不安地弄響著手指頭。眉梢內側，擠成一個等邊三角形。嘴巴嘟起，大概可以掛一個油瓶。一個穿白制服的夥計，嘰哩咕嚕向他報告些什麼。他心不在焉地聽著，一臉困惱沮喪的表情。

在七號名下，曾經因爲記分問題，引起了小小的爭執。柳鶯把鄒又紫打的六十分，誤認爲八十分，鄒司令當即提出異議，要求改正。

「那是不對的！」他嚷：「6 字拖一個翹尾巴，當然還是6 。就是打印象分數也不能這麼慷慨。一下多送二十分。」

霍顧問劈手奪過鄒司令那張計分紙。「分明是個8 字嘛，閣下。」他平靜地說：「如果七號只值六十分，那麼我問你，三十二號爲什麼一定值得一百分？」

「那是我的自由。」隔了半晌，鄒又紫才訕訕地說。

「濫用自由。」霍顧問低聲警告他。

「你以爲美醜可以放進天平裡去稱嗎？」

「既然如此，六十分和八十分又有什麼大不了的關係。」

「老爺不高興多送。」

「只怪你自己亂翹尾巴。」

笑聲使僵持的局面解了凍。

夏博士乘機進言。「公道自在人心。彼此少說幾句，免得傷了和氣。」

霍顧問把計分紙遞還柳鶯。打斷了的計算工作，又迅速進行。兩把算盤滴滴答答忙個不停。

胡奇遇算的是十人的那一組。先把十人的分數加起來。把總數寫在紙上，然後在個位數和十位數之間，加上小數點。這個平均分數，遞到張藝靈那邊，與希爾敦打的分數相加。然後二一添作五。得出來的答數，決定了選美的名次。

在胡奇遇的算盤上出現的平均數是：韓水湄　八八・七；石蕙，八五・五；劉情，八四・三；丁韻蘭，八四・二；錢秀麗，八三・一；周茜夢，八二・二……。以下都算名落孫山，不必備述。

初步計算結果傳到黎發財老板的耳朵裡，不免心花怒放，笑逐顏開，立刻吩咐站在他旁邊的夥計開香檳酒慶功。並且剴切指示：在場的人，個個有份。夥計掛著一副狐疑的耗子臉，偷眼瞥了瞥他。然後縮起脖子，慢慢地，幾乎是機械地，踱向梯口。

最後的結果，塞到了黎發財老板的手上。

「無論如何 — 我們已經盡了本份。」胡奇遇文靜地解釋道：「事情有點兒糟。可是別看得太嚴重。」

黎發財老板强作微笑，用滿不在乎的目光望著紅緞子上寫的金字。 — 冠軍劉情小姐。覺得有點不相信自己的眼睛，反起手背揩擦著，光撻撻的額頭上，突然湧現出疲憊的皺紋。「誰幹的？」他顫聲問：「偷龍轉鳳，眞有他媽的一手！」他添說。白皙的胖臉上黯然失色。

「希爾敦這小子，蒙古大夫，看中了那張蒙古臉。他給劉情九十分，給韓水湄六十。另外，鄒又紫也不是東西。」

「哦…。」

「他給劉情一百分，送給韓水湄八十分。」

「有種！算這隻老烏龜有種！」黎發財老板急促地說，胖臉突然萎頓下來，皺紋密佈，好像脫水的蘿蔔：

「老子要當場宣佈競選無效。」

「家醜不可外揚，此刻千萬不可發橫。」

「那爲什麼？」黎發財老板傲慢地問。

「吃八方的，必須廣結善緣。這麼多的中外記者，中外嘉賓，不好隨隨便便開罪的。」胡奇遇悄悄說，一連遞了好幾個眼色。

黎發財牙關咬得鐵緊，沒有做聲。

「請柳鶯小姐上台，宣佈選美的結果！」胡奇遇斷然撇轉身去，硬起喉嚨嚷。「黎主席因過於勞累，聲音塌了。——恭請美國旅遊業鉅子希爾頓先生主持加冕典禮，兄弟帶調。」他伸出雙手向上托了幾托。「各位起立鼓掌。樂隊奏樂！」

掌聲驟起。樂隊開始吹吹打打。

胡奇遇微微偏轉高瘦的身子。順勢伸出右手，接引黎發財下台。

黎發財感到頭昏目眩，呼吸困難。他攙扶著胡奇遇的胳膊，踱向梯口。他的兩腿軟弱無力，步履虛浮，走起路來，兩腿像彈棉花。跟五分鐘之前那種生龍活虎的樣子比起來，判若兩人。

柳鶯小姐的甜美的聲音，毒箭般射向黎發財寬厚的背部。

「冠軍劉情小姐。請出場謝幕。」

接著出現了轟雷般的掌聲，以及鄒司令的一連串哈哈，他樂不可支。因此，破銅鑼也敲得格外起勁。——聲震屋瓦，特別刺耳。

黎發財老板背脊劇烈地痙攣著，宛如被別人朝背部插了一刀。他的肥肩膊和後頸窩，全在上演苦戲。

掌聲和歡呼聲稍停。柳鶯小組乘虛高嚷：

「亞軍石蕙小姐，季軍丁韻蘭小姐，殿軍錢秀麗小姐，第五名周茜夢小姐，請各位，按秩序出場。」

瘋狂的掌聲和歡呼喝彩之聲，掩沒了她底下的話。

「怎麼？前五名都吹啦！」黎發財老板厲聲抗議。

「發財，事事要通透點兒。」胡奇遇湊近他的耳根機密地說：「這麼一來，反而因禍得福，明年可以再來。」

「這堆臭狗屎我可吞不下去。」

「捏緊鼻子試試何妨。」

兩人併肩下了樓梯。

領班的率領十餘名穿白制服的夥計，正手忙腳亂，將香檳酒冰桶，逐桌安放。

黎發財老板臨時把領班的叫過來，厲聲吩咐道：「把香檳和高腳杯通通撤走，每桌放一打忌廉蘇打水。」

領班的和夥計們面面相覷。

「聽到嗎？飯桶！」黎發財老板勃然大怒。

「是，是。」

「一律換小瓶裝的。每瓶兩毫的那一種。」

「是，總經理。」領班的鞠躬至膝。「你們瘟在那兒幹啥？快換，快換！」

大家又七手八腳，重新佈置起來。

胡奇遇見這不是路子，從旁提醒他。「發財，別做蠟燭小開。出手不能過於寒傖啊。」

「這已經夠慷慨啦！」黎發財忿然打斷了他：「如果是我過去的脾氣，我要灌他們一頓騷尿！請他們吃桂花飯。」

「你總不好意思，請希爾敦和歐戴爾喝忌廉蘇打吧？」

黎發財捏弄著右下巴上那幾根長毛，作了緊急決定。「喂喂，過來！」他喊領班的。

「總經理還有什麼吩咐？」

「三樓總共安排了幾席？」

「十席。照您的吩咐，總經理。」

「撤掉六席。其餘四席，盡量弄體面點。」

領班的鞠躬而退。

「奇遇，以後的事兒歸你清首尾啦。評判員佔一席，入選的小姐和俱樂部的人馬佔一席，中外記者佔兩席，一切歸你斟酌辦理。恕我不能奉陪了。」

第十一章

從筲箕灣碼頭開往鯉魚門的攞渡艇上，已經有了六名搭客，四男二女，有談有笑。看樣子，大概是同伴。看裝束，也許是往調景嶺玩玩的老爺太太小姐之類。

艇婦正待解纜開船。

一個中等身材的黝黑漢子，飛奔而來。嘴裡喂喂連聲，口沫横飛，要求打個尖。

「包喇！」艇婦擺出一付不必談的神態，拒絕了他。同時伸出一條腿，赤腳板朝木梯子上一搭一撐，船已經離開了一兩尺。

那漢子比他更麻利。豁朗一聲，首先對準船頭撂下個帆布袋，算是下了定。然後一個鷂子翻身，滴溜溜沿木梯子梭下來，縱身一躍，上了船頭，動作迅速得使人不容易看清他的嘴臉。

船頭一沉，船尾翹起，船身顛簸得像搖籃，六個人幾乎不約而同嚷叫著。

船艙裡伸出一個紅光滿面的大圓臉來。「閣下欲吃餛飩嗎？」那人問。右眉心裡那顆大黑痣滑稽地打著顫。

「戴英，不是鬧著玩的。」另一個同伴喚：「一動不如一靜，你不可以火上加油。」

戴英偏過頭去揪住柳干城。「缺牙齒大爺專講風涼話。如果不制止，變落湯雞包管你也有份。」

「你們倆人眞是前世的冤家。」第三個人插嘴，他那個河馬似的肥下巴，隱現著一圈青色。「動不動老是拌嘴，而且好像永遠沒個完的日子。」

「大衛，你不必抱怨。」柳干城從眼鏡上邊斜睃著他，嘻皮笑臉，輕鬆之至。「我很高興。」

「人家史大哥的心臟很脆弱哩！」那位年輕的漂亮的小姐說。

「好說。來鳳，謝謝你的關注。希望你們兩位沒受到驚嚇就好啦！」

「我無所謂。」公孫紅說：「洞庭湖裡的麻雀，見過風浪來的。」

「我也是。」歸來鳳小姐的嫩臉紅了。

「那麼你這位老兄，」戴英瞇起一隻眼睛發話：「請自便吧，船是包的，我們不歡迎你參加。」

「三毫子的船錢，我也有。」黑漢子嗄沙地說：「出門人大家行個方便。」

「我們並不稀罕你那三毫子。」

「我要趕時間。你看，太陽已經偏西啦。」

「那是你自個兒的事。」

「好彩，好彩之至。」黑漢子嘻開那張麻石臉，得意揚揚地說：「喊聲搭不上這條船，我的飯票子眞的過了河。」

「我想大概還不致於這麼嚴重。」戴英儂賴地說：「是不是要顚寒作熱，賴著不走？」

「今天已經四月二號了。」黑漢子開始認眞起來：「掉換四月份的飯票，今天是最後一天。下午三點鐘截止，高低我要搭這一班。」

戴英正清掃喉嚨，準備交涉。史千秋已吩咐艇婦開船。「一個月的飯票，總共値多少錢？」他問，用手搗住嘴巴咳嗽著。

黑漢子反身坐在船頭上，雙手拍打著毛茸茸的胸脯，行了幾次深呼吸。「十元。轉賣出去打個九折，這是公價。」

「假如你不能及時趕回去呢？」史千秋同情地追問。

「這個月白白裡丟啦。」黑漢子焦灼地答。

「爲了九塊錢，値得這麼肉搏衝鋒嗎？」

黑漢子對直盯住戴英。「飽人不知餓人饑。」半晌他才說：「世道艱難，賺錢眞不容易啊。打個比方說——」

「哦，」戴英的嚨管裡擠出這麼個怪聲。

黑漢子不慌不忙，從破帆布袋裡邊摸出一整套道具，半抗議半解釋地說：「譬如錘石子，每斗一角五分。像我這極精壯漢子，天光錘到斷黑，每天不過五斗。賺這麼七毫五分錢，其辛苦也就一言難盡囉。」

歸來鳳小姐從船艙裡伸出頭來望著他。玫瑰色的鵝蛋型臉上收斂了笑容。「七毫半一天——那如何活得下去呀？」她問，烏溜溜的大眼睛突然洋溢著憐憫的感情。

黑漢子正眼瞧著她。陽光溫柔地輕撫著她那明潔的額角，海水的反光在額角上幌盪著，宛如箍著一道光環，眞水靈極了，美麗極了。他瞧著瞧著，嘻開大嘴巴只管傻笑，忘了說話。

「何必杞人憂天，」戴英說：「我的小姐。」

史千秋大不以爲然。「我們脫離這種生活，才個把月哩。」他糾正他。「怎好意思變得不通氣起來？」

「當然。當然。大家都過來人。——就是小姐不通氣！」

「鬼來了。我不過是關懷之意。將心比心，假如我只賺七毫半子一天，我可無法活下去。」

「活得下去的。」黑漢子鄭重其事說：「到那個山裡唱那個歌，人都會精打細算的。」

「我倒願意學一學。」

「也好。打爛仗也是一種大本領。——早餐四個隔夜奶油麵包，開銷兩毫。午餐晚餐麵包皮兩斤，花費三毫。外加開水五磅，用掉一毫半，石鳥歸巢十支裝香煙一包，支銷一毫。九九歸原，七毫半子剛剛夠數。」

「人不是單靠麵包和水就能活下去的，是嗎？房錢呢？交通費呢？毛巾、牙膏、肥皂呢？剃頭錢呢？喲喲，算起來那麼一大堆！都不花錢的嗎？」

「房錢嗎？小姐你眞闊氣。樓梯轉角都是流浪漢的家。港九兩地，住這種免費宿舍的，少說點也該有十萬八萬。兩塊麻包，一墊一蓋。頭這麼一歪，兩腿一伸，人老早已經騰雲駕霧囉。——妳以爲世界上最好的床，是那些軟綿綿的洋盤貨嗎？咱們的床，千金不換！」

他那個滑稽動作，表情十足，六個人噗哧一聲，全逗笑了。

「是的，床是無所謂的。」柳千城從大眼鏡上邊斜瞧著他，眼睛白多黑少，一副尋窮開心的刻薄相。「你是游泳健將嗎？」

黑漢子的思路顯然觸了礁。「我不懂妳的意思？」過了半晌他才遲遲作答。

「渡船費總該無法免吧。餐搞餐，頓搞頓，那你如何渡海啊？」

「飯票子是我的總預備隊，渡海哪，毛巾牙膏牙刷哪，天雨停工時的伙食費哪，羊毛全出在羊身上。嘻嘻，天無絕人之路。老天爺早已給咱們開了張後門。」

「那麼，剃頭呢？像你先生這個頭……。」

「營裡邊剃頭便宜不過，兩毫子剪個燕缽頭。若要講究，再添兩毫子可以修面刮鬍子。」

「這種香噴噴，油瀝瀝的頭，恐怕四毫子辦不到吧？」

「破天荒開了次洋葷。」黑漢子坦率地說：「可是那也有段古。不獨剃頭免費，而且還相送茶資兩元。」他說著說著。摸出一個紅封套以資印證：「哪，就是這個！」

全船的人起了一陣輕微的騷動，然後，又突趨沉寂。大家聚精會神，聽他慢慢講那段「古」，都不免笑逐顏開，有了意想不到的收穫。

百年不死總有笑掉大牙的奇事發生。原來這段「古」是這樣的：

今天他想告半天假回營換飯票。頭一抬，太陽差不多當中了。心裡著急，眼睛發黑，一錘子敲在左手上，幾個套了橡皮管的指頭，突然一陣酸麻。褪下橡皮管，好彩之至，並沒有做「紅白喜事」，不過開了「染坊」。——他邊說邊當場表演，六個聽眾齊聲叫起來。

既然開了「染坊」，當然提早收工。他揹了道具，從利園山口拐向銅鑼灣怡和街。經過一家上海理髮店，一個眉清目秀的後生，老是對住他東張西望。「也許鼻子上搽了點什麼？」當時他想，連忙用衣袖抹臉。落後一想又覺得不對頭，像他那張非洲臉，恰好和一切的黑東西稱兄道弟，顯不出特色來的。「難道對這個怪頭感興趣嗎？」他暗忖。那後生對準他笑，他也只好陪著傻笑。「其實那又何必呢？」他說：「這個頭是去年逃難時剃的，在長沙小吳門外一個小理髮店開的光。到今天，算一算，已經六個月零八天。他媽的就是這點子巧，人一背時連鬍子都精黃精黃的，而且向外邊翹出去，說不定他看中了我那把翹鬍子。」於是，鼓眼翹鬚，低頭走路。

想不到後生一把將他抓住。「調景嶺的難胞嗎？」後生問：「難胞又怎麼樣？」他理直氣壯地答。「敲石子做零工是正當職業，不要像抓扒手一樣的抓我。」後生笑得很和氣：「想請您賞光。剃個發財頭。」黑漢子木了，他明明知道口袋裡只剩六毫子，喊聲答應下來，一定會出洋相。「你知道頭髮可以保護腦殼，避免日晒雨淋嗎？頭是不能剃的。」他極口推脫。後生高低不依。也許他眞的動了慈悲心，立志行一次慷慨：「太長了像個長毛，那是不太雅觀的。」後生瞥了瞥他，同情地說：「讓兄弟爲個小東，萍水相逢，也算結交個朋友。」兩位小姐望住四位先生，吃吃地笑起來，故事莫名其妙地打斷。

戴英順手遞過一支「駱駝」，黑漢子接了火，吸得又急又深。

十二隻眼睛滴溜溜地隨著他的香煙頭轉動，他只好硬起頭皮講完故事的下半截。

他被拉進理髮店，坐上轉椅，打手巾把子的、敬煙的、修指甲的、擦鞋的，全湧過來了，招待得特別慇懃。他的心卜卜亂跳，臉上麻辣火燒，不曉得會出什麼洋相。耳邊廂嗤嗤嗤嗤響了。後生手執自動電推剪，一本正經剪起來。大廳裡平地一聲雷，放了一掛鞭炮，理髮師父，打雜的，歡呼雀躍，相繼走過來送恭喜道賀。「這一下我好比屙屎撿了個聚寶盆，居然成了沈萬三。眞是廣東人所言：老豆姓乜搞不清楚啦！——可惜我穿的是雙球鞋，揩不到油水。」

起鬨的笑聲淹沒了他的話。

「後來呢？」公孫紅小姐好奇地問。

「頂出色的懸疑手法。」歸來鳳幫腔：「假如能夠寫出來，一定是個好短篇。」

黑漢子露出一口堅實的黃牙齒，天眞樸實地傻笑著。「後來嗎？頭剃完了，後生作揖打躬，千恩萬謝把我送出大門，臨行時，塞了一個紅包在我的袋子裡。裡邊裝著兩塊錢，嘻嘻，算是一筆意外的財喜。嘻嘻，」他又靦腆地笑了：「就是這個！」他揚了揚紅包，草草結束了他的「古」。

「這到底是什麼道理啊？」歸來鳳小姐困惑地問。

「道理很簡單。」柳干城代答：「人家是剃出師頭嘛！是嗎？」

「我想大概是的。」黑漢子羞赧赧地搭拉著頭。其他的人，又捧腹大笑起來。

「聽你的口音，」柳干城說：「好像是長沙人呢？」

「不錯。家住嶽麓山左家壟。」

「那我們是小同鄉。」公孫紅小姐插言。

「我也算半個，」柳干城湊趣地說：「原籍湘陰。家住長沙韭菜園聖經學校附近。同鄉貴姓？」

「姓趙，名叫趙天一。」黑漢子隨口敷衍著。同時把頭抬起來。「啊哈，你們看，天后廟後邊的那兩株木棉開得眞茂盛，紅通通的，春天到底是春天啊。——這是三毫子船錢，勞你的駕。」他信手塞到戴英的手裡。

戴英正掉轉頭去，出神地欣賞著木棉。紅艷艷的，孤高挺拔，眞有點兒英雄氣概，他想。驟然覺得掌心裡多了點東西，下意識地瞥了瞥手心。「那算什麼呢？」他突然粗暴地嚷起來：「不，一定不！」他把三個小毫子遞還。

趙天一並沒伸手接錢，三個小毫子滴滴答答滾落在船板上。艇婦伸篙，小船搖擺著，攏了岸。

趙天一縱身跳上岸。頭也不回，邁開兩腿匆匆趕路。大家望著他那龍騰虎躍，精力飽滿的背影，不知不覺都咂起舌頭來。

「這正是我們要找的年輕人囉。」史千秋說：「戴英，你是運動健將，想法子趕上去把他留住。」

戴英爬上船艙，躍上碼頭，一個箭步衝刺過去。其餘諸人，陸續沿跳板走上鯉魚門碼頭。

在上山的黃土小徑上，兩名壯漢肩併著肩，開始談判。聲音在一遞一句之間，慢慢高亢起來。

「三毫子不夠嗎？」趙天一白了戴英一眼：「再添兩毫也無所謂。」

「我們是初到調景嶺來的，希望你帶一帶路。」

「跟在我屁股後面爬不就得了嗎？」趙天一說，細碎的步子愈發加快了。

「小姐可跟不上啊！」

「活該！──狗戴金圈，有錢的畜牲！」

「你怎麼可以開口傷人？」

「喊聲三點鐘之前趕不到大坪，四月份的飯票，白白裡糟塌啦。」

戴英看了看腕錶。「現在已經兩點五個字，恐怕不容易趕到啊。」

「綽有餘裕。」趙天一充滿自信地說。「第一次衝鋒到鐵爐十分鐘，第二輪衝鋒到山坳盤查哨十分鐘，再有八分鐘，人就哈虎哈虎插進飯票的長龍，遞上手本，爲斗米折腰。──對不起，衝哪！」

他的話還未落音，人已面朝黃土背朝天，彎成一把弓，發足狂奔。戴英來不及阻止，已落後六七丈遠了，只好捨命相從，緊追不捨。兩人一前一後，動作十分合拍。從山嘴遠遠地望上去，宛如跑狗場中，獵犬追逐著雷兔。

十分鐘不到，趙天一進入鐵廬，倚著粗短的杉木柱子，呀開嘴巴喘牛氣。所謂「鐵廬」，是半山上挖掘的一個窯洞。窯洞開在一個饅頭式的黃土堆下，高約八尺，廣約兩丈見方。洞口門楣上嵌著一塊松木匾額，上鐫兩個自我作古蝌蚪文。有的人認作「鐵廬」，有人認作「鐵庵」，好在主人夫婦識字不多，隨你怎麼稱呼，他倆總是笑嘻嘻地奉上紅茶一大碗，麻花、大餅、油條一盤，薄利多銷，賺點蠅頭小利維持生活。

茶寮就是在窯洞口搭蓋的一個茅草棚。支撐門面的兩根杉木柱子，又粗又短，拙劣不堪。茅棚裡邊有四張用青石塊砌成的矮桌子，和一些長短參差不齊的矮凳子。矮凳子用整段木頭鎅成兩邊，擱在石堆上，一切都帶有原始的粗陋的情調。香港十里洋場，「鐵廬」可謂別具風格。

趙天一奔進茶寮，倚柱喘氣。掌櫃的那張紫檀色寬大面孔，笑容可掬，從窯洞裡迎了出來。「嗨，又是你，老趙。」他手舞足蹈地嚷：「未見其人，先聞其聲。風箱拉的呼呼聲，後面有追兵嗎？」

趙天一用袖子揩抹著滿臉的汗水。「追你老婆。」他在齒縫裡罵。

掌櫃的仰起脖子呵呵大笑。「後面一瞧，值的八百吊：前面一瞧，嚇一大跳。老趙，來來來，飲碗茶解解渴。燒餅油條，新鮮的……。」

「暫時寄下。」趙天一打斷了他：「等會子轉來時，再來奉擾。」

「過門不入，太見外啦！」

「飯票還沒換哩。」

戴英正在此時收步，施施然踱進茶寮。

「別緊張！」他氣咻咻地顫聲說：「從容幹好事，一切都得慢慢來。」

「喊聲飯票子過了河，你捧住屁股喊黃天吧。」

「九塊錢的事，小意思。如果耽誤了你的飯票，我願加倍賠償。」

「無功不受祿，橋歸橋，路還路，總而言之我要再打一次衝鋒。」

戴英攤開兩臂把他攔住。「長說短說，好歹吃點喝點再走。——這個東我爲得起。」

掌櫃的上下打量著戴英。「你的朋友嗎？」他猶豫了一下子問。

「同船來的。」

三個人同時縱聲大笑起來。

「十年修得同船渡。」掌櫃的認眞地說：「既然如此，你也不必過於執古。來！」他猛拍了一記肥巴掌。

「屋裡的聽清楚，新起鍋的油條、麻花，送一大盤出來。——鵝毛人情，不成敬意。兩位統請。請，請。」

趙天一硬起頭皮，坐到靠窯洞右邊的那張石桌子後邊，呼魯呼魯連灌了兩大青花菜碗紅茶。然後又席捲著盤子裡的油條和麻花，燙得嘴巴歪到一邊，吃相不太雅觀。戴英的肚子裡已經裝滿了油水，他用欣賞的態度瞧著趙天一那種饕餮的樣子，只偶爾撕下小半截油條放進嘴裡，聊資點綴。

「生意相當清淡啊！」戴英開言。

「那倒不見得，」掌櫃的說：「此刻營裡的人剛丟下碗筷，活動還沒開始哩。」

「再過刻把鐘奇蹟就會出現的。」趙天一插說：「盲公和瘸腿婆還在送菜送飯嗎？他們倆公婆一路過，生意就開始打湧場了。」

「風雨無阻，眞有恆心！」掌櫃的答。

「眞有良心。」趙天一校正他。

「那爲什麼？」戴英問。

「剛才你走過這條山路吧？」趙天一說：「那才叫做人類的偉大傑作。」

戴英譏刺地瞥了瞥他。「是的，偉大的傑作。黃土僕僕，寸步難行。」

「十室之邑，必有忠信；十步之內，必有芳草。」趙天一正色道：「像你們這班著西裝，打領帶，穿皮鞋，打靴油的傢伙，那裡懂得世道艱難？」

戴英勃然變色。「你，你，開口閉口訓人！」

「誰對這條良心路抱怨，老子就通他！」

戴英碰了一鼻子的灰，眼睛瞪得像烏眼雞一般，正待發作。「嗨，老趙。」掌櫃的排解道：「不知者不罪。別腦子裡排洋灰肚子裡裝炸藥，這位先生並不是故意的。」

趙天一感到十分煩躁。並且突然覺得胳窩和頸子癢兮兮的，心知不妙。不耐煩地把「單調西」和破襯衫剮下來，翻開領口和衣袖，用兩隻大拇指指捏著虱子，血漿四迸，畢卜有聲。

「爲什麼這條山路有這麼神聖呢？」戴英忿忿不平地抬頭問掌櫃的。

「咱們從摩星嶺搬到這兒來，一片荒山野嶺，啥路都沒。幸虧有四位難胞 ─ 他們是兩對老夫老妻，住大坪殘廢棚的 ─ 立志開路。喂喂，請看，這是一對。他們是負責送茶飯的。一日兩頓，衝寒冒暑，不誤時刻。」

戴英隨著他的手指頭望過去。見一行五人，正從天主堂背後的陡坡上，匆匆走過來。穿過盤查哨，在一塊巉岩前咕噥了一小會。三個焦黃色臉上冒著同樣霧氣的漢子，把食盒和瓦包壺遞到瘸腿婆手上，折向茶果嶺山徑。然後是盲公揹著瘸腿婆，顫顫巍巍，一滑一溜，向通往鯉魚門這邊的山徑走過來。

「你先生已看到了一半。」

「夠辛苦啦！」戴英不免肅然起敬。

「另一半更辛苦。他們是負責開路的。男的是啞吧。女的是獨臂，日日夜夜這麼挖，連大氣都不吭一聲。」

戴英恍然大悟，怒氣全消。「這就難怪了。」他說：「信心是可以產生奇蹟的。我對這條山路如今也有了敬意。」

三個人停止談話。開始沉默。

盲公揹著瘸腿婆，慢吞吞地經過茶寮。她的手上，食盒和瓦包壺晃盪著，像博浪鼓似的。嘴裡不斷尖嚷：收步。斜坡。左半步。右半步。岩頭。尖石。上坡。左轉。右轉。收小步……。等等，等等。——人們永遠無法體會到以嘴代眼的那種痛苦，四個人加起來才等於一個完整的人。然而信心和愛，卻彰顯在這四位殘廢難胞的身上。它點燃的是人間的希望，是人間的溫暖！它把「愚公移山」的古代寓言推到我們跟前，好讓我們這班著西裝、打領帶、穿皮鞋，打靴油的腳色，顯得微不足道。

掌櫃的照例用舊報紙包起幾根麻花、油條，將蓆草挽了兩道，一拴一勒，掛到瘸腿婆的手指上。「不歇一歇嗎？」他笑嘻嘻地問。

「不囉，謝謝！」瘸腿婆說：「他們正等著哩。」

當這對夫妻隱沒在小丘下邊時，張大衛、柳千城、歸來鳳、公孫紅和史千秋，零零落落地出現了。兩位小姐香汗淋漓，嬌喘不停。掣出小手帕不斷在嬌紅臉上揩抹扇動。春陽喧麗，輕風拂髮，空氣中飄散著陣陣甜香。——脂粉、香水，和淫慾味，突然搔癢著趙天一的鼻子。

「好熱！」歸來鳳小姐尖聲說：「眞熱！」她補充：「好像是夏天的光景。」

趙天一把「耶穌幫襯的」爛西裝和破襯衫揉成一團，塞到屁股下邊墊坐，頭怪不好意思地低下來。黑臉上的尷尬表情我們無法捉摸，但交抱在胸前的粗壯的手臂，肌肉在忽張忽弛，結實的毛茸茸胸脯在一起一伏，這些反射動作卻告訴了我們一些什麼。

「路太難走了。簡直不像路。」公孫紅小姐喃喃地咕噥著：「又是尖石，又是……。」

戴英連忙遞眼色制止她。「鍛鍊鍛鍊也是最好的，」他說：「要不然，吃飯不曉得米價錢，反爲不美。」

「鍛鍊什麼？」公孫紅小姐繼續說，略顯臃腫的橢圓形臉上，出現了不耐煩的表情：「不過叫人多死幾個細胞！」

趙天一咬了咬牙巴骨，抬頭逼視著她。「這種新名詞我們也懂。」他冷冷地說。

「我可不能欣賞原始風味。」

「那只是因爲你穿了一雙豬蹄子的緣故。」

「哦——你說什麼？」

「營裡的女人都不穿豬蹄子。」趙天一惡聲相向：「我們有『耶穌』派發的膠鞋，天晴落雨兩用，走起路來輕身快邁，至少不曾把屁股一翹一翹，裝成一副醜八怪的樣子！」

「老趙，你又吃炸藥啦！」掌櫃的提醒他：「各位請隨意坐。」

「你這個人眞是……。」

「富人肚大，窮人氣大，六月間的杉木定了性。……我懶得跟你抬槓。」

「眞是一個頂出色的典型人物。」歸來鳳小姐接住話碴子：「假如他會寫小說，憑他的生活體驗，一定會有成就的。」

公孫紅小姐在鼻子裡笑了一下。「三句不離本行，我看你已經著迷啦！」她說。門牙右邊那顆鷗齒閃著淡綠色的光。

新來的五個人相繼落座，戴英開始派煙。茶寮外三五成群的過客，穿梭般來來去去。有的過門不入，匆匆趕路；有的順便彎進來歇歇腳。四張青石板桌子，逐漸圍滿了客人，掌櫃的笑逐顏開，忙得團團轉。茶寮裡瀰漫著笑談和喘息，汗氣和煙草味。

「趙先生，今天幸會。」史千秋開言，瘦削的狹長臉上擁滿了眞摯的笑，同時也湧疊著皺紋。「這是我的通訊地點，有空給我們寫點什麼好嗎？」

趙天一順手接過名片。「史千秋。」他唸：「民主陣線週刊社總編輯。」

「民主陣線是倡導自由民主運動的雜誌。」史千秋和顏悅色解釋道。「我們有一個專欄，叫做太平山下的小故事，這位小姐，」他指著公孫紅：「就負責這一欄的編務。」

公孫紅躊躇了一小會，從手袋裡也拿出一張名片，隨手遞過去。「歡迎投稿。稿費從優。」

「啊哈，你們的信心眞大。你們知道我會寫嗎？」

「譬如說你那篇『剃頭記』，照直寫下來，已經是很出色的小故事了。」

「總編輯過獎囉。像這一類的東西，半年來領教得實在太多了，眞是多如牛毛，寫起來不知從那裡下筆？」

「只要是眞情實事，」公孫紅輕蔑地說：「文字好壞沒有關係，我會耐心替你修改的。」

「說起來不怕臉紅，」（事實上他也無臉可紅）「叫我拿把計算尺，幫你們胡亂扯扯，包管又快又精確。只是不會寫小故事。而且根本連筆也沒有。」

「厚積薄發，一定是有內容的，」史千秋勉勵他：「我對你深具信心。」

「也許枉費心機，稀泥巴糊不上牆壁。」

史千秋緘默著：「這兒是一對鋼筆，送給你留個紀念。」半晌他說，隔著青石板桌子遞過去。

趙天一接過鋼筆，掂了幾掂。「咦！好重啊。金套派克，送進娘舅店，可以當五十元應急。」

同桌的以及鄰桌的人，全逗笑了。

「我負責中聲晚報副刊，」歸來鳳小姐自我介紹道：「短篇長稿一體歡迎。就是用你那種玩世不恭的風格寫也行。這兒是我的通訊處。」

「剛剛開了一個光，」趙天一習慣地摸著下巴。翹鬍子已經不存在了，只好轉移陣地，摸著後頸窩。「人就無端端發達了。」

「一言爲定…好不好？」

趙天一把三張名片，在青石板上頓了幾頓，揣進黃卡其布褲袋裡。「好當然是好的。大鐵錘能敲出小文章來嗎？我的天老爺！窮玩笑都不是這麼開的。喂喂，總編輯，對不住，鋼筆奉還，人應該守本份。」

同桌的六個人都愣住了。

「一篇文章，也許抵得上你一個月的工錢。」張大衛開導他：「你不可過於執拗。」

「吃自在食慣了，會養得嬌滴滴的。我最怕冒充白面書生，斯斯文文，週身酸氣。」

「黑面書生也可以聊備一格啊！」柳千城托了托大眼鏡，吃吃地笑起來。

「胡扯八拉的⋯什麼時候了？」

「三點過五分。」戴英說。

「好啦，好啦，完蛋啦！四月份的飯票子過河啦。」他一蹦而起，準備開溜。戴英伸手攀住他的肩膊。

「賠了飯票跟你們玩耍，還不夠嗎？」他幾乎吼起來。

「派克可以不要，這二十元，你非要不可，」戴英心平氣和說。「那是有證人的。老板，會賬。錢在這兒。」

掌櫃的腆著個大肚子從人叢中擠過來。「六碗茶，三毫；麻花六件，油條七根，總共一元六。哦，五塊錢太多啦。」

「餘下的是小賬。」

「咱們這兒不作興。」掌櫃的說。探手到後退褲袋裡，抓起一大把銅毫子，一五一十地數了三十六枚，往他手裡一塞。

「我還要爬山啊！」戴英說：「暫時寄在你這兒好嗎？橫直你那隻褲袋可以裝得下一整隻西瓜，多放三五百枚毫子，想必不成問題。」

「只有掛賬的，沒有寄存的。你不好壞我的規矩。」

「你們這兒總該不致於是月球國吧？」

「那也差不多。」

茶寮裡一片哄堂大笑之聲。

「好吧！算我日行一善。」趙天一摸出他那個寶貝紅包，把兩張綠背票換了二十枚毫子。同時把兩張青蟹包起十六個毫子，塞到戴英的西服口袋裡。「跟你平分秋色。大家加緊幾步趕路如何？說不定財星高照，我還可以打個尖，掉換到那張飯票哩。」

趙天一領頭，史千秋殿後，成一字長蛇陣迤邐而行。路上，來來往往的行人絡繹不絕，捲起了滾滾黃塵，海風謖謖地絮語在綠茅草叢裡。

經過盤查哨的時候，這六個衣履光鮮的遊客受到了很有禮貌的盤駁。「都是我的朋友。」趙天一揚手齊肩，向盤查的人打了個招呼：「想到同鄉會登個記。」

「好的，老趙。」哨長說：「今天中午營裡發現有人放毒，幸虧發現得早，沒有釀成慘案。那名放毒嫌疑犯，正捆在大坪自治辦公室裡邊拷問哩！」

「他們是老三，不是老八，我擔保他們不是毒販子。」

「行！」哨長斷然回答。

七個人穿過山坳，沿溪澗小徑，開始向天主教鳴遠中學的操場走過去。

社會是晚娘，大自然纔是生身母。

人自由自在地生活在一個廣大的風景裡，不怕生活如何艱苦，不怕物質條件如何匱乏，人與人之間，到底還有人味，這一點是香港社會完全沒有的。那些蕉黃臉上顯露的眞摯感情，跟「半上流社會」，每個人戴一張面具演戲，畢竟是截然不同的。六個新來的遊客，親切地感受到了這個。

從摩星嶺搬到調景嶺，已經四個月。難胞們的無根生活，不獨慢慢生了根，而且正抽芽展葉，欣欣向榮。一種看不見的野生的力量，蔓延在荒山野嶺之間。每天有新的難胞搬進來，每天有新的建築物出現。調景嶺正在不斷膨脹中。

調景嶺一共分爲五區，區底下有保有甲，最原始的單位是戶。趙天一那個丁方一丈的碎磚房子——蝸廬，座落在吊頸灣畔，遙對著海上的兩個公廁，其編號爲二區一保一甲五戶。

大坪屬第一區管轄，乃調景嶺營的神經中樞。營自治辦公室，老難民棚、殘廢棚、醫療所、調景嶺營中學、小學、救濟會派飯處等等，全設在那裡。所謂河匯川連，萬流仰止。此刻，因人數急遽增加，已無插針餘地。後到的難胞，只好沿大坪的山坡，一直蔓延到砲台殘壘，一直伸延到了當年因營業失敗，吊頸而死的麵粉廠老板，那位美國人的破爛住宅。住宅彈痕纍纍，頹垣廢瓦，怵目驚心。而從鐵幕裡逃出來的流亡群，卻不斷在那些彈痕斑駁的地方，重建起和平的家園。

他們掃除了地下室的蛛網，掃除了地下室中坍塌下來的泥土與破磚，用石灰水塗了塗暗壁，支起幾塊薄木板，就如狐狸一般穴居起來。後來，人漸漸多了，又有些天才們，因陋就簡，傍依著矗立的破垣，或傾頹下來的樓宇，在穴居的人們頭上，用瀝青紙搭起寮棚，聊蔽風雨。看起來雜亂無章，密如蜂窩；究其實則地界分明，井然有序。一批飽經砲火摧殘的生靈，卻在彈坑裡邊安身立命，這不能不說是歷史的諷刺。

二區與三區之間，依兩道小溪爲界。克難橋與忠貞橋，默默地承載著來往人潮，將被溪水縱斷的陸地連接在一塊。沿著吊頸灣邊，架起了八座大葵棚，其編號爲「忠、孝、仁、愛、信、義、和、平」。它們是二區和三區的骨幹，也象徵了中華民國的國魂。大葵棚四週，不規則地散佈著一些瀝青紙A字棚，小泥屋和碎磚房，從山腰望下去，宛如八陣圖。

四區是兩座焦黃的山峰擠成的一個市集，開茶館麵店、賣開水牛乳麥片、賣魚肉菜蔬、賣茅柴、賣食、開雜貨店、洗衣店、理髮店、中藥舖的，都向這區求發展。市集的盡頭，天主堂的葵棚上，國旗迎風招展，明麗莊嚴。葵棚的另一端，是一個白色的十字架，像定風標似的蹲在那裡。

五區與臥龍村，屬化外之區，那裡全是沒有飯票的難胞聚居著，有紙棚，有碎磚房，有竹籬茅舍，也有窯洞。他們像菟絲一樣依附著調景嶺，爲的是生活比較便宜；而香港社會中找不到的溫暖，在那兒還可以找到一些。

人們熙熙攘攘，川流不息。特別是克難橋和忠貞橋下，這時正是最熱鬧的時節。洗澡的壯漢，搗衣的婦女，以及在溪水裡追逐遊戲的孩子們，作踐得溪水黃橙橙的，成了泥漿。水花四濺，喊叫連天。但居然還有三五成群的閒漢，赤膊短褲，坐在礁石上晒太陽，捉虱子；而且談笑自若，情味盎然。歸來鳳小姐對這幅春浴圖格外感到興趣，鮮活的形象貫注筆底，後來成爲她那本散文集子——「雲、海、山」的首篇。此篇曾經傳誦一時，足證這位才女，不虛此行。趙天一推開麻袋釘成的門，將史千秋、戴英、柳干城、張大衛、歸來鳳與公孫紅讓進「蝸廬」。泥地上長了一層白毛，濕膩膩的。碎磚牆上，青苔正從牆根逐漸爬上來，可以嗅得到四月特有的霉氣和魚腥味，大家的呼吸都不太順暢。趙天一迅速地揭開另一個麻袋，露出一個長方形窗口，清新的風和溫柔的陽光一起瀉進來，死氣沉沉的斗室突然活了。

他從行軍床下邊拖出兩條矮凳，先安頓了兩位小姐，然後請史千秋他們坐行軍床。「你們兩位跟我來。」他對柳千城和公孫紅說：「先到湖南同鄉會登個記再說。」

「我們並不急於辦這個手續。」柳千城傲然道：「如果你有事請便吧。」

「我要趕到大坪換領飯票，到同鄉會順路，我可以先陪你們走一趟。」

「別辜負了趙先生的好意。」史千秋催促道：「登個記再回來。我們一起到麵館裡去吃頓晚飯。」

三個人走了。大約過了刻把鐘，三個人又先後返來了。柳千城和公孫紅登記完畢先回，趙天一後到。

「運氣不壞。」他在門口嚷：「趕到大坪時，只剩三個人了。我算背榜，居然領到了四月份的飯票。嘻嘻，運氣不能算壞！」他添說，得意地揚了揚手裡那張黃色硬紙片。

「我倒要欣賞欣賞你這張寶貨。」戴英說：「你今天下午不止談了百遍。」

趙天一把飯票交給他，大家不約而同，圍攏來瞧個究竟。「月初光撻撻，月尾長大痲。」他解嘲道：「三十天六十個格子，一餐扎個洞，這就是調景嶺的生活。」

「機械化的生活！」柳千城調侃道。

「空空洞洞的生活。」戴英眯起一隻眼睛笑。

「這種生活倒也自由自在，至少不必費神撕日曆。」公孫紅插說。

「時間對於我們是沒有多大意義的。」趙天一抗辯道：「你們口口聲聲嚷自由，我們聽起來反而相當刺耳。」

歸來鳳小姐困惑地瞧著他。「那是什麼道理呢？」她問：「難道自由有毛病嗎？」

「你們有撈世界的自由，我們只有餓肚子的自由。刺耳不刺耳，就是這點子不同。再說，你們三句不離民主，那是因爲你們可以爲民之主的緣故。至於我們，我們只能跟在牧師後面，主啊主啊的嚷嚷，無非爲了肥皂一條破衣二件。喊聲運氣欠佳，瘦小子領了胖洋人的西裝，穿起來那裡像人，簡直是蟑螂！」

「話不是這麼說的，」史千秋說：「人都有改善自己生活的能力，自由人的潛力是無窮的，凡事總得朝長遠處想。」

「話不是這麼說的。」趙天一校正他：「大家都不過是混混而已。聰明人奏樂，傻子跳舞。從腳夫跳到敲石子，從敲石子跳到翻垃圾撿煙頭，也許有一天，居然跳出一個沿門托鉢的白粉道人來，那才叫夠瞧啦！」

「何必拿把篩子去戽水，白費力氣！」公孫紅小姐說。「我提議大家到麵館裡去，邊吃邊談。」

「也好，」趙天一說：「肚皮飽了，也許我也能擺一擺爲民之主的好風度的。」

大家魚貫而出。

「你現在的工作地點是…？」史千秋掉過頭去問。

「銅鑼灣利園山打石場。」

「以後，我們請戴英兄跟你聯繫。希望你忙裡偷閒，爲民主陣線寫點什麼。」

「此人力氣有餘，理想不高。」戴英率直說：「這是另請高明吧。」

「民主取決於多數，但也尊重少數。我們必須學會容忍反對的意見。」

「說什麼我也不幹。」

「那歸我負責好了。」歸來鳳小姐自告奮勇地說。

「我們名單上的人，一個也沒有接頭哩。」張大衛不耐煩地說：「偏偏你看中了這麼一個人！」

「等會兒吃完飯，大家分頭辦事啦！」史千秋說：「吃飯的時候，別再舌劍唇槍，風言風語傷人！」

「我拒絕跟你們同席，」趙天一大聲說，油黑的脖子上，靜脈管畢露：「而且禁止你們找我。」

他說罷這話，三腳兩步返回蝸廬，砰通將房門關上。史千秋百般勸慰，他再也不露面了。

第十二章

由於歸來鳳小姐的高度熱忱，不厭其煩，頻頻催促，趙天一這怪物居然先後交來兩篇「太平山下的小故事」。一篇是「剃頭記」，另一篇是「修路記」。惡褚粗毫，墨精氣味像臭魚，中人欲嘔。弄得公孫紅小姐只好拿薄荷碇塞住鼻孔，才能勉强讀完這兩篇「臭文」。

她最擔心這兩篇饔菜文章，不成文理，要像小學生作文卷子一樣通篇删改。因此，她一開始就豎起了紅色原子筆，想給史千秋一點點顏色，同時，也想給歸來鳳一個下馬威，免得她再多管閒事。

可是，天下事眞難說，文章並不需要更動多少。就是她動用過編輯權力的地方，仔細一想，不見得比原文出色，終於又勾抹掉，保持了作者的怪風格和眞面目。

「也許是來鳳做的槍手，」她想。「但是那股子粗獷氣概又跟歸來鳳的性格截然不同。」她繼續想。滿腹狐疑，躊躇不決。

史千秋雙肘支撐在鋼檯子，兩個拳頭在額角上揉來揉去，兩篇文章把他弄得頭痛欲死。

第二篇叫做「高舉起自由民主的火炬」，是夏青萍社長的大手筆。通篇口號，但不誠無物，空空洞洞的，始終不著邊際，早一百年寫出來固然並不嫌早，晚一百年發表也並不嫌遲。然而不能不發排，並且在禮貌上非排在

第一篇不可。

第二篇屬特約撰述性質，題目是「論中共的土改」。文長兩萬字，是名符其實的王大娘的裹腳布，但必須分上下兩次刊完。

「我是在辦雜誌，不是辦報銷，」他忿忿地敲打著前額：「叫我怎辦呢？叫我怎辦呢？」他輕輕嘀咕著。

「趙天一那兩篇文章還過得去嗎？」他煩燥不安地問。

公孫紅小姐驀然回頭，瞥了他一眼。

「勉勉强强。」

「有法子修改嗎？」

「那倒不必。」

「『剃頭記』有多少字？」

「四千字左右。用十行紙寫的，暫時還沒有算出來。」

「那篇『修路記』呢？」

「稍微短一點。」

「謝天謝地。裹腳布把我纏慘了。」

「您要過一過目嗎？」

「五點截稿。用與不用，你全權處理吧。」

公孫紅小姐草率地處理好稿件，摜下紅筆，抬起雙手掠一掠髮邊。一連串嬌慵疲憊的呵欠迴盪在空闊的編輯室裡，增加了編輯室的沉沉暮氣。

她仰頭瞥了瞥電鐘，電鐘四點七個字，距離正式下班的時間足足差十一個字。週刊社的編輯老爺和出版社的老爺編輯，以及資料室的太爺們，老早已經溜得精光。「大家混混而已。」她氣忿忿地想起了趙天一這混蛋小子。「混得好，混得壞，那是運氣問題。然而結成一幫撈世界總比跑單幫佔便宜。如今誰有山頭，誰就可以關起門來稱孤道寡，這是竅門。」她繼續發悶脾氣，想。「趙天一他——」這四個字她終於喃喃地唸出來了。

「老天爺怎麼的？」史總編輯好奇地問。「我比你更看不順眼啊。」

「這那兒是辦文化事業？簡直是辦報銷。」

「凡事盡其在我，」史千秋瘦削的馬臉上，混雜著痛苦而疲倦的表情：「假如我們失敗了，不必怨天，也不必尤人。我親切地感到這個團體，似乎缺少了一點什麼。」

「也許只是一個誠字。」

「對！」史千秋拍打著桌鈴：「對極了！對工作無誠，大家就做天和尚撞天鐘，敷敷衍衍鬼混。對同事無誠，彼此就爾詐我虞，各懷鬼胎。對團體無誠，這兒就是旅館。過往的客人在此一宿兩餐，漠不關心。」

公孫紅小姐怯怯地掉轉頭去。「要飲杯咖啡嗎，總編輯？」她好心地問：「你的身體還沒完全復原，一切還是看開些的好。」

「不，謝謝。咖啡只能增加煩躁，然而我們就認為是興奮。你看，這個民主旅館越來越不像話啦，怎麼連兩個小工也提早下班啦？」

大概過了五分鐘，編輯室的玻璃彈簧門乒朗推開了。一個穿短褲背心的後生，嘴裡哼唧著西皮倒板——一馬離了西涼界！肩膊一聳，身子一矮，右手神氣活現地揚了幾揚，闖出馬門。

史千秋睹狀，勃然變色。

「阿梁，你也忒沒禮貌啦！」

「是，總編輯，」阿梁沮喪地答。「我不曉得是您叫我。」

「誰在這兒都是一樣，何況這兒有小姐！」

小姐又怎麼樣？除了你這癆病鬼，其他的人，哼，見多啦，他在心裡嘀咕。偷眼瞧了瞧史千秋的激動的嚴厲的馬臉，好像是良心發現，不好意思頂嘴。叉腰低頭而立，等待吩咐。

「這是十一期的民主陣線。剛才野風印刷廠有電話來催稿，你快點送過海去。」咳嗽打斷了他的話：「太平山下的小故事整理好了嗎？」他問公孫紅小姐。

她把一疊十行紙反手送到史千秋的鋼台子上，濃郁的死魚味撲進了他的鼻孔。輕微的咳嗽加劇，成爲嗆咳。連忙用手帕捫住口鼻，兩道劍眉委屈地皺起來。

「文章雖好，氣味難聞。」公孫紅笑嘻嘻地說：「明後天校對時，總編輯的耳朵，說不定會發燒的。」

史千秋把稿子摺疊好，套進大牛皮紙公事信封。拿三角嘜漿糊封好，在封口兩端各簽了一個史字。看了看腕錶，用紅原子筆在信封背後加簽了四行英文。

Manuscripts.

Vol. I. No. 11.

The Democracy Front Weekly.

Apr.13, 1950.

然後，交給阿梁，並且鄭重其事地說：「限五點三十分以前送到。」

阿梁又多看了這個「聖人」一眼。何苦呢？他想。譬如「睇波」，你這一隊的球員，踢的都是毛波，而且慣於射自已的球門！如果事事認眞，包算叫你活活氣死！他帶著又好笑又好哭的滑稽神氣，身子一幌，不見了。彈簧門在他背後開關著，遺留下空虛和冷漠。

「晚上夏社長請客，您去不去？」

「疲倦得要死。我不想去了。等會子你見了青萍，請代致謝意。」

公孫紅小姐打開鱷魚皮手袋，摸出粉盒按開盒子，將粉拍在粉餅上邊磨了幾圈，輕輕地在高高的鼻樑兩邊擦抹著，然後移到了橢圓形臉蛋上。於是，圓鏡子裡反映著一張開始發胖的臉，和一雙輝耀著生命火花的眼睛。她眨動著睫毛，火花熄了。雪白的門牙微咬著下唇皮，露出半截齲齒笑了笑。在這毫不經意的小動作中，表露了女性的矜持與堅決。湘女是多情的，但也是堅強不屈的。短短幾秒鐘，也典型地表達了這個。

「讓我送你回家去，」她啪的一下關閉了粉盒：「再到夏公館去點一點卯。」

史千秋倚著鐵柵門向公孫紅小姐揚手道謝。的士絕塵而馳，停在夏公館的台階下。她付了車資，鑽出來，隨手把車門碰關。整理了一下旗袍下擺，拾級而登。

此時已華燈初上，外客除許虹小姐以半主人半客人的身份早早光臨之外，連慣於幫閒趁食的陳思敬、張藝靈等，也還沒有發駕，可是夏青萍博士旗下的大將，差不多都到齊了。

夏公館的前花園和後花園，佈置得煥然一新。通達到正廳的水門汀路上，加蓋了一條天藍色尼龍拱型捲棚。新修剪過的矮冬青，夾道而立。矮冬青外，松針謖謖，翠竹漪漪。暮色在碧綠的草地上，在扶疏的花木之間蒙著一塊半透明的輕紗。霧氣冉冉上騰，游泳在群芳之上。而樹杪林間雜綴著的小電燈泡，五顏六色，閃爍不定，點染得暮色和霧氣，成了一塊塊天然的調色版。

夜風絮語在花叢裡。夏公館的圍牆內，正關閉著一個百花齊放的永恆的春天。氣派之豪華，就是在九龍塘高尚住宅區，也算是首屈一指。

公孫紅小姐剛走進捲棚，劈面撞著民主出版社總經理婁直朋和民主陣線編輯舒遲，併肩而行。兩個人一高一矮，一瘦一胖，相映成趣。他倆正交頭接耳，私下裡在談論什麼，樣子頗爲神祕。見她走來，停止說話，點頭微笑著打了個照面，閃開一條路放她走過。

捲棚的另一端啣接著陽台，乳白色的球型燈在陽台下朗照著。夏青萍博士雙手剪在背後，來回踱著方步。人逢喜事精神爽，今晚他打扮得特別光鮮體面，從頭到腳，裡裡外外都是一身新。格外出色的那套蘇格蘭格子呢西服，使肥厚寬闊的背部異乎尋常，遠遠地望去，正應了上海人嘴頭子上刻薄人的那句粗語 — 十三塊六角。

這形象使公孫紅小姐笑口吟吟，頗有點兒失態，心裡發慌，踏著飄滑的細碎的小步子，想衝過這道難關。夏青萍博士也許聽到了她那篤篤的高跟鞋聲，突然撇轉身來，「十三塊六角」隱居幕後，鼻尖上那幾粒白痲子生動地推向前台。

「一個人來的嗎？」夏博士厲聲問：「史總編輯呢？」他又追問了一句。

公孫紅爲了掩飾自個兒的窘態，極力伸出上嘴唇，企圖跟下嘴唇抿合。可是她的牙齒有點兒暴，不容易合得攏，心裡越發慌了。

「千秋怎麼還不來？」

「哦哦。他有病。」

「你也病得不輕哩。不是心病，定是耳聾。」

「社長您…。」

他做了個劈柴的手勢，劈斷了她的話。「我怎麼樣？」他氣沖沖地說：「要請的，一個也沒來；不要請的，全來了！」

「既然不受歡迎，那我只好告退囉！」

「且慢，」他拉下老板架子，機械地笑著：「今兒晚上，霍顧問要陪一位美國朋友赴席，不管花瓶草瓶，總得要你和來鳳充充場面，最要緊的是你們不可開罪客人。」

「那又何必先來個猛虎洗臉呢？」

「不先給你一點顏色，你是不容易就範的。」

公孫紅小姐狠狠地白了他一眼。「您當然曉得的，我的英語蹩腳死啦。來鳳一個人陪陪不成嗎？」

「她還是個大閨女啊。喊聲給老師知道了，我擔當不起。」

「總而言之我不幹！」

「回答得很乾脆。明天起，你最好停止辦公。」

「這也是編輯工作之一嗎？」

夏青萍的白麻子綻出了紅花。「我頂討厭別人討價還價，」他說：「要吃飯，最好彼此遷就幾分。——世界上有許多路子，不把肚皮貼著地，是爬不過去的！皇帝不差遣餓兵。事情辦得好，送你一個兩克拉鑽戒。」

「重賞之下，必有勇夫。轉送給許虹小姐得啦！」

「那怎麼可以！」他的胖臉上一陣紅，一陣白，表情十分尷尬：「面子上如何掛得住？」

「這又奇啦？人家是吃這行飯的，面子上倒掛不住：不吃這行飯的，面子上倒掛住了。只怕八個大金剛，抬不走這個理字。」

「既然如此嘛，好吧，——讓我考慮考慮，」夏青萍用巴掌打著額頭。突然，他的眼睛放亮了，彷彿落水的人抓到了救生圈。「馬上通知直朋一聲，我有話跟他商量。」他壓低嗓門機密地吩咐。「喂喂，鄒司令，香港小姐，失迎啦！」他興高采烈地迎上去，禮貌週到，鞠躬至膝。

公孫紅急忙穿過陽台，踅進草坪。在大門口跟婁直朋咬了一陣耳朵，頭也不回地走了。

鄒司令一手挽住劉情，一手挽住夏青萍，大踏步走著。「這兒佈置得多妙。你老兄眞有一手！哈哈。今晚眞是盛會啊。」

「好說，好說。司令賞光。」夏青萍心不在焉地敷衍著，同時隔著「琵琶」跟劉情眉挑目語。「太座怎麼不來？」他忽然露出馬腳，欲待改口已經遲了。

「嗨！豈有此理！」司令鼓眼暴睛，平地一聲雷。「當著香港小姐的面，怎麼可以太座太座的？要剃我的眉毛嗎？」

「該死，司令，眞該死！」夏青萍博士作揖打躬陪小心。

「司令該什麼死！」鄒又紫越發怒氣沖天了。「老子吃的是金，屙的是銀，死不到那兒去！」

達官貴人們永遠是終身職哩，夏青萍從眼鏡上邊白了他一眼。「對不起，司令。順口溜慣了，這次恐怕說歪了嘴。」

「完全是個歪嘴和尙，唸反了經。」

劉情小姐吃吃笑起來，把劍拔弩張的火藥氣味給沖淡了。

「鬼丫頭笑啥？」司令偏過頭去問。

「嘻嘻，連戒嚴令也不禁止小姐們笑啊。」

「再這麼目無…。」司令的思路突然觸了礁，頓住了。

「目無橄欖頭，而且患色盲紅綠不分，」小姐披了披大嘴。「一定抓起來槍斃！」

「又在出我的洋相嗎？」司令詢問似的盯住她。「胳膊老喜歡朝外邊彎，喫裡扒外的騷娘們。」

「哦哦，我吃了豹子膽，敢在太歲頭上動土嗎？」

「諒妳不敢。」

「你也別把夏社長的好心當狗肺，淡吃啦。」劉情撒嬌撒癡勸解道：「公不離婆，秤不離鉈。小腳老太婆就是你的命根子。圈子裡的朋友，誰個不知，那個不曉？還用得著大發雷霆？」

「嗯嗯，我最討厭人家才吃三天飽飯，就得罪伙頭軍。」

夏青萍博士咬牙切齒，怒不可遏。「妻財子祿，命宮安排，別不識抬舉。」

「如今上了岸，就擺起臭架子，是不是？」

「隨你的便。—— 馬屁沒拍著，倒被人踢了好幾蹄子，算我倒楣。」

司令呵呵大笑，見風轉舵。「常言道：相隨百步，也有個徘徊意。說完算數，不必存個芥蒂。哦哦，民主運動的健將們到齊啦，我們先走一步。」

夏青萍博士驀然回頭。胡奇遇、張藝靈與陳思敬，在婁直朋和舒遲的殷懃招待下，正施施然踱過來，四大民主健將正春風得意。這個時代的民主，難免沾帶點陰陽怪氣囉。然而女權高張，未始不是當代和平的福音啊！他這麼想著，人已經竄出了好幾丈遠。司令出神地瞧住他那肥厚的背部，似乎別有會心。一連打了好幾個哈哈，攏著劉情的圓渾而肉感的手臂，踱到大廳裡去了。

「我以爲你們不賞光哩。」博士笑容可掬，急步迎上去。

「好說，好說。」胡奇遇陰陰鷙地微笑著，沒有掀動厚嘴唇：「每請必到，盛情難卻。」

「爲什麼你們到得這麼遲？」博士跟客人逐一握手。

「還不是等小姐化妝，」胡奇遇代答。

「那麼她們呢？」

「正找地方停車。你當然曉得，我們黎老板，就有一鋪前呼後擁的怪癖。這個社會的雀子，專揀旺處飛。她們不跟他，難道跟我們這些空心老倌喝西北風？」

博士保持緘默，陪客人穿過尼龍捲棚。「請，請！」他伸出右手，行了個宮廷式大禮。「這兒的家，也就是你們的。大家一定要自由放任，才能見個情分，彼此有光。」

胡奇遇把博士當場提昇一級。「謝謝你，大使先生，外交詞令很不壞，洋大人面前多多施展施展，也許他吃了你的橄欖灰，會回出味來的。」

「戴英、柳干城兩位，」博士提高了一個音階，招呼亨哈二將：「請你們暫時陪陪。」

「這個不必，」胡奇遇平抬著的肩膊，傾斜了十五度左右，瞥了瞥他。「咱們都是自得其樂的人。禮貌過於週到，反而覺得不自在。」

此時，鐵柵門外，已經開始打湧場。客似雲來。博士抖擻精神，忙於迎新送舊。「老弟你進去代我張羅張羅，」他支開舒遲，同時用目光俘虜著婁直朋：「你還要替我辦樁小事，咱們邊走邊談。」

婁直朋轉身，兩人併肩踱向大門。一高瘦，一矮胖：一個走路像鷺鷥，另一個走路像火雞，直線和曲線出色地各佔半幅畫面，十分之生動的立體派構圖。

「哈德門是咱們的頂頭上司，」他急不擇言，開門見山說：「他第一次到東方來，別讓他失望。」

婁直朋搔著馬鬃式的短頭髮。「我，社長，有什麼能夠效勞的嗎？」他猶疑地說。

「你當然不行，」博士笑得很神秘，幾粒白麻子尷尬地在鼻尖上打著紅圈：「外國人都喜歡眞刀眞槍上陣。特別是美國人，說幹就幹，劍及履及。而且你的英語也開不得口。」

婁直朋一臉通紅，尖腦袋上像揭開了蒸籠蓋，熱氣直冒。「既然如此嘛⋯那只有來鳳可以獨當一面。」

「不行！老頭面前我可交不了差。」

「你心目中看中了誰？」

「我屬意香港小姐。她名氣大，經驗豐富。應該屬於上上之選。」

「可惜她被老厭物纏住了，脫不得身的苦。」

「損人利己。黑吃黑的道德標準就是這樣，」博士的蘇北官話益發急促了：「我們必須調虎離山，先把鄒又紫轄制住。」

「哦哦，那是可能的嗎？這個對頭可不是好惹的。」

「唉，你又迂了，」博士說：「人皆有弱點，是嗎？他怕老婆，這是他的弱點，我們要想法子對準他的弱點進攻。」

「辦法呢？」

「不準打岔，」博士正色道：「第一，你先把劉情弄出來，我當面跟她懇切磋商磋商。喊聲談攏了，我打手勢通知你。」

「嗯，嗯，」婁直朋在喉管裡漫應著，把溜到嘴邊的話，又強嚥下去了。

「然後你進行第二步動作，向黎發財老板打聽鄒又紫的電話號碼。捏造假情報，騙小腳老太婆趕過來。」

「如果她不在家呢？」

「上窮碧落，下至黃泉，你總得想法子找她來點卯。這是成敗關鍵，不能大意，也不好大意。知道了嗎？」。

「是，是，我量力而爲。」

「先標住鄒又紫，才有機會插上一腳，戲他的姘頭。哈囉，黎總經理，」他突然眼睛發亮，滿臉堆笑，揚手打招呼。

「來遲了一步，」黎發財老板笑咪咪地說：「客人到齊了嗎？」

「差不多了，」博士鞠躬至膝，執禮甚恭。「直朋，你去叫一聲來鳳和許虹，請她們出來迎賓。」

「那用不著，」黎太太微翹著夾下巴阻止他。雪白粉嫩的胖臉上，漾動著明燦的笑。

和合二仙，笑容永在，婁直朋想。撇轉身去，抓耳撓腮樂不可支，陣陣甜香從背後飄送過來。

博士閃在一邊，讓黎太太率領韓水湄、藍玲、石蕙、柳鶯、徐劍蘭等先行，他和黎老板攜手後行。

「我要照抄青山酒店你那篇文章，」博士悄聲說：「請暫借一步。」

黎發財老板會意。「檳榔，」他嗲聲嗲氣喊。「你們在客廳裡等我，我想到花園裡蹓躂蹓躂。」

「你這人就喜歡節外生枝，任性亂闖。」黎太太掉轉頭來，桃花上臉，笑得十分之嫵媚。

「有事嘛。」

「有事請便，」她坦率地說。領娘子軍，逕直走向大廳。

博士和老板，面對面站立在捲棚當中處。

「碰到困難嗎？」老板問。

博士默然點頭。「哈德門好的是那個，」他指點著娘子軍的婀娜背影，神秘地說：「可是我供應不上。」

「小意思，不必操心。」

「今晚我想借俱樂部招待貴賓，是不是要好好佈置一下？」

「行。一塌括子歸我負責，我馬上打電話叫她們加緊準備。」

「另外還有一件事，」博士訥訥不好意思出口。「我想借香港小姐一用。」

「那有什麼不可以？橫直人是賣的。誰出得起銅鈿，誰就可以調派她。你以為她們是無價之寶嗎？」

「又紫兄臉上掛不住。」

「當然，當然囉。人人有臉。樹樹有皮。——你可以找小腳老太婆來救你一駕的。」

「電話號碼呢？」

「三〇二二一，」黎老板脫口而出。博士摸出派克筆，在一個小本子上寫起來。「三〇二二一。」他慢吞吞地重複著。

「這種鴨屎臭的勾當，小心不要露出馬腳，」黎老板告誡道：「鄒胖子這老瘟生，專門愛呷乾醋。其實一個願買，一個願賣，何必呢？」

「如何進行？」

「告密，」黎老板得意揚揚地撚捻著右下巴那幾根長毛。「你要曉得，胖子的出身很低。沒有發跡時，是小腳老太婆家的跟班，全靠岳家栽培，才有這麼個前程。他不怕她，怕那個？」

「是，是，知道了，照計行事。」

「緊要關頭，我會出面替你打圓場的。好吧，我先走了。」

博士反剪雙手，在捲棚裡來回踱著方步，民主人士和螞蟥，兩個全然相反的影子，並排闖進心扉。「要賺豬的錢，除非伴豬眠。」他這麼想。「這原是個笑貧不笑娼的社會啊！」他繼續想，如釋重負，抬頭挺胸長長地吸了一口空氣。四月的夜，百花齊放，空氣中滿有新鮮菓汁的甜香。

每一個社會都有它們獨特的道德標準，吃得開的人一定是能夠符合這個標準的人。香港人辦學校叫開學店，同樣，香港人稱呼出版家爲文化經紀，這都是有道理的。他突然想起了老頭所醉心的文化運動，不免啞然失笑。

無數的事變把我們從過去飄流到現在這個環境裡邊，然而我們總習慣於拿過去的標準來衡量現在。這豈不是自討苦吃？他自行提出問題，可是沒有得到答案，頓住了。「博士要找我談談嗎？」劉情爽朗地笑著，在他肥厚的肩膊上賞了一巴掌。

「哦哦，」他嚇了一跳，反剪著的短膀子，自然地鬆開了。

「讀書人都膽小如鼠，氣壯如牛。」她嬌聲嫩語著：「喂喂，到底有什麼事情找我？」

「我想請你常幫忙，招待一位外國朋友。」博士迂緩地說，似乎在斟酌什麼。

劉情卻比他開通多了。「做打令還是只充充場面，做活動佈景？」

「當然是做打令。」

「大概多久？」

博士豎起食指約了一約。「頂多一個禮拜。」

「什麼時候開始？」

「今晚。」

「鄒又紫這一關，只怕通不過。他已經死纏活纏，囉唕了兩三天啦。」

「假如他肯臨時放棄呢？」

「那我沒有問題。你準備出多少價錢！」

夏青萍感到芒刺在背，躊躇不安、但劉情卻若無其事，仍然是一臉生意人談買賣的和氣相。

「事成之後，」他躊躇地說。「我送給你一個四克拉的白金鑽戒。」

「銀貨兩訖。老娘沒有討嫖賬的習慣。」劉情仍然帶著她那玩世不恭的笑容說：「而且你也過於會殺價了。」

「已捱近四千元了啊！」博士尷尬地瞟著她，一臉苦相。

「兩盤水，少一個不賣。」

「什麼？兩盤水？」

劉情在扁鼻子裡吃吃笑著。「這也難怪。你大概是新水，不熟行。港幣兩萬，零售一個禮拜。行，今晚開支票過來，不行拉倒。」

「你倒很乾脆哩！」博士益發侷促不安了。「英語還過得去嗎？」

「嗨，你們這些戴眼鏡的老爺眞迂，」劉情啐了他一口：「床上是任何東西都要現原形的地方，功夫深淺，不在能說會道。」

「然而總不好演一個禮拜的啞劇呀？」

「對付這班阿鄉阿積，只要略施小惠，包管叫他們五體投地，稱心滿意。床上需要的言語，愈簡單愈妙。I Love you. You love me. Yeah, yeah, show again. 兜攬過洋水兵，跑過國際路線的，全會這一套，還用得著你瞎操心？」

博士做了個掩耳的姿勢。

「很刺耳吧？喲喲這，就是生意經！」她搶著說。

「不過，不過，我這位美國朋友，是一位上流社會的紳士哩。」博士囁嚅著。

「脫光了都差不多的，」她平靜地說，一點都沒有開玩笑的樣子：「越是高尚的紳士，越喜歡銷魂蝕骨的下流動作！老娘見多識廣。我嗅到的洋蔥味，比你這隻冤桶吃的大蒜還要多啊。」

博士皺了皺眉頭，眼睛翻向眉心，露出了混濁的眼白。看樣子，他頗為懊悔他先前的決定。「讓我考慮考慮，」他羞訕地說：「你這一套太美國化了，也許欠缺東方女性的含蓄美！」

「那不成問題。咱們多的是時間。主意打定了，一手交錢，一手交貨。隨傳隨到，賒賬免言。拜拜！」她說，五個白緞子似的胖胖的手指頭，輕輕颺動，腰肢一扭，準備離開。

「等一等，請等一等。」博士低聲下氣說。「現在七點九個字，八點半鐘回答你。可不可以分期付款？」

「現炒現賣。免得狗咬豬尿泡，一場空歡喜。」

「假如顧客不太滿意呢？」

「顧客永遠是對的，這是商業道德。服務週到，你可放一百二十個心。好啦，八點半我的鱷魚皮手袋放在洗手間的水箱上。買賣不成仁義在，我等你的消息。」

八點正，霍逸君博士陪同哈德門先生，準時到達。

哈德門先生有一頭叢密的橘紅色短頭髮，和一張冬瓜臉，紅眉綠眼。笑時，從不掩飾大嘴裡那一口堅實的牙齒。他動作迅速、準確，反應銳敏，似乎週身都洋溢著活力。

夏青萍博士首先介紹了民主陣線旗下的大將，並將他們的職位、特長、經歷等等，逐一扼要介紹。這位哈老哥，一面跟他們握手，一面隨口敷衍了一兩句「人才濟濟」之類的番話，夏博士的眉梢眼角鼻尖全樂得開了花，他的蘇北英語說得更流利更起勁了。然而哈老哥的兩隻賊古溜鰍的綠眼睛，老在歸來鳳小姐的嬌軀上盤桓，大有用眼睛飽餐秀色的豪情勝概。

夏博士情急智生，趕忙把香港小姐這張王牌打出去，哈德門那隻毛呼呼的大巴掌，剛從張大衛的手裡抽出來，立刻握住劉情的手，香港小姐這頭銜是很能吸引人的。

不過哈德門的個性很强，他沒有發現特別動人的妙處，搜索的目光卻在韓水湄的臉蛋上進行工作。這麼一來，氣鼓鼓站在一旁發悶脾氣的鄒又紫，反而覺得比較心平氣和了；而黎發財和陳思敬的安全感，好像突然遭受威脅，兩個人的臉上，同時出現了不很自在的表情。

不十分愉快的見面禮草草收科，大廳裡成雙行擺開的八桌席面，已經安排就緒，夏博士捏了一把冷汗。看著手錶，已經八點二十五分。同貴賓告了罪，獨個兒搖進書齋中去了。

他匆匆忙忙開好一張兩萬元的現金支票，溜進洗手間，塞進鱷魚皮手袋裡。挖肉補瘡，算是下了定。轉來時，已累得氣喘如牛，滿頭大汗。

大廳裡驟然麕集著近百個紳士淑女，顯得相當擁塞。婁直朋從人叢中擠出來，呈上席次表。夏青萍略一過目，發現有不妥之處。

「哈德門這一席應當給小腳老太婆留個席位，」他小聲地吩咐：「因此只能排定十一人，而且來鳳也要在這一席打個尖。」

婁直朋猛搔著後頸窩。「席次已經排定，而且姓名卡紙都放好了，再東挪西調，恐怕客人們覺得咱們分彼此厚薄，心裡不大痛快。」

夏青萍的圓臉上，所有的器官都在動作。「許虹是可以調動的。」他說。用右手托住往下滑的眼鏡：「她是自己人，決計不會見外，先把歸來鳳和許虹對調。」

「不怕委屈了許小姐嗎？」婁直朋滿臉諂笑：「你也得顧及你自己的面子啊！」

「這是個人吃人的鱷魚潭，」夏青萍正色道：「一切決定於現實環境的需要。」

「我以爲不如調開徐劍蘭。」

「也好。不過還是十二個人嘛。」

「藍玲小姐和柳鶯作伴，安插在胡奇遇和張少將那一桌。橫直陳思敬是『聽用』，把他調到我們這一桌來，填史千秋的空檔，你看如何？」

「好吧，就這麼決定吧。」夏青萍不耐煩地揮了揮手：「記住，動作要快，客人們馬上要入席了。」

事情就這麼安排停當了。

婁直朋陪徐劍蘭進入狂飇社青年朋友的席次。藍玲的風韻，照亮了胡奇遇他們那一桌人的眼睛。而陳思敬插進編輯老爺的圈子，覺得有幾分格格不入，縮縮瑟瑟的，態度不大自然。

賓客們按姓名卡紙相繼入座。

第一席的席次是這麼安排的：哈德門居首，夏青萍關席。依反時鐘方向是夏青萍、韓水湄、黎發財、黎太太、霍顧問、石蕙、哈德門、劉情、鄒又紫、歸來鳳與許虹。在鄒又紫與歸來鳳之間，空著一個座位。

鄒司令認爲那是主人故意吃他的空缺，眼睛鼓得像哈巴狗，心裡存著個老大的疙瘩。「哧，活見鬼！」他嘀咕道：「留著這個空檔幹啥？ — 藍玲呢？」

「她跟胡奇遇他們，正磋商今晚的節目。」夏青萍若無其事地說：「來，大家爲哈德門先生乾一杯。」

他一飲而盡，打著酒呃，亮了杯。並且出其不意，巧妙地跟劉情打了個照面，眉目傳情，暗示要她注意。

劉情會意，微笑著點了點頭。

鄒又紫飲完酒。巴唧了一下嘴唇。「眞掃興。滿滿一桌，單單留下這麼個缺口，眞掃興！」

「這應當是我對你們這兩位大胖子的特別照顧。」主人笑嘻嘻地接過話碴子：「哈德門先生和閣下，兩個人合起來至少要佔三個人的位置，哦哦，不是嗎？」

「最好把這個空位子挪開，也好讓我們這兩個大胖子揚眉吐氣，鬆動鬆動。」

「船多不礙港，車多不礙路。這又何必呢？」

「一肚子的鬼！」司令罵：「小心老子⋯⋯。」

夏青萍驀然抬頭，一眼瞥見鄒又紫的胖臉，突然出現了神經質的痙攣，兇眼黯澹無光，嘴唇像金魚般噏動著，刺耳的破銅鑼聲音，乍然消聲匿跡。這一莫名其妙的變動，使大家全呆了。

「又紫兄不大舒服嗎？」夏青萍問。

「肚子裡有點氣脹，」鄒又紫訕訕地說：「到後面打一轉再來。」他添說。立刻離座。踮起腳尖縮到洗手間去了。

糟了。夏青萍暗暗叫苦。「劉小姐你去招呼一下子，我眞擔心他的心臟病。」

劉情嗯了一聲，人已離座，踏著細碎的步子，急躡上去。可是，洗手間的門，已經關了，關得嚴絲合縫的，叫門不應，拍門不開。看樣子大有長期抗拒的趨勢。

「你這是搗什麼鬼？」劉情繼續拍門。「躲閻王債嗎？又紫？」

「別又紫又紫的，老婆大人聽見了，小心妳的耳根子。」

「喲喲，六月債，還得快。做縮頭烏龜多威風呀，又紫。——尿急哩。開開門好不好？」

「裡急內重，絞腸絞肚的痛。」

「我的手袋遺落在裡邊，麻煩你費神遞出來。」

「總而言之，不中你們的拖刀之計。大丈夫說不開就不開。」

劉情發了急，又紫長，又紫短，喊叫連天。

鄒司令心如油煎，抱著肥腦袋團團轉。「千祈不要稱名道姓，」他隔著門哀懇。「喊聲挺穿了，彼此臉上無光。手袋歸我負責還你，請你馬上走開。」

「我一定要，」劉情堅決地說：「馬上要！」

「白麵走私嗎？有這麼要緊？」

「你管不著！物各有主，你不能不還。」

「哦哦，我該你的，欠你的？快走快走，免得穿煲。」

劉情正待高聲發作，小腳老婆已經從席面上追蹤而至。「老不死的，撇下老娘不管，原來在這兒談情說愛。」她吆喝著，掉臂扭臀直往前竄。

劉情掉轉頭來，瞥見小腳老太婆那張粉冬瓜臉，在盛怒之下，棲息於皺紋深處的香粉，撲簌簌直滾。她的眼睛睜得像貓頭鷹，右手扠著水桶腰，左手戟指著劉情，大聲問：「妳是誰？找老鬼幹啥？」

劉情又瞥了瞥她，一把很出色的錫壺，她刻薄地想，心裡忍俊不禁，突然尖聲笑起來。

「妳到底是誰？幹什麼的？」老太婆一臉蒼白的烈怒，說話時口沫橫飛。

劉情笑得喘不過氣來，笑得眼淚直淌。因爲她對這把錫壺，又有了新鮮的發現。——劉情高頭大馬，小腳老太婆又矮又胖，她可以俯瞰全局。老太婆梳著個倭墮髻，四周的頭髮染得烏油油的，可是腦門上新長出來的頭髮，卻是一片白雪。「三春白雪歸青塚，」她忽然詩興大發、笑得彎腰折背。「我的媽呀！」

「我不跟你咬文嚼字，而且我不是你的媽。」老太婆陰森森地衝著她罵：「你這不要臉的妖精！妳到底是誰？」

「我是我。怎麼樣？」劉情火了，登時收斂笑容，怒目相視。

夏青萍和婁直朋，見兩人越鬧越不可開交，連忙小跑過來，婉言相勸。

小腳老太婆以爲有了救兵，益發理直氣壯，盛氣凌人。「妳是不是又紫的姘頭？」她的發抖的指頭，幾乎鑿到了劉情的鼻尖上。

劉情忍無可忍，反手一巴掌，把「錫壺」打得歪向一邊。「妳敢動粗？」小腳老太婆怪嚷起來。

「打你這沒見個世面的深山大野人。」劉情柳眉倒豎，杏眼圓睜：「你不去問活王八，倒找起我的晦氣來了。」

老太婆被搶白得啞口無言，但妒火中燒，怒不可遏。用拳頭猛擂著洗手間的門：「老娘撕你的皮……。」

大約隔了兩三分鐘，門打開了一條縫，露出了一個渾圓的鼻子。「我的肚子痛得很哩，」他哀告乞憐地說：「當著這麼多客人的面，怎好不留半點情面啊？」

老太婆霍然出手，鉗住他的鼻子。鼻子漬滿了汗珠，滑溜溜的，像條滑皮蟲。他想縮回去，可是她把所有的怒火，都燒在這隻鼻子上，鉗得鄒司令狗似地叫起來。

她發了橫，奮不顧身，毅然排闥直入。清脆的耳光聲，即令是在喧嚷的大廳裡，也隱約可以聽見。

「乖乖的夾起尾巴走路。」老太婆吩咐。「捧住別人的手袋做什麼？學做扒手小偷嗎？不長俊的行貨子！」

劉情擠進去，從鄒又紫的手上摺過手袋，發現扣攀已經開了，還沒關好。「你怎麼可以亂翻人家的東西？」

她白了他一眼。

「手癢嗎？死烏龜！」老太婆在齒縫裡咒罵著：「請當面點驗清楚。」

「那用不著，」劉情大方地說。轉身走了。

夏青萍和婁直朋攙扶著鄒司令，急步穿過大廳。人們可以發現那個點腆肚子氣鼓鼓的，好像偷藏著一個大西瓜。而且，倉卒之間西褲拉鍊沒有拉上，呀開來像隻蚌殼。老太婆在後邊押解，可惜她的小腳不大爭氣，鄒又紫他們已經走過了捲棚的三分之二，她老人家還伶伶仃仃地在洋台底下忸怩作態。

「充軍嗎？討不得好死的！」老太婆在後邊大罵山門。

閫令大於軍令，家法賽過國法，罵聲俘虜了鄒司令，他垂頭喪氣，開始原地踏步操洋操。「朋友只值兩萬元嗎？何必做得這麼絕啊！」他嘴裡半截肚裡半截抱怨著。

夏青萍和婁直朋面面相覷，默然無語。

而大廳裡划拳飲酒歡笑之聲，正熱烘烘地遙傳過來。——無邊風月，且祝福今宵！

第十三章

趙天一撳響了民主出版社的電鈴。

阿梁在門洞裡問：「找誰啊？」

「不找誰，找錢。」趙天一答。

「我們這兒不是慈善機關，只怕你挑水找錯了碼頭。」

「稿費通知單可以作數嗎？」趙天一反駁，同時摸出兩張紙揚了一揚。

門開了。「會客室坐，簽好了名嗎？」阿梁問。

趙天一沒做聲，把通知單順手遞過去。

五分鐘之後，阿梁把百元稿費送來。「謝謝，」趙天一嘻開油黑的方臉笑了笑。「先生貴姓？」

「梁。打雜的。」阿梁靦腆地說。

「好的，我記得了。」趙天一起身，拾起重甸甸的百寶袋，準備下樓。但史千秋那張蒼白瘦削的臉，已經像幽靈般幌現在會客室門邊。

「趙先生怎麼這個時候纔來？」他乾咳著嗄沙地說：「稿費通知單發出去已經一個禮拜了，我還以為你沒收到哩。」

「窮忙，分不開身。」

「今天是禮拜一，怎麼有空的？請一天假去換飯票，是嗎？」

趙天一連連搖頭。「今天是勞動節，一年三百六十五天，這一天是屬於自己的。領了稿費領飯票，好像無端端發達啦。」

「好說，好說。」史千秋微頷著。黑漢子的天真純樸的笑，他也沾染了一點點，因此他臉上的笑容並不如先前那麼枯澀。「夏社長想見見你，可不可以寬坐一會？」

「改天再奉看如何？」趙天一說。「今天實在忙，尤其是調景嶺，風風雨雨，正上演連台好戲。」

「演戲是晚上的事，」史千秋顯然會錯了意。「那有大白天擠在毒太陽底下看戲的？」

黑漢子徒露著堅實的牙齒笑了笑。「好吧，打個幌再走也不遲，只是不可過於擔擱，現在是什麼時候了？」

史千秋勒起袖子。「十一點五分。」他答。

「最遲十一點半動身。呂蒙正趕齋，恐怕耽誤了我的正經事。」

倆人併肩穿過編輯部。編輯部人才濟濟，有些是趙天一認識的，如張大衛、柳千城、戴英、公孫紅等，有些是素未謀面的，他只好裝模作樣，怯生生地和所有的驚疑嘲笑的臉譜點頭打招呼。一些不三不四的閒言雜語，遺留在他背後。

「這就是老頭格外賞識的那個非洲黑漢，」公孫紅小姐指指鑿鑿說：「眼色不錯吧？」

另一老爺編輯故意大聲打著呵欠。「倒胃口之至，什麼人不好賞識？原來是個短褲黨！」

「是跑鞋和臭文章，堪稱雙絕！」另一個編輯老爺粗野地笑起來：「我們的史總編輯好像也是個識貨的，陪上陪下，勁頭眞大。」

「他們一向都是這麼刻薄的，」史千秋在小會客室門口低聲安慰他：「千萬別介意。」

「咬人的狗兒不露齒，他們當然不算。」

史千秋帶他對直走過小會客室，敲了敲社長室的門。

「誰啊？進來？」

「趙先生趙天一來看你，」史千秋說。「這位就是夏社長。」

夏青萍用刻薄的目光瞥了瞥他，又是個典型的文氓，他這麼想。「請坐。你好嗎？今天天氣很不錯啊，哈哈哈。」

「住在冷氣房間裡的大人物，說的話倒很風涼哩。」趙天一清湯寡水地說，目光從他的鼻尖挪到了那雙白白胖胖的手上。

「聽說你的文章寫得很出色，」社長用絲絨揩抹著眼鏡。「可惜我最近事忙，還沒機會拜讀。這兒是我們的老師寫給你的信。」他添說，從鋼檯中間抽屜裡取出個牛皮紙公事袋，傲慢地伸過去，同時好像身子有點不對勁兒，索索有聲。

趙天一滿不在乎地打開紙袋，掣出老頭的信，耽讀起來。

老頭的信很簡短，然而慈祥溫煦，眞摯感人。以下是老頭的原函：

天一先生：

仔細讀完了你在民主陣線上發表的兩個短篇——剃頭記與修路記，我很受到感動，因此也設法調閱了你的底稿。

靈光一閃，萬世不磨。一切藝術的精粹，盡在於此。說心裡欲說的話，對一切人的內心說話，必然字字灼人，句句動人，盼望你繼續寫下去。一個暗啞了幾個世紀的民族，正在找尋她的代言人。附贈五一型派克筆一對，聊應寶劍贈壯士故事，尚祈哂納。並祝

近好

八二老人手泐

趙天一小心翼翼地把信箋摺好，套進公事袋。拈出薑黃色皮盒子，打開來，一對金光燦爛的鋼筆，在白緞子上亮晶晶放光。「這怎麼可以？」他自言自語。鐵石心腸蠕蠕揉動，眼裡和喉管裡突然有了淚水。

「長者之賜不可辭，」史千秋說：「一點靈光，到處可見，希望這是你寫作生涯的開始。」

社長對準眼鏡哈了一大口氣，又起勁地抹拭著。「老師有意延攬你參加咱們的共同事業，爲香港的文化事業努一把力。」

香港也會有文化事業嗎？趙天一對直地盯住他那隻結滿白痳子的鼻子想。鼻樑兩邊對稱地凹出兩個紅疤，那應當是文氓們的特色，他木木然苦笑起來。

社長聞聲略爲把貓臉偏轉過來，黯然失色的魚眼仍然白多黑少，顯出一派輕慢的神色。「你最近在那兒得意？」他問。面色似乎比先前柔和點兒了。

「利圓山打石場。」

「他的小說，也像是鐵錘敲出來的啊，」史千秋插言。「剛健簡樸，這是時下的作家最缺乏的。」

「比狂飈社那班青年朋友何如？」

「至少是伯仲之間。」

「敲石子一個月能賺多少錢？」社長戴上眼鏡，說。

「靠天吃飯，以手養口，收入並不固定，平均大概是二十元左右。」

社長眉花眼笑，伸出三個指頭。「我可以出你三百。」

「力不從心，勉強濫竽充數，你們會後悔的。」趙天一頂眞地說。「俗話說『人不知自醜，馬不知臉長』，我倒有自知之明。」

「人不可過於謙卑，」史千秋說。「我知道你行。惟一需要考慮的，是我們這個黨同伐異，排擠傾軋的工作環境。」

「老師那頂大帽子一壓下來，包管大家平安無事。」社長滿有把握地說：「趙先生，這是個英雄造時勢的大好機會。沒有自由，決無生路，結成陣線，才有力量，別辜負了老師的一番心意。」

「當然我會予以考慮的，」趙天一說，躊躇著想起身告辭：「不過，我總認爲在此地辦文化專業，等於把種籽撒在石田上，白費心機。」

社長對於最後這幾句話頗感興趣。「你有什麼特殊見解，足資評述？」他親切地拍著黑漢子堅實的肩膊，文縐縐地說。

糟了。青萍又在借刀殺人！史千秋瞟了趙天一一眼，示意叫他不可放肆。因爲這兩個月來，夏青萍勞心苦思的，就是這個問題。——老頭堅持文化運動！他卻一心一意要搞政治運動。雖志大才疏，但雄心萬丈，躍躍欲試。可惜沒有一項論據，足以破老頭的偏執，如今得來全不費功夫，他那能不降格相求，喜形於色？

趙天一根本不懂行情。「眞的要問道於盲嗎？」他左右梭視著兩張無法調和的臉，感到十分困惑。

「你的看法一定很高明。」社長滿滿灌了一注迷湯。

「未必，常識而已。」

史千秋遞了一輪煙，想把他的話頭打斷。「茲事體大。談何容易？先抽支煙，提一提神。」他給他們打燃火。「時間已經不早了，你還要趕到調景嶺去換飯票看戲呢。」

趙天一順手推舟，起身告辭。

夏青萍死死拉住他的手，高低不讓他走。「一定要聽完你的高見我才放你走。」他笑容可掬地說。整個貓臉上，全湧現著虛懷若谷，求賢若渴的紳士風度：「千秋兄，橫直今天的編務最清閒，你可以臨時組織幾位同事，跟趙先生到調景嶺去瞧瞧熱鬧，你願意去嗎？」

史千秋明知他施展詭計，也只好硬起頭皮點了點頭：「好，好。我去組織。」他怏怏然退出了社長室。

「那麼你說，」社長打了個謙恭有禮的手勢，說：「直言無忌，不必保留什麼。——言論自由才是民主運動的基礎。」

趙天一連連抽煙，他抽得又深又急，看樣子似乎正在整理思想。「你瞭不瞭解香港的社會結構？」他終於開言。

社長雙肘撐著鋼檯，不很自然地開闔著手掌。「哦哦，我請教的是文化運動，不打算討論一般社會問題。」

「你不打算討論的，正是我欲說的。那好，話不投機，以後再談。」

社長的貓臉上，出現了沉思的笑容。但趙天一卻透視到他笑容後邊的東西，不免一愣。「好吧，就從香港的社會結構談起吧。」社長無可奈何地霎動著白多黑少的眼睛。

「一八四一年以前，此地一片惡水蠻山，除浮家泛宅的蛋民外，只有赤柱漁村的少數漁民，這些邊緣人是不可能有文化的，是麼？」

「是，是。——時疑勢異，如今當然大不相同囉。」

「社會結構是歷史的沉澱物，它是被一連串歷史事件沖積而成的。——恕我言語無味，滿嘴高頭講章。」趙天一說，自個兒也覺得好笑。「這個社會的原始結構，根本就是一整塊花崗岩，教化不施，理樂不興，數千年如一日。可是一八四一年以後，鴉片煙文明和殖民地文化開始撒種。於是社會結構的第一層出現了一批底棲物——鹹水妹洋水兵結合的世家，練習生提昇起來的洋行買辦。水兵文化與買辦文化，乃成為社會結構的新生代。他們堅如鐵石，隱然為香港社會的中堅，你要『化』他，只怕白費心機。」

社長的白眼睛裡放射異樣的光芒，他賞光似的點點頭，硬著頭皮耐心聽下去。

「歷史繼續在沉澱中。於是，辛亥年以後，又出現了一批遺老遺少，他們帶來了大清律例，以及師爺文化。『沿步路過』、『如要停車，乃可在此』等等，全帶著狗屁不通的師爺味道，這是一層沙礫，華文教育的牛耳。

他們不來化你，已經算是客氣的了。如要不識時務，河水侵犯井水，他們仍可群起而攻之，管教你走投無路！」

「我早知道它們是化不開的，有道理！」

「北伐與抗戰之間，此地的社會結構，又有新的沉澱物。軍閥餘孽加失意政客加漢奸和共產黨。這一層屬於第四層，露頭礦苗和標本，俯拾即是。末末了，是最近百萬逃亡潮，湧進香港，飛沙走石，似乎可以化一化了。可惜眞正有理想有抱負的人，不論爲沿門托缽，就是在飢餓線上掙扎圖存，有了上餐沒有下餐，文化運動的曙光，無法引進生活的深淵。社會結構總共分爲五層，加在一起，也不過是塊石田。文化在這兒既札不了根，更無法開花結果。大家騙騙洋人，混口飯吃，固無可厚非，倘若眞想敷施教化，我認爲是很難施展的。」

「對，對極了！我全部同意。你所說的，正是我想說而沒有說出來的。」

「也許我掃了你的興。」

「那不，」社長用手指在空氣中劃了個半弧。「農業文化總是要與泥土結合，這兒的泥土都被紅毛泥封住了。洋場十里，寸草不生，我也早知道是絕望的。」

「不過事在人爲，凡事盡其在我，」趙天一的直話突然拐了彎。「只要在心頭存個誠字，文化的一點靈光，依舊是長明不滅的。」

和平相持的階段，是一切文化的冬天。老頭的話倏然響在社長的耳邊。政治運動可以帶動文化運動，他暗忖。「你看政治運動和文化運動，可以並行不悖，相輔相成嗎？」他問。

趙天一木住了。他楞楞登登地瞪住社長的食指，在鼻樑上搔扒。「嚴重的本末倒置，」他終於說：「文化運動，成於冷冷清清，毀於轟轟烈烈。反過來說，政治運動成於轟轟烈烈，毀於冷冷清清，我倒看不出並行不悖的內在連繫。古今中外的歷史，總是文化運動喚起了廣大的民眾，然後才會出現眞正的政治運動。拉馬車的馬，是不能繫在車子後邊的。——不過，石田上撒種，也是一股傻勁，我們不必捨本逐末。」

社長皺了皺眉頭，他的踧踖不安是很顯然的。遶來遶去，又遶回了老頭的原路，他想。笑得十分之機械。

「好的，謝謝你，」他隨口敷衍著：「事實不錯，解釋錯了，眞是可惜。——你有意充任咱們的編輯嗎？」他不勝婉惜地添說。

趙天一咕咕地怪笑起來。「如果有人開辦非洲出版社，那我可魚目混珠，」他指著自個兒的鼻子：「否則這副黑古溜鰍的尊容，說不定會嚇跑顧客，使作家們望而卻步。」

「人，不修邊幅，談吐倒很風趣哩。」社長皮笑肉不笑地恭維道，白眼睛裡奸巧詐僞俱全，半點誠意也沒有：「盼望你將考慮的結果通知來鳳，我好據實稟告我們的老師。」

「好的，我會切實考慮的。」趙天一說。明知談不攏，也不會予以考慮：「那我告辭了。」

社長降尊紆貴，親自起身送客，在小會客室門邊，他招呼史千秋，問了問到調景嶺去瞧熱鬧的人數，跟趙天一拉拉手，縮回社長室去了。

趙天一把公事袋塞進百寶囊中，「這上頭好像有閣下的墨寶呢。」他對史千秋說，一臉窮漢常有的滿不在乎的神氣。

第十四章

興興頭頭到調景嶺去的，總共八人，歸史千秋領隊，趙天一做嚮導。隊員包括張大衛、婁直朋、柳干城、戴英、舒遲與公孫紅小姐。

大夥在鯉魚門上岸時，已經是下午二點十分。天后廟四周麇集著一堆堆穿工裝的青年人。嘰嘰喳喳，不知道在嚷些什麼。

五月，火傘高張，晴空一碧。大家都感到氣氛有點不對，一種驚心動魄的焦灼，緊張地綻露在每張曬成了豬肝色的汗臉上。

公孫紅小姐有著女人特殊的敏感。「有什麼不對嗎？」她悄悄詢問趙天一：「似乎嗅到了火藥氣味呢。」

趙天一擠開右手大拇指和食指約了一約。「他們正發動扭秧歌遊行示威，」他略帶譏刺地說：「不過看樣子並不要緊。他們充其量來三五百人，調景嶺難胞共兩萬，大家都吃飽了炸藥無處發洩，扭秧歌說不定會扭成殃歌。」

「我們來得正是時候。——連台好戲剛剛開鑼。」

「我們原不必介入的。」公孫紅小姐遲疑地說：「如果起了衝突，蝗蟲蚱蜢不分，豈不連累了好人？」

「有我這塊活招牌保駕，包管平安無事。」趙天一若無其事地說。「我們快走，搶過山嘴，到半山『鐵庵』裡邊去袖手旁觀。」

八個人匆匆忙忙趕到鐵庵時，窯洞的門已經關得鐵緊。胖子夫婦手執鐵棍，把守茶寮。有一小隊糾察隊，臨時借用了工程隊的圓鍬、十字鎬、扁擔、木棍之類，在茶寮四週往來逡巡，如臨大敵。

趙天一走頭。「老趙，你這死鬼，」一個糾察隊員嚷：「什麼熱鬧不好趕，要命的事，居然你又插上一腳。」

「自衛嘛。調景嶺我也有份的呀。」

「別屎少屁多。」另一糾察隊員罵：「你們聽，餐搞餐，頓搞頓，已經從茶果嶺那邊搞過來了。鑼鼓喧天，還相當雄壯哩。」

「嫂子和這位小姐，最好守窯洞，」小隊長吩咐：「一言不合，血肉橫飛。不是好玩的。還有這幾位先生，假如不想皮肉開花，不妨一齊進洞。」

「看樣子，對方是兩翼包抄，中央突破。血戰勢必爆發。我看你們還是守窯洞爲妙。」趙天一瞟了史千秋一眼平靜地說。

戴英接過老板娘手上的鐵棍。「咱們決定守第一線，跟你們併肩作戰。」他壯膽開言：「至於史大哥嘛，風吹瘺病殼，我不勉强你。」

「你怎麼單單照看我，」史千秋正色道：「我不在乎。」

「不願意看的請便，」小隊長大聲說：「願意看的到窯洞裡揀選自衛武器，很原始的傢伙，但咱們不能赤手空拳上陣。」

「捲進去啦？」柳千城畏葸地盯住張大衛。

「由命不由人，管他娘。」張大衛答。

「那麼直朋兄呢？還有小胖子？」

「不必東扯西拉啦，」舒遲說：「爲自由而戰，大家都樂意做義勇軍。」

既然大家並無異言，原始武器迅速地遞到各人的手上。窯洞門砰然關了。用一張方桌子抵住門。公孫紅小姐和老板娘緊張地從門縫裡向外張望。

從茶果嶺通往鯉魚門的崎嶇山徑上，腳步雜遝，鑼鼓高奏，可以刺耳地聽到一陣陣歌聲：

金摟子，開紅花，一開開在窮人家。窮人家，要翻身喲。鏘鏘鏘……。

「老子要你們翻到將軍澳下邊去！」

「男不像男，女不像女，翻個雞巴毛！」

罵聲還未落音，鐵器碰擊之聲，已代之而起。刹時山鳴谷應，鬼哭神號，山頭黃塵滾滾，喊殺連天。混戰激烈展開，風雲爲之變色。

秧歌隊伍驟遭伏擊，隊形被沖得落花流水，五零星散。挑釁者挑釁沒有挑成，倒狠狠地挨了一頓揍。營裡邊的精壯大漢，一層層緊裹上去，先將隊伍打成兩橛，首尾不能相顧。對方吶喊著，開始破擊突圍。壯漢們乘機楔入核心，兩個圓心碎裂成爲四塊。血戰猛烈進行。四堆衝成八堆。像漩渦般團團轉動，慢慢向山腰延伸過來。

國仇家恨，一旦爆發，沒有比這個更慘酷的了。秧歌隊節節敗退。十之八九血流被面，紅綢子和鮮血完全混淆不清。滿山滿谷，呼娘喊爺，像遍地燃燒的野火。鑼鼓鐃鈸滿地亂滾。狗一般的哭嚷代替了餐搞餐，頓搞頓的噪音。

「野火」燒向通往茶寮前面的巉岩。埋伏在鐵庵附近的糾察隊員，奮勇爭先、兜擊上去。戰事在隘口處展開，巉岩血流如注。突圍出來的十多個人，像鯽魚般滾著跳著，黃塵瀰漫，天日無光。

而埋伏在天后廟附近的接應人員，見山上已經打開了，像野鴨子赴水一般，從山腳下漫山遍野包抄上來。趙天一戴英等分頭阻擊，混戰突然蔓延到了山腰下邊。

守衛茶寮的只剩下五個人。兩名是女性，根本無法參戰，其它三人是史千秋，張大衛和胖子老板，在戰鬥中總算是最弱的一環。

山頭上的勝負已經完全分曉了。被圈的人見寡不敵眾，先先後後跪成一個個籮圈，抱頭哀叫饒命。少數突圍者，約三十餘人，仍然在巉岩附近作困獸之鬥。因山腰上埋伏的糾察隊員人數有限，打成一個平手，雙方互有傷亡。一時殺聲震天，天愁地慘，不辨虛實。

山腰下邊的激戰，對方顯佔優勢。第一因爲對方是生力軍，這邊是義勇軍，倉卒應戰，不成陣勢。第二是眾寡懸殊。對方約兩百人，通邊連糾察隊小隊長在內，爲數不過十一二人。而且兵方不能集中使用。雖佔地利，畢竟屈居劣勢。

山上的人見情勢危殆，趕緊分兵馳援阻擊。

可是已經遲了。

山腰的陣地腹背受敵，節節敗退，終於壓縮到了茶寮前面，負隅頑抗。對方的夾擊，銳不可當。小隊長首當其衝，被士巴拿、鐵尺之流齊下，錘成了肉醬。鮮血湧冒著，焦乾的黃土吮著血液、鼓起一個個血泡。可以淸楚地看到他的屍體的抽搐和顫動。

舒遲傷足，婁直朋傷臂，柳千城的眼鏡已不知去向。他們三位，算是給自由民主運動掛了頭彩。

趙天一的十字鎬，在戰鬥中折斷了。臨時從百寶囊中摸出兩柄敲石子的鐵錘應戰。幸虧戴英和胖子老板的齊眉鐵棍得力。以長擊短，發揮了較大的威力。也延緩了對方的攻擊時間。但戰爭是瘋狂的，大家都殺紅了眼。有一個高個子年青人，不知是什麼時候，乘混戰之際，偷偷爬上了窯洞，居高臨下，卜通一躍，對準史千秋的背部，就是一鐵尺。

史千秋哇的一聲撲倒了，嘴巴歪到一邊，嘴唇向內牽縮著，血泡攀留在唇邊，好像熟透了的桑葚。高個子見偷襲奏效，索性一不做，二不休、正掄起鐵尺往他背上開築。趙天一驀然回顧，大吼一聲。右手上的鐵錘應聲飛出。不偏不倚，在那人的印堂上開了一朵喇叭花，血如盆注，跌成個仰八叉。左眼暴出，腦漿迸裂，死得奇慘。

激戰又持續了大概五分鐘左右，茶寮的茅棚已搗得稀爛。那些靑石板桌子和一鋛兩邊的凳子，霎時都成爲防禦武器。石塊橫飛，喊聲大作。茶寮前面的那塊空曠地帶，橫七豎八輾轉呻吟著受傷的人群。戰線縮短，血糊糊的肉搏，在窯洞口慘烈展開。胖子老板和戴英的兩條鐵棍運轉如飛，當者披靡。而正當其時，山上的援兵已適時抵達，分進合擊，鼓譟吶喊之聲，驚天動地。

秧歌隊見對方的生力軍源源投進戰鬥。已知掙扎無望，棄械跪地求饒。有幾個惡作劇的糾察隊員，用樹枝蘸著死難者的鮮血，在他們的額頭上書寫「王八」兩字洩忿。

戴英渾身大汗，氣喘吁吁，撐著鐵棍苦笑。張大衛劈開兩腿，坐在地上，將史千秋抱在懷裡。

「出了紕漏嗎？」戴英問。他横眉怒目，一臉兇相。

「禍闖大啦，」張大衛說。用手撫摩著史千秋的胸口。「負傷很重，可是還沒有斷氣，我們必須想法子把他火速送進醫院。」

趙天一蹲下來，檢查了史千秋的背部，發現西服、襯衫和背心，全開了罅，背部瘀血，呈青紫色，而且隆起那麼一大塊。「假如內傷不太嚴重，也許還有救，」他說，似乎是自己安慰自己。「喂喂，盛老西，有擔架嗎？」他焦灼地嚷。

人聲鼎沸，捲沒了他的話。他又高聲說了一遍，同時向胖子老板打手勢。

胖子老板驚魂甫定，連忙把腦袋伸過來。「你要啥？過於嘈雜，我聽不清。」

「有擔架嗎？」趙天一重複著：「你看，我的朋友傷得不輕哩。」

「眞是妙想天開，」胖子老板擠眉弄眼說：「這兒那來的擔架？你以爲我們活在天堂裡邊嗎？」

「那你總歸有行軍床的，是不是？」

「不錯。有兩張。」

「勻一張出來，」趙天一命令道：「値多少，我還你。」

「你眞瞧不起我這個笨大哥，」胖子老板指鑿著自個兒扁平的鼻子：「這種東西能値多少，難道要你備價不成？」

他說著說著，腆著個大肚子，拍開了窯洞門。把一張行軍床雙手擎起，高高舉在頭頂上，擠開人群，遞送出來。

公孫紅小姐臉色蒼白，披頭散髮跟在後邊。「這簡直是一場惡夢，」她尖聲說，下巴直哆嗦。綠色的齲齒在小嘴邊閃著陰慘的光。

「一場血戰，」趙天一下意識地校正她：「讓這班野人吃吃苦頭，以後想必不致瞎胡鬧啦。」

「你以為他們不再挑釁了嗎？」公孫紅小姐問。餘悸猶存，身子抖得像樹葉。

「像這種遊營撞屍，霸王硬上弓的笨舉，他們當然不會再幹。不過陽謀不成，改變策略之後，一定會來陰謀。調景嶺無論如何是他們的眼中釘。它存在一天，苦難是不會完結的。」

趙天一說完這話，將史千秋抱到行軍床上。翻轉來，背脊朝天。招呼胖子老板、張大衛和戴英，匆匆忙忙將他送往鯉魚門的碼頭。行軍床的後頭，木木然緊跟著原班人馬。他們互相攙扶著。始終沒有交談什麼。只偶爾交換一下焦灼不安的目光，看樣子好像是執紼的人。

史千秋被送進瑪麗醫院進行緊急輸血救治。他纏綿床第五十多天，終以內傷過重，一瞑不視。算是這個一切價值都顛倒了的時代，第一個為自由民主運動殉難的人。

他臨危之際，尚諄諄以團體的文化事業為念。

他一再向老頭和夏青萍推薦丁令威為繼任人選。但因為當時夏社長的夾袋裡，早已內定了人，賚志以歿。死時年方四十有三，正當壯年。霜凋夏綠，論者惜之。

三天之後，韓戰爆發了。

第十五章

一九五〇年六月二十五日，北韓正規部隊超越三八線，大舉向南韓進侵，韓戰正式爆發。同一天，聯合國安全理事會召集緊急會議，呼籲雙方停火。但北韓卻以連天炮火，大聲回答了聯合國的呼籲。

二十七日，美國總統杜魯門下令海空支援南韓，並且正式宣佈第七艦隊巡邏台灣海峽，保護台灣。在紐約，聯合國安全理事會決定，保證給予大韓民國以軍事援助，同時電令聯合國駐南韓的調查委員會，就近充任調人，居間調停，安排雙方停火。三十日，杜魯門總統命令美國駐韓地面部隊參戰。第二次大戰之後的冷戰局面完全改觀。一個震撼世界的歷史性事件，草率地出現於世界舞台之上。

首批美國陸軍，馳援前線。七月八日，聯合國正式任命麥克阿瑟將軍爲聯合國軍總司令。冷戰轉爲溫戰。南韓部隊倉卒應戰，節節敗退。漢城大火，旋即淪陷。前線呈流動狀態，開始總崩潰。北韓軍勢如破竹，長驅直入，鉗形攻勢的矛頭直指釜山。到了七月盡邊，「驅美軍下海」的口號響徹雲霄，金日成輩一派得意忘形的嘴臉，已認爲勝利在握。但麥克阿瑟將軍始終不爲所動，且正積極部署反攻。

八月七日，釜山攻防戰慘烈展開。韓國前線美軍突圍背進，向釜山結集。接著，聯軍在仁川登陸成功，一舉收復漢城。反敗爲勝，將逆勢扭轉。同月三十日入莫洛托夫啣史大林之命飛抵北平。大陸上「抗美援朝運動」，如火如荼，進入新的高潮。桴鼓相應。煞是「壯」觀。

九月六日，英軍一旅參戰。邇後，各國象徵式援軍陸續抵達南韓，聯軍聲威大振。十九日，麥克阿瑟將軍悍然麾軍超越三八線，進擊平壤。聯軍攻勢凌厲，有如秋風之掃落葉。

十月二日，中共宣佈參戰。「志願軍」源源渡過鴨綠江，進行阻擊。十一月三日，英首相艾德里飛華盛頓，會晤杜魯門總統。翌日，聯軍退出平壤。

這是一九五〇年下半年的大事索引。「半上流社會」那班搞風搞雨的大人物，就是在這一時代背景上如魚得水，如虎添翼，積極展開活動的。開頭，有夏青萍博士倡導自由民主人士大團結運動。不久，又出現了「九人集體領導」。後來又蛻變成「二十五人集團」。鬧得滿城風雨，極盡縱橫捭闔之能事。其緊張熱烈的程度，並不亞於韓戰。

政府的主要職責在預測未來。因此，政治家的基本修養，應以智慧性的遠見和豐富的想像力爲要件。政治是一種很精緻的藝術，那是不能毛毛草草從事的。韓戰是一場只許失敗不許勝利的錯誤戰爭。它以草率開始，以草率終場。刷新了有史以來的戰爭觀念，爲以後諸戰役（如中南半島）創下了一條莫名其妙的戰爭慣例。

容許敵人有不受攻擊的後方，給敵人的武裝部隊以安全庇護所。好讓一批糊塗昏瞶的政客從容不迫地在電子計算機上，編製他們的「戰爭預算」，「戰爭收支對照表」，和「戰爭損益計算書」。好像火線上流的並不是青年們的熱血，而祇是一些排洩物。——將軍求勝，政客求利。兩者無法兼顧時，他們就犧牲將軍。將軍的外科手術失靈，而政客們卻以庸醫的草藥，挽救垂危的大韓民國。這是整個時代的沒落。可憐的凋零與頹敗，正窒息著時代的生機。

國家利益至上。國際間的公平、正義、眞理、是非，都得服從國家利益。因此，一項古老的眞理被彰顯出來，大國只講權術，小國統主持公道。因此總統首相們的所作所爲，脫不了損人利己的勾當。而人類未來理想所寄的聯合國，竟被一批又一批的國家辯護律師，糟塌得不成體統了。理想遠遠落後於現實，一切歷史的黃昏，都以此爲特徵。

韓戰一起，老頭所堅持的文化運動逐漸消聲匿跡。軍事運動居於主導地位。政治運動配合軍事運動，而文化運動的一點微弱的火花，在韓戰風暴中倏然而滅。文化淪爲軍事運動的附庸，急遽轉化成三方面：一爲公開資料之蒐集整理、分析與判斷，美其名叫做資料室或研究所。另一爲地下資料之搜求，製造，美其名叫做情報活動。其次才輪到文化與出版。大抵以配合韓戰宣傳需要爲主，以自由民主之鼓吹爲輔。美其名叫做文化宣傳。大施主們並不諱言「國家利益」，小政客們如要不吃癟，乃可一體凜遵。橫直冷冷清清的文化運動，對於熱中的人本無偏愛，把文化運動改爲文化宣傳，他們自然樂於照辦。

實際的需要，往往能造就風雲人物。這就是命運。

韓戰使夏青萍博士的事業，如日中天。他倡導的海外自由民主人士大團結運動，聲勢浩大，幾乎能涵蓋一切。爲了推動此一運動，他扯起了老師的旗號，組成「五人小組」。名義上由老人、谷夢如、董希聖、張葛壽與夏青萍共同負責；實際上他一人奔走呼號，不遺餘力。這個「五人小組」後來又擴爲「第八集團軍」，新加入的三個生力軍爲黃如人，羅堯封和陳思敬。但這不過是序幕。眞正的主角，雖呼之欲出，但仍未正式袍笏登場。這位主角，就是威鎭南中國的張向公。

韓戰一爆發，六分軍事，三分政治，一分文化宣傳的局面逐漸形成。張向公雖高踞快活谷上，深居簡出，養晦韜光，但仍然成爲各方矚目的大人物。

遠在一九四九年冬，廣州淪陷不久，嶺南大學校長湘雅各氏，道經香港回美，即曾走訪張氏於藍塘道寓所，懇切詢問有沒有需要幫忙的事？——雅各與司徒雷登齊名。一主嶺南，一主燕京；門牆桃李，盈千累萬。他的臨別秋波，當然值得重視。

張向公當時滿腔義憤，志切反共復土。曾慨然陳詞：「現在既不愁人力，初期也不需經費；若有一塊基地，讓我們自由活動，則短時期內，即可建制成軍。再配合世界形勢，反攻大陸，至少兩廣可傳檄而定。」湘雅各氏頗爲動容。並曾磋商基地以何處最爲相宜。

張氏當即答覆：「以越南爲上選，其次是菲律賓，等而下之，日本東京也未嘗不可。」湘氏擇要記錄下來。可惜了別半載，杳如黃鶴，一直等到釜山攻防戰慘烈展開時，才有了下文。

哈德門偕蘇魯士第二次飛抵香港。必須指出：這一次他不是過境遊歷性質，而是負有相當重大的使命。故行蹤隱秘，生活嚴肅，遠非第一次可比。

知道哈德門啣命東來的人不多。霍逸君博士和夏青萍博士得近水樓台之便，知道此事。其次是陳思敬，他得到了紐約的電報，曾往啓德機場接飛機。哈德門並未假以詞色，而且因言語不通，弄得頗爲尷尬。

哈氏抵港後，卜居於淺水灣黃氏別墅。該別墅的主人黃懷萱，和哈德門有同窗之雅。大小事物，都由黃懷萱出面張羅。第一個暗中約晤的人，就是張向公。

黃氏主人和許老將誼屬世交。如此大好機會，他不能不轉告許老將早作準備，臨時插上一腳。因此哈德門的秘密行蹤，在抵港後第二日，至少有六個人已得風氣之先。

八月的一個下午。太陽繼續在燃燒。山谷沉靜。亞熱帶的熱浪伸舔著，低嗚著，焦灼的大地烤得捲了邊。淺水灣頭碧波盪漾。弄潮人們的喧囂，遠遠地傳過來。

黃公館二樓的大客廳裡邊，四個人的會談，正進入高潮。——哈德門，蘇魯士和張向公之外，黃懷萱也在座。他充任舌人。

「閣下究竟奉何人的差遣？」張向公虎眼如炬，盯住哈德門的鼻子。

這個問題之後，出現了不舒服的沉默。可以聽到頭頂的大風扇，嘩嘩地攪起熱風。哈德門輕輕地撚捏著自個兒的耳朵，久久沒有回答。翻譯的人重複了一遍。

「我只能請求張將軍不要懷疑，」哈德門一臉苦笑：「其它一切，恕難奉告。」

「那麼，」張向公頓了一頓，極力爭取一點點思考的時間。「你究竟代表那一方面？瞭解是合作的基礎，如果要眞誠合作，必須先徹底瞭解，你犯不著隱瞞眞象。」

哈德門帶著特別恭敬的疲倦的神情，微微地瞇著眼。「代表敝國公民。」他說。眼睛裡玻璃球子似的微芒倏然消失了。

「我不跟你談門面話，」將軍的下巴哆嗦著，在聲音裡帶著鎭靜的權威打斷他。「要談，就切實談。躲躲閃閃我可不慣。」

黃懷萱的翻譯顯然弱化了將軍的語氣。他婉約其詞，輕描淡寫地帶了過去。然而哈德門憑直覺感到了問題的嚴重。

「支票就是最好的憑證，」他慢吞吞地說，失望的目光纏繞在豎起的食指上：「即期的，我保證不是空頭支票。」

「目前我們並不需要活動費用。」將軍輕蔑地瞥了瞥他。「中國人的事，應該先求中國人。零星細數，我自個兒負責。較大的數目，可以向華僑籌募。」

「假若活動資金過於繁浩呢？」哈德門提醒他。僵化在紅臉上的苦笑，開始活潑起來。

「事情辦得有了眉目，」將軍頗爲自信地摸了摸花白的短髭：「希望貴國以貸款方式，大量支援。起碼數千萬至數萬萬，纔不致杯水車薪，無濟於事。」

口氣倒很不小哩，哈德門望著翻譯暗忖。「那也行，」他說，將肥厚的背部，欣然靠到沙發上，同時翹起二郎腿搖了幾搖。「還有什麼可以爲將軍效勞的嗎？」他沉默了一小會，又忽然用尖銳的調子添說。

將軍的圓臉猛烈地抽搐著。當腮部肌肉停止運動時，似乎下邊胖了點。「仍然是我跟湘雅各校長談過的老問題。」他大聲說。

「是基地問題嗎？」哈德門反詰。「這個，我們已經向菲律賓當局洽租到了一個離島。只要我們一談妥，就可電告那邊的人，動手建築房舍。三個月後，至少能容納三百人。以後視需要繼續動工。您先準備一張名單好不好？」

「再碰頭的時候，我會提出來的。」

「好極了，我一定留港靜候佳音。」

「名單的人數有限制嗎？」

「當然。當然囉。」哈德門笑得很天眞，很甜。「國際知名之士優先。限制是沒有的。三百人也不算一個很小的數字啊！」

「我答應立刻著手辦理。」

「你眞爽快，將軍。」哈德門的語氣越發溫和謙抑了。

張將軍見談話已得要領，似乎放了心。他的搜索的目光開始傾注在大胖子蘇魯士的大肚子上。

蘇魯士汗滴如珠，累累懸掛在寬額頭上和茄子臉上。此刻，大肚子簡直成了個太風箱，高低起伏，樣子十分之滑稽。他的嘴巴和鼻孔裡同時在奏樂，打鼓吹笛，忙個不停。特別是當談話停止時，他那斷斷續續的鼻息，又短促又粗壯，聽起來非常像狗叫。

將軍神祕地笑了笑。黃懷萱縱聲大笑著。而哈德門羞訕訕地，紅臉添紅，笑不出來。「天氣實在太熱了，他又是個肥人，」他解釋道：「加之以言語不通，難怪他睡得這麼甜。」

「能夠做做白日夢也是好的，」將軍譏誚地說：「那當然是胖子們的福氣。我告辭了。」

賢主人沒有翻譯前面那兩句。哈德門和顏悅色地起身送客。三個人都笨拙地踮起腳尖走路。蘇魯士的鼾聲寂寞地迴盪在空闊的大廳裡邊。

「終南捷徑」移向藍塘道。門雖設而常關的張公館，突然門庭若市，客似雲來。張公館儼然成爲「半上流社會」英雄好漢們的活動中心。夏青萍博士的「自由民主大聯合」，乃至「北角週末俱樂部」的一切活動，也爲之黯然失色。歷史如嫖客，正祝福著新人。

夏青萍博士是第一個見風轉舵的人。他積極活動，企圖跟張向公合流，好開創一個「文武合議」的局面。因此不惜移樽就教，僕僕於藍塘道上。他袋裡有美鈔，手上有機構，周圍有群衆。果然「誠重勞輕，求深願達」，向公對他格外垂青。與許老將、谷夢如、童希聖、呂公望、和黃朝暾諸人，同爲座上嘉賓。

第二個春風得意的人物，竟是陳思敬！他寅緣時會，連爬帶竄，差不多要成爲第一流的大人物啦！他以李德鄰私人代表的名義出入張公館。在谷、童及桂系各要員間穿針引線。把吃軟飯的手上功夫挪用到吃民主飯的腿上，慇懃週到，吹拍逢迎，曲盡其妙。他憑這身絕技，平步青雲，扶搖直上。總算這麼一個偉大的時代，首先孵出這麼一枚八面玲瓏的「蛋」來了！

第三位活躍的人物是李大宇。他由陳百壯介紹給谷夢如；再由谷轉介紹給張向公。此人方面大耳，堂堂一表，在「半上流社會」中，向有「軍師」雅號。他留美二十年，回國後曾拜康南海之門，執經問難，爲康長素最小最得意的及門弟子。中英文根底深厚。爲人外聖內「霸」，喜歡搖搖鵝毛扇，背後鑿鑿短拳。在「渾渾」諸公中，他當然算得上是頂兒尖兒人物。

張向公頻頻跟哈德門會晤。暗室密談的最高機密，卻經常成爲許老將酒酣耳熱之餘的閒言。張恨得牙癢癢的，心知是黃懷萱洩漏的天機。於是一不做，二不休。毅然把會晤的地點移開，且由張向公攜帶隨身翻譯人員，擔任傳譯工作。殊不知問題就出在這個隨身譯員的身上。

這個譯員名叫童子靈。四川成都人。是呂公望的小同鄉。由呂鼎力推薦，參與機密，位居要津。但有一次會談時，谷夢如博士也在座。童子靈的傳譯，三分是張的意思，七分都是他自個兒的主張。谷博士當場弄得目瞪口呆。張則懵懵懂懂，內幕消息源源推出。谷見路數不對，立刻起身告辭。把此一奇聞悄悄告張。張登時大發雷霆，在電話中向原推薦人理論。聲色俱厲。後來經縝密調查，這位翻譯仁兄，原來是重慶市公安局外事科的幹員。韓戰期中，派赴海外進行統戰工作的。因此張向公立即把童子靈攆出藍塘道，並且指天篤地，叫他永遠不必再來。

童子靈屏絕不用之後，李大宇時來運轉，從此翻騰上下，大展鴻圖。他在民社黨裡邊，打的是康有爲的老招牌，淵源甚深，儼然元老。他跟青年黨的交情不壞。夏青萍博士倚畀甚殷，何老師對他也頗爲賞識。他在民主出版社出版的一本小冊子——「自由民主運動的理論與實踐」垂條立榦，綱舉目張，揭櫫出福利政治，公平經濟與自由文化三大主張，老人曾許爲知言。因此，他一手挾民青兩黨以自重，一手挾張、谷新興力量以自高。終於炙手可熱，紅得發紫。異軍蒼頭突起，與夏青萍、陳思敬鼎足而三，成爲自由民主運動的三根台柱。

哈德門因急於返國覆命，連連催索名單。張向公、許老將與谷夢如等經多次集議，決定先打出九張王牌備案。民主運動，濟濟多士，爲什麼開來開去只能達成一個九字，傳說紛紜，局外人難懂其中奧妙。事後向公曾對舊日袍澤約略提及，此事全出於谷博士的老謀深算。他堅持第一次的名單不能多開，多開則濫；也不可少開，少開則接觸面不廣，而且不夠份量。既須國際知名之士，又須其本人願意，以免節外生枝，平添許多囉嗦。幾經斟酌協商，終於青錢萬選，決定了九位巨頭。

即：許老將、張向公、谷夢如、張士林、董希聖、呂公望、伍憲智、黃朝暾與張葛壽。名單謄錄清楚，一式三份，各有堂皇履歷，各有潛在勢力；正所謂堂堂之陣，正正之旗，比起萌芽時期那班草種來，自有上下床之別。

名單於九月三日(星期日)正式翻譯完畢。原訂九月十日那一天。由張向公直接遞交給哈德門。九巨頭互相約定，嚴守秘密。以免嘴尖舌快之輩，無中生有，挑是撥非。

但枯楊生稊，本非根榮；死水興波，自有歪風相助。大家一堂聚義，心隔千山。口裡喊哥哥，手裡摸秤鉈。

連台好戲，突然在石塘咀俱樂部爆發了。

石塘咀俱樂部，自從老將在工商日報上公開發表談話後，消沉了好幾個月。韓戰初起，有一個靠而不攏的中航經理陳桌林，久蟄思動，毅然資助港幣三萬元作爲活動費，此刻，又重振旗鼓，開始活躍起來。

記得那一晚是九月初六，禮拜三。天氣仍然十分燠熱。

許老將灌滿了黃酒，腆著個大肚皮拉風箱。他雖然鬚眉皆白，但身體茁實，而且樣子魁梧，甚爲富態。他對他自個兒二十年那步老運，深具信心。酒後逸興遄飛，環視身邊的丁月波、宣誠五、彭昭武與上官雷丞等，高談闊論，語驚四座；而且口沫橫飛，當者無不愁眉苦臉。

談話最初集中於英軍參戰之後的韓戰形勢。許老將搖頭幌腦，翹起粗壯的大拇指猛讚了麥克阿瑟將軍一通。然後寬慰地向椅子背上靠下去。「不信書，信運氣。」他呵呵大笑著：「既然毅安兄說我還有二十年一步大運，總得好好幹一番事業才對。」

「那也是時勢造英雄呵，」丁月波譴責似地白了他一眼：「我早就聽說哈德門到了香港。可是你對我們守口如罐頭，一字不提。」

「也許是最高的秘密，」上官雷丞的瘦臉脹得通紅，忿恚地瞧著許老將的大鼻子：「不便公開。」

「這可不對啦！」丁月波清澈的眼睛裡露出一脈十分寧靜的神情：「咱們都在一個跳板上追隨老總，怎好把大家蒙在鼓裡？」

「好說，好說。」許老將安撫似地拍著他的肩膊。「如今這個時世，只怕金剛怒目，不怕菩薩低眉。像你老兄這班學者、博士、大學校長之流，秀才造反，三年不成。應當輪到咱們這批穿二尺五的，來顯一顯身手啦！」

「當然，當然，」丁月波給了他一個憤怒的眼色，雙手做了個拂開的姿勢，準備退席：「咱們全擺在玻璃櫃裡邊。── 這個圈子裡難道眞有祕密不成？」

「咱們的一舉一動，老是由北平先透露消息，然後經台北予以證實。」關聖歎怒形於色。「這裡頭勢必有大鬼！」

「向自己人保持秘密，無非是賣弄關子，好顯出自己高人一等。」丁月波掃視了大家一輪。「這種陪太子爺攻書的苦差使、我以後決計不來了。」

老將收斂起笑容。將九巨頭名單，一五一十，和盤托出。席上諸人，也有高興的，也有不滿的，大家七嘴八舌，鬧得不可開交。

「擾攘了半年，總算有了指望。」有人說。

「不算！絕對不算！」上官雷丞提出反駁：「九個人怎能代表全體？而且白紙上寫的黑字，減少幾名不為少；加添幾名不嫌多。九個人，哼！那是什麼標準？」

「把食指這麼勾一勾，表示起來不是十分方便嗎？」宣誠五譏誚地說：「人人喊民主，人人要獨裁。心口永遠不如一。這個年頭的人，眞正古怪。」

「權力也是能麻醉人的，你以為只有鴉片煙和洋酒嗎？」上官雷丞笑哈哈地說：「九人名單跡近包辦，而且也顯得太不公平。我們想請老總對向公他們提出嚴重交涉。」

「名單必須大加擴充，多多益善。」

老將偏過頭去，瞥了瞥說話的人。「覺迷兄，」他輕喚著。「你是有名的智多星，你看要爭取多少名額，才符合咱們的要求。」

「至少擴充至二十名，」方覺迷微眯著老花眼說：「這麼一來，座上的人個個有份。自然皆大歡喜。而且我們人多勢眾，以後老總的轎子，不愁沒有人抬。」

許老將欣然表示同意。

「這個如意算盤也許敲不響。」徐慶玉博士揩抹著額頭上的汗珠，細聲細氣說：「九個巨頭每人身邊都有一堆邊務大臣，假如要擴編，落到咱們頭上的，也只是少數幾名囉。」

「一定盡力，我一定盡力。」許老將興奮地說。「事在人爲，座中誰不是國際知名之士，爭取入圍我想大致不成問題。請各位耐心靜候我的好消息。—— 哦哦，八寶香酥鴨快涼啦，請請，各人門前清。我先乾爲敬。」

「民主方便手長的人。短膀子一定要吃虧到底。」丁月波搔著白如霜雪的頭髮，感喟地說。

「我也是望七之年，這種跑龍套做活動佈景的渾蛋事，我不想再幹了。」

許老將瞪著血紅的醉眼木木然瞧住他：「丁校長老當益壯，應當爲下一代做點事纔好。」

「閉門著書，也是名山事業啊！」

老將保持緘默。「一個人最大的悲哀，莫過於活著的時候，被別人忘得一乾二淨。」徐慶玉博士搶著說：「這時拂袖，未免可惜。」

「人各有志。」丁月波正色道。

「是，是。丁博士。」徐慶玉訕訕地說：「人各有志，不便相強。」

丁月波悻悻然站起來。「少陪了，我先走一步。」他硬起咽喉說。頭也不回，下樓而去。憤怒的情緒，一如悲哀的情緒，都是富有傳染性的，不久終席，大家不歡而散。

而以丁月波爲召集人的「七人團」，在這個週末，假金巴倫道丁宅召集了第一次座談會。參加的人有李大宇、張三軍、張葛壽、宣誠五、彭昭武與方覺迷。決議將已經停刊的「大道」改名爲「前途」，繼續出刊。

提起大道雜誌，不獨是香港一奇，而且也是有史以來中國雜誌界一絕。香港文化圈子裡的那班刻薄鬼，爲它創造過一句歇後語：文淵閣大學士主編大道 — 有了上文沒有下文。

脫期或許可以解釋爲書生本色，也罷了。妙就妙在這本連封面只有十六面十六開本雜誌，最喜歡刊登萬字長文。而且專門吊讀者的胃口，不是待續，就是標明「上中下」等等。月波身兼三職，督印人，社長兼總編輯，事必躬親，鉅細不遺。重要的文章自行執筆，特約稿件例必親加審閱，選擇至精。可惜過於晦澀艱深，很有點日耳曼氣味，耐心的讀者硬著頭皮讀下去，未見得能讀懂五成。留下五成請讀者諸君猜讀，確屬別開生面。學理難明。讀者不夠水準，這猶可說。但這個「自由民主大同盟」的機關刊物，原標明爲半月刊，每逢初一、十六出版。從一九五〇年元月創刊，至一九五〇年七月關門，前後一共出了四期。而頂房子、買傢俱、員工、盟員之生活費，薪津雜支，以及稿費印刷費等等，總共開銷了二十五萬元。每期平均花費六萬二千五百元。而該半月刊連送帶賣，每期不過千本，每本平均成本合港幣六十二元五角，這如何不算是香港一奇，中國雜誌界一絕。

當時在座的六個人，聽到他老夫子又要提議辦「前途」，大家不免相顧失色，覺得前途並無多大希望。不過人家正在興頭上，不便當面掃他的興，只好唯唯否否，以觀後效。

與此同時，藍塘道張公館，也正進行五人小組會議。張向公主席。出席者有伍憲智、谷夢如、黃希聖與呂公望。

「前天上官曾到我的家裡來，」張向公鄭重其事地說：「力言名單開列的人數太少，不能廣開賢路，容納各方人物，籠罩全局。他自告奮勇請求加入，我未置可否。」

「向公的本意呢？」呂公望尖聲問。

「九人似乎少了一點。不足以把雜牌的小攤子籠絡在一起，共同奮鬥。——不過我是大老粗，此事最好仍請谷先生作主。」

皺紋改變了谷博士的面貌。他正襟危坐，半晌沒有出聲。寒光隘目，陰氣逼人。

張將軍用搜索的目光對直地盯住他。「請說呀，谷先生。」他催促。

這話過後，出現了一點緊張的氣氛。八道眉毛，四雙眼睛，都對準谷夢如集中起來。

「再增加幾個人，未嘗不可。」谷博士慢吞吞地說：「但團體的紀律必先維持，自由不能被誤解爲隨心所欲，口不擇言。民主也不能被誤解爲烏合之衆，不遵法度。我們必須追究責任，是誰洩漏了機密？」

「當然是許老總嘛！」張將軍心直口快說。「只要肚子裡灌了幾杯，天大的機密也變成了蓮花落，休想藏得住半句。」

「既然如此，」谷博士說：「以後比較重要的談話，我們不好再邀約他參加，天下事成於密而敗於洩，大家以爲如何？」

「理宜照辦，」童院長首先贊成。「防微杜漸，庶幾可以免於重蹈覆轍。」他搖頭晃腦添說。

「那好，公望兄請記錄在案。」主席說。

呂公望一面寫一面問：「準備增加多少名額？」

谷博士打了個童子軍的手勢。「三名。」他說：「湊足一打。人選當場推定。徵得當事人的同意後，補行造冊報備。」

「我不贊成這個做法。」伍憲智笑嘻嘻地說：「俗語說：新開毛廁三日香。一件新衣剛剛上身，立刻加上補疤三個，未免臨事張皇，予友邦人士的第一個印象就欠佳。」

谷博士虎起那張長臉沒有做聲。「這樣也行，」童院長搶著說：「名冊一齊彙送，橫直此事已拖了個把月，再拖九天諒無大礙。——問題是三個人是否夠了？」

「十二金釵。上應黃道十二宮，下應人間十二月。我十二分贊成。」

谷博士冷眼瞅住伍老。發現他一臉正經，絲毫沒有開玩笑的意味。「向公的意見呢？」谷博士問。他的長臉解了凍，又恢復了和顏悅色的原始面貌。

「谷先生的意見就是我的。」張將軍謙遜地答：「我可以帶個頭，提議將上官雷丞補為第十名。」

大家點頭如儀。上官雷丞無異議地一致通過。呂公望作好了記錄。

「我提霍逸君博士。」童院長說：「他是此地領事館的法律顧問，又是我在中央大學時的老同事。品學兼優。才識超卓，確屬上上之選。」

「我是中央大學的校長，」谷博士說：「我當然知道他過去的一切。——我附議。」

大家無話可說。一致通過。

「誰負責去徵求霍顧問的同意？」呂公望停筆問。

「我。」童院長自告奮勇。「下禮拜一我給你們確實的答覆。」

「我鄭重推薦老朋友兼老搭檔左諸馮先生。」呂公望尖聲說：「我想他很夠份量的。」

「不錯，很夠份量的。」張將軍喜形於色。「在南京開國大代表時，左先生的豐采神儀，我已十分佩服。如果他真的能夠加入，我們求之不得。」

「不過我們還有保留的地方。」呂公望笑得甜極了。「我與諸馮忝屬同黨至交，他爲人爽朗直率，心無城府，辣椒脾氣始終未改。一切我負總責，全權代表。目前不必通知他。」

「那爲什麼？」谷博士面露猶豫之色。

「恐怕又成爲老將第二。弄巧反拙，有負團體的厚望。」

「哦，恐怕不見得吧？」伍憲智說。

「小心謹慎，總不會吃虧的。」谷夢如頷首。

決策會議至此打止。大家酒醉飯飽之後，分批坐新式轎車打道回府。

接下去的工作是分頭接洽。上官雷丞見已位列仙班，當然滿口應承，感激的話當面淋了一大桶。

童院長負責跟霍顧問接頭。霍顧問以有公職在身爲藉口，大打太極拳。童希聖雖往返勸駕，但始終未得要領，遂成懸案。

另外是左諸馮先生。俗語說：是言不是語，牆有縫，壁有耳。呂公望在決策會議上說的話，當初原只有五個人知道，不知何故，不久竟傳開了。左公聽到這些風言風語之後，大發雷霆，說：「如果事前取得本人同意，任何朋友可以代表：如果事前未得本人同意，誰可以擅自代表誰？況且事關個人出處，尤不能不萬分慎重。——難道我左某可以由別人任意擺佈不成？」

這段牢騷話傳到呂公望的耳朵裡，已知碰了橡皮釘子，有口難言。加之他深知這位老友，喜則春風和氣，怒則迅雷烈火，半點都勉强不得的。因此只好草草收科，自認倒楣。而谷博士見三人之中有兩人沒有落實，心上攛起一把無名火，老大不高興。後來由童院長獻策，請谷博士禮賢下士，親往鑽石山折衝敦勸，當面解釋誤會。頭一兩次，兩人還海闊天空交換了意見。落後，左公已不勝其煩，索性避不見面。谷博士三顧茅廬時，他躲到公孫紅小姐的家裡逗弄她的孩子毛毛去了。

十二金釵的名單，久經醞釀，一晃半月，並無下文。但鑼鼓催場。重頭戲還在後頭哩！

名單人選傳播出去之後，廣西團體大譁。陳思敬首先表示氣忿。「怎麼李德公也會榜上無名呀？」他對夏偉說。「論理、他老人家應該是張谷集團的頭。如今橘皮乾還沒到口，就忘了洞庭湖。忘恩負義，那怎麼說得過去？」

夏偉冷冷地說：「廣西三傑龍虎狗，有把門的代表了，不就得了嗎？」

「你不必喬龍畫虎，隔壁心寬，裝沒事人兒。」陳思敬說。「無論如何這是顛鸞倒鳳，我一定要力爭到底！」

好傢伙，夏偉想。你又扯到女人大腿上去了。「思敬老弟，」他哄嚮著鼻子，笑得比哭還難看：「由他們賣了兒子招女婿，彼此騰倒著做吧。人家正在興頭上，好話未必能聽進半句，何必出乖露醜，自討沒趣。」

「這是什麼話？」陳思敬的軟鼻子勾成了個銳角，一臉苦相：「忠臣不怕死，怕死不忠臣。緊要關頭，我跟他們豁了！」

「難得你赤忱耿耿，丹心貫日。」夏偉見風轉舵：「不過茲事體大，未可造次。你不如請教張參謀長。如果他肯破臉向張大王力爭，我準定陪你去。」

「好的，一言爲定。」陳思敬回嗔作喜：「我先跟任明兄聯絡。諸事安排就緒，再打電話邀你。千萬不可臨陣脫逃。」

「事關軍法，我不開小差的。」夏偉乾笑著在他肩膊上賞了一巴掌。「好吧，再見。我等你的電話。」

談話之後，陳思敬馬不停蹄，一連奔走聯絡了兩天。

九月二十七日，星期三。張將軍和谷博士，在藍塘道張公館的小會客室，約唔了廣西方面約三位代表。下午的秋陽從榕樹的濃綠中斜斜地飄落下來，在薑黃色地毯上交織著一團團圖案，花團錦簇，氣氛肅穆祥和。

賓主分別入座。谷博士仍然保持了他一貫的學者風度，袖手望住天花板，從不願意在要緊的地方插嘴。這位一身繫「半上流社會」重望的大博士，交際應酬之時，仍然清高自持，孤芳自賞，生怕沾帶點兒魚腥氣。事實上，他居自由民主運動的領導中心，一言九鼎，舉足輕重。但他永遠只想袖手旁觀，三緘其口，做眞實的聽眾。任何場合，只要他在座，肅穆的氣氛大有變成枯寂的可能。

主客稍微寒暄了幾句。陳思敬以質問的口氣，首先發難：

「我想請教向公，爲什麼德公也榜上無名？」

張將軍的臉色，像烏雲一般黑。「德公德高望重，不便貿然列進去，」他不著邊際地答。「因爲名單上的十二個人，不論是院長、主席、司令，在名份上都該是他的部下呀。事屬草創，一切還不見眉目，怎好隨便拖他下水，要他也陪我們栽跟頭？」

陳思敬當堂語塞，答不上來。「群龍無首，怎能號召三山五岳的人馬，共赴國難？」夏偉理直氣壯地說。

「將來有了眉目，一定恭請德公出山主持。」張將軍說，好像沒有掀動嘴唇皮。

仍然是一派官話，陳思敬迅速地想。「別含糊其詞，此事先要弄個水落石出。我是德公的聯絡員，我當然曉得什麼叫做外交辭令。」

「好極了，思敬兄。」張將軍剛勁內歛，爐火純青，絲毫不動聲色：「以後咱們多多聯絡。麻煩你將我剛才說的話，上覆德公，請他稍安勿躁，不久定然有佳音見告。」

「廣西人才濟濟，怎好只列黃主席一個？」陳思敬仍然鍥而不捨，開始旁敲側擊。「你們不必厚此薄彼。讓我們口服心不服。」

「自由民主運動，任重道遠，見者有份，我們欣賞你這等當仁不讓的精神。」

「黃某怎能代表廣西？」張參謀長亢聲說：「他身懷巨款，避不見人。跟他共過患難，久預機要的同事，也找不到他的影子。窮困的老部下，照例被他饗以閉門羹。萬一狹路相逢，躲無可躲，他永遠一毛不拔，揩不到他半點油，這種人也配代表廣西，充任基本領導人？」

「這出自德公授意。」張將軍沉著有力地說：「信還是你轉過去的，」他指著陳思敬，「怎好意思不照辦啊。」

「哦哦，任明兄您不必節外生枝，轉移原來的目標。」

張參謀長橫眉怒目，擺出不惜火拼的樣子，逕直說下去：「像朝暾這種人，言而無信，滿嘴油腔滑調，是個標準的老官僚！早兩個月，他慨然親口答應調景嶺同鄉的款子，至今未給分文。虧他臉皮有這麼厚，親手寫的憑據不算，還要請求警方保護，血口噴人，說是同鄉們訛詐他。食言而肥，他媽的眞不是好東西！廣西人恨不得飽以老拳與之拼命，他也配談民主，配講自由？幹什麼你們要抬一個，滅千個，把我們廣西人全蹤到泥巴底下？」

「言重了，張參謀長確實言重了。」張將軍輕言細語解釋道。「名單上的十二個人，根本不是什麼基本領導人。以訛傳訛，閣下不必信以爲眞。我可以負責告訴你，這十二個人連發起人都不是。不過先聯繫聯繫，將來大家都有機會參加的。」

「當然囉，」張參謀長慷慨激昂地說。「民主運動是衆人互相扶持互相提攜的運動，所以是康莊大道，前程遠大。只有唱獨腳戲的人才是雞腸鼠腹，不能兼容並包。古今中外的歷史上，從沒有一種獨裁制度，曾經採取過確當不移的方式，盼望你們不要左右搖擺，動盪不安了。」

「我們的目標是確當不移的，」張將軍打斷了他。「方式也是如此。一切決定付諸會議詳細討論，取決於多數。」

「雖然如此，我的心仍然是影影的，」張參謀長把打斷了的話頭又銲接超來。「既然名單上的十二個人，連發起人都不算，爲什麼一定要包而不辦，只開列這麼一打之數呢？」

張將軍緘然了一小會，亟力平復心腔裡的餘慍。「你知道，任明兄，我是素來不參加政治活動的。也很少認識政治圈中的人物。」他終於說：「軍人的天職是捍衛國土，衝鋒陷陣，政治不是我的本行。」

「不是我當面奉承，您的政治天才一向很高……。」

「我不吃這一套。」張將軍正色道：「因爲閱人不多，所以只能從熟人圈子裡掏摸。譬如谷先生，他是改組派健將，有幾十年的老交情。童先生是立法院長，自然認識。呂先生是在南京開國大代表時套上的交情。張葛壽先生是前不久經谷童兩先生介紹之後才認識的，所以他可以捷足先登。而且若論國際知名之士，他總歸是頂兒尖兒人物。要我約人，自然只好約我認識的人。民主運動光明正大，不好任意到馬路上去拉伕的！」

三位客人遭受這麼一大頓疲勞轟炸，臉紅紅的，半晌訥訥不能開口。「向公所言，都在理上。」夏偉打破了僵局。「就是因爲有了黃朝暾，我們廣西人才會離心離德，忿忿不平。」

「一粒老鼠屎，打壞一鍋羹，」張參謀長又捲土重來：「他可說是害群之馬！」

「那不關我的事，思敬兄也在坐，你們可以寫信力爭。只要德公來信指示，我一定立刻辦理。」

張向公眞別脫。幾乎是三個人共同的觀感。肩上不擱四兩，什麼事情都推得一乾二淨。客人們互相交換了眼色，悻悻然告辭而別。

三位廣西風雲人物前腳剛離開張公館。另外兩個說客，接踵而至。那就是上官雷丞和馮泗騏。

谷博士仍然在座，而且沒有改變坐姿。唯一不同的是：眼睛從天花板上拉到地毯上，使客人有了「垂青」的幻覺。

「十二人是不夠的，」上官雷丞爽朗開言：「這差不多是朋友們一致的觀感。比方別人請客，安排的席位是三百個，假如到的客人只有寥寥一打之數，那未免顯得太寒傖太掃興了。」

張將軍狼狽地沉默著。「你也是爲這個來的嗎？」終於他硬僵僵地說：「還有許老總呢？」他怔怔地望住馮泗騏。

「許老總的意思也差不多，」馮泗騏半吞半吐說。— 他是張將軍住講武堂時代的教官，論輩分他當然是老師，但這麼些年來一直在學生手下以高參伴食，論位份他又是部下，他的踧踖不安是很顯然的。「橫直添客不添菜，那又何必拘拘一格？」

張將軍環顧小會客室。「您想，老師，這兒可以容得下多少客人？」他心平氣和地問。

馮老師逼得一臉通紅。眼睛眉毛鼻子幾乎擠到一堆，表情相當尷尬。「我想三十個人決計容納得下。」上官雷丞搶先回答。

「如果座談之後需要聚餐，」張將軍繼續說，「你們注意到我的餐廳比這兒還小嗎？」

「起碼也可以擺兩圓桌。」上官雷丞滿有把握地答。「何況民主自由運動並不是吃飯運動，餐廳的大小不足限制人數的多寡。」

「我總不好意思讓開會的人，聚餐時因額滿見遺啊！雷丞兄你說是不是？」

客人語窮詞塞，久久無法作答。

向公神采飛揚。因爲在一個下午，能夠有兩大天才發明的事體並不多見。——馬路上拉伕和客廳的大小，言近旨遠，具體有力；隨手拈來，皆成妙諦。他頗以自個兒的急智自豪。

「如果一定要拿餐廳的大小，作爲領導人名額的標準，」上官雷丞用小指頭挖著耳窿輕蔑地說。「那麼，至少咱們的名單還可擴充一倍。原有十二人一桌，新入夥的一桌。這總歸不致於額滿見遺呀。」

「雷丞兄所見甚高。」馮老師附和道：「我想，餐廳雖小，裝二十四人是綽綽有餘的。」

引車塞象眼，這一「軍」可「將」得不輕！主人哄了哄鼻子迅速的想。「然而原有的名單，是五人小組會議久經商酌鄭重產生的。要加要減，也祇有五個人才有權協議決定，我一個人不敢擅專。」

又來了官話。兩位客人惴惴不安地互相對視著。上官雷丞仍然棋高一著，把難題推向對方。「就拿餐廳的大小做標準，我主張邀約彭昭武和宣誠五參加。」

張將軍正待答話。馮老師也乘機將名單提出：「方覺迷、張任明、關聖歎和衛震宇，有的久膺黨國重寄，開府一方；有的百戰功高，馳譽國際；應該有資格予以優先考慮的。」

主人沉思有頓，切實權衡了一下輕重。「這是老總的意思嗎？」他反問。

馮老師微笑點了點頭。

「那好。讓我考慮，同五人決策小組會議提出來。」

「彭宣兩位，」上官雷丞虎起馬臉質問：「是不是也在優先考慮之例？」

「對不起，雷丞兄，他們兩位只能分批押後辦理。」

「那爲什麼？」

「哦哦，不爲什麼。」主人不自然地開闔著手掌。「倘若再增加十二人，我一個人提出六個來，豈不跡近包辦？」

「彭兄是一位很用功讀書，留心問題的學者，」上官雷丞瞥了瞥永遠旁觀的谷博士。「在理論上造詣甚深，是反極權的一把好手。當然，當然囉，」他發現了谷博士的陰沉的面色。突然改了口：「比起谷先生來，仍然是不夠的。」谷博士的面色並未稍霽。上官察顏觀色，把溜到嘴邊的話又嚥下去了。

「宣兄是黃埔出身的名將，遇事有條不紊，簡明扼要。」馮老師代爲吹噓推薦。「立得定主意，拿得出辦法，也算是當今難得的人才。」

「是的，是的，第一流的！」主人說，語氣頗含忿慨。

「而且他還有三勤 — 腳勤、手勤、口勤。」上官雷丞補充道，「在我們這個只講究坐而論道，不親細務的圈子裡，他應當是出色的聯絡人才。」

「雷丞兄你有沒有注意到，」主人冷冷地說：「他是侍從室出身的啊？」

「我敢保證他不是台灣的人。」

「人都是歷史的動物。」主人的眼睛像穿過雲陣的星星，突然亮起來。「你推薦的這兩位，一位是官邸侍從之長，一位是CC　有名的大將。他們眞的會擺脫歷史關係，毫無保留來參加新運動嗎？假如他們另有作用，那該怎麼辨？」

「我以身家性命擔保！」上官雷丞猛拍著胸脯。「如果新運動撇開他們兩位，本人也無顏追隨向公，只好知難而退。」

「快不要這樣說，雷丞兄，快不要，」主人微笑著安撫他：「民主運動是大家互相扶持的事業，必須廣結善緣。你當然知道我不是搞政治的。但大敵當前，國脈民命危如累卵，不得不勉爲其難，當仁不讓，坐到炭爐子上出醜。你不必打退堂鼓，千祈不要操之過急。」

這席冠冕堂堂的話並未使客人消痰化氣。「天下事就是這點古怪 — 時來誰不來？時不來誰來？何必拒人於千里之外啊？」

谷博士的忍耐功夫到底還有個限度。他見話不投機，不免依循著他的行爲慣性，悄悄站起來反剪著雙手，木木然來回踱著方步。高低他是站在「當時得令」這一邊的，任你們如何慷慨激昂，他仍然優哉遊哉，開始欣賞小會客室裡邊那些滿目琳瑯的商彝周鼎去了。

這氣氛當然不大好受。兩位客人訕訕地起身告辭。交鋒的結果雖不十分圓滿，可是將名單擴大一倍的決定，不久已在決策會議上通過了。這未始不是他倆立下的汗馬功勞。

接著產生了「二十五人團」。

那就是「半上流社會」圈子裡叫做「二十五集團軍」的集體領導人名單。

若問爲什麼不是二十四人，偏偏要不多不少拖出一條尾巴？

具體的答案是：彭宣兩位各得兩票，票數相等，上官堅持兼容並包。好在兩桌之數指的是圓桌，沒有人要掛角挨光，大家也落得做順水人情，以「屈蛇」方式默認通過。

新人選是用無記名投票選出來的。據說那是張葛壽獻的策，他對自由民主運動有兩大貢獻。其一是無記名投票，其二就是後來的「中國自由民主戰鬥同盟」（簡稱「戰盟」）所特別標榜的「生活公約」。

新名單的「甄審委員」論理應當是十二位。但因爲張士林根本不在香港。許老總已革「任」留「職」，無權過問。黃朝暾被廣西人攻擊得體無完膚，自然不好意思出席。左諸馮從未答應參加，票選之事置若罔聞。呂公望遭受老友的責備，頓感消極。霍逸君則以現職在身，不便插足。因此，參加無記名投票的「甄審委員」，只有六位，乾坤大略，當堂濃縮了一半。落選的人，不免嘖有煩言。

也正因爲如此，「二十五人團」的名單，雖經李大宇窮三天三晚之力，整理謄錄翻譯就緒，但始終沒有遞到哈德門手上備案。

哈德門懷著愛莫能助的沮喪心情走了，但留下的問題可多著哩！

新人選第一名是何老師。第二名夏青萍。第三名是李大宇。

老人一接到當選通知書，仔細研究過「二十五人團」的年齡、學歷、經歷等之後，當天寫了一封懇切的信，寄給張向公。婉辭此一名譽職位。他的理由是：「久已不預聞黨務，而且目前對政治也深感厭倦。與其尸位，不如讓賢。」態度光明磊落，出語大大方方，並無模稜兩可之處。

第十六章

十月的第二個星期日。時序推移，金風送爽，已是農曆涼秋九月。趙天一應老人函約，上午十點鐘左右抵達牛池灣，初次拜訪了老人。

談話從自我介紹開始，略事寒暄，老人扶杖陪同趙天一，到史千秋墓上打了一轉。

感傷的回憶，暗淡了黑漢子的前額。有一種令人墮淚的東西，不斷地揩勒著他的眼睛。離離荒塚，高高低低遠遠近近，在他的淚眼裡震顫，彷彿生命的逝波。在心靈的透視中，那些半浮在霧氣裡的土饅頭，宛如細碎的浪花，舊的滅沒，新的出現。生命之流依舊波瀾壯闊。陰沉的天宇和更陰沉的草叢，窩藏著憂鬱和冷漠。一切都帶有臨喪發弔，披麻戴孝的慘象。

無常的命運，總是首先出賣好人。

好人們的生前死後，畢竟是非常寂寞的。史千秋的長眠之地，不封不樹，孤寒落寞，一任風雨剝蝕，牛羊踐踏。他們徘徊瞻仰憑弔，益增蕭條之感。

人在人情在。趙天一鼓起腫泡泡的眼睛呆想，朋友們春風得意，愈發彰顯出死者的寂寞凄涼。一個毫無誠意的時代，必然是個空洞無物的時代。心靈麻木和肉體麻木，虛空中的虛空！山河寂寥，大地沉沉，英雄的歌頌久已喑啞無聲。英雄們的心，也不再激蕩。矯揉造作，虛假不誠，全世界公然以當面撒謊不紅臉爲榮。蒙羞的年代遮暗了光輝的日子，而虛假的笑，必然扼殺一切眞純的感情。

這是第一個民主烈士。趙天一的眼睛瞪得像地牌。死者的感觸是不可知的，惟一可知的，是生者的悲哀！他的黑臉上和脖子上一陣陣泛起雞皮疙瘩。他覺得有一團又濕又冷的漬水的舊棉絮，塞在他的心窩裡。傷感和沮喪，沉悶而虛脫，他眞正呼吸到了蕭索的十月的氣息！

公墓塑造了生命的永恆的形象。趙天一繼續失魂落魄地胡思亂想。最平坦的地方也存在著最大的陷阱，後死者的責任究竟不輕啊！

他突然感到喉管裡乾得作痛，他啞忍住一切。臨別時，他彎腰抓起一把泥土塞進那個牛皮紙大公文袋裡。最初的祝福和最後的悲哀，在他那純樸的感情中迴旋激盪。他的臉色實在難看。

老人扶杖走在前面，趙天一緊緊相隨。

老人的呼吸很短促，彎腰折背。已經老態畢露。史千秋的死，使老人一直愁眉不展。他惦記著丁令威，他曾寫信催促丁令威返香港主持出版社的業務。他覺得在那個毫無誠意的團體裡邊，史千秋和丁令威可算是兩根支柱。在那些不成材的學生當中，他們確屬後起之秀。他在憂傷萬感中，跟趙天一談起了這個。

「至少這兩個人懂得實心辦事，誠意做人。」他扁起嘴巴痛苦地說。「懂得如何敬業，如何樂群。」他添說。

「可惜我不認識丁先生。」

老人掉頭瞥了瞥趙天一。「他對你的印象很深。」他說：「上月你在自由人發表的一篇有關淮河水利的問題的論文，他還來信讚不絕口哩。也許他明年春天可以擺脫盟總的工作，代替羅堯封主持出版社。到那時，希望你能夠助他一臂之力。」

「我對香港的文化事業，始終表示悲觀。」趙天一坦率地說。

「你的那段分析，青萍老早告訴過我，」老人破顏爲笑：「細想起來是有道理的。但是，年輕人，我要鄭重告訴你…，」

嗆咳打斷了他的話。趙天一保持緘默。過了一小會，老人繼續說：「處絕續之世，欲救亡圖存，必須知其不可爲而爲之。樂觀的精神能創造一切。頹廢沮喪，祇能把無信心，無結果，萎靡不振的精神烙印，加蓋在一切事業之上，那必然會敗壞一切的！」

「整個時代，就瀰漫著這種凋零頹敗腐朽的氣味啊！」

「我當然也嗅到這種氣味。但這是老一輩人應負的責任。繼往開來。這副千斤重擔，必然擱在你們的肩頭上。」

趙天一倏然想起了市面上的一種期刊 ── 第二代。「第二代也許還趕不上第一代啊！」他沒頭沒腦地說，同時苦澀地笑起來。

「此話怎講？」老人溫煦地反問。「我剛讀過一本叫做『第二代』的刊物。」趙天一解釋道：「它給我的印象簡直壞透了。滿紙盡是些幽靈的吶喊啦，魔鬼的舞蹈啦，地獄之火的擁抱啦等等。那股子流腔和鬼混勁，令人肉麻的程度，賽過牙醫的鑽孔器！」

老人白眉上揚，兩眼平視。「青萍曾經告訴過我這檔子事。」他愷悌慈祥地說：「他的評語只有八個字，但比你的更具體。——漆黑一團，非洲水平！」

黑漢子聽到非洲兩字頗有親切感。「哦哦…」他訥訥地嚷。驚訝的神色全湧動在油黑的麻石臉上了。

「然而一隻燕子不能造成春天。」老人平靜地說：「我們仍然不要洩氣。」

「一葉知秋。」黑漢子說：「整個時代的根子壞了，休想結得出好果子來！」

「我們要注意固本培元。」老人說：「別輕易斬喪國家的元氣，對第二代不必苛求。」

「戾氣所鍾。這是沒有辦法的事。也許紛紛亂世還剛剛開頭哩。」

「對、對極了！」老人含淚微笑點頭，老花眼裡漾動著深沉的智慧：「從現在開始，年輕的一代，應有長遠的打算。人生原是一場戰鬥，勝利屬於勇敢的人。」

趙天一沒有再說什麼，開始低頭走路。

倆人併肩走進那間簡陋的會客室。趙天一剛落座，老人返身從木書桌的抽屜裡，摸出一厚本雪白的名冊來，順手遞到他的手上，感慨地說：

「這是自由民主運動領導人名單，連我在內總共二十五人。一代精英，可以說會萃於此了。白紙黑字之間，棲息著一個多麼荒謬的時代！上演著一齣多麼荒唐的鬧劇！你有興趣看看嗎？」

黑漢子一臉無所謂的神氣，懶散地翻動著那本名冊。「履歷很搶眼，」他說，繼續讀下去。「人才濟濟，而且大有來頭。」

「慢慢讀下去，你會得到另一種印象的。」老人親切地開導他。

趙天一硬起頭皮朝底下讀。於是，戰區司令長官、立法院長、農林部長、內政部長、省主席、邊區政府主席、大學校長、總司令、黨魁、博士。等等等等，繽紛盈目，耀眼欲花。現在是過去的關鍵。他反起手背揉擦著眼睛出神地想。爲什麼這些大人物在當權的時節，從不高呼自由民主萬歲；一朝失勢，就自由民主，民主自由，嚷嚷不休！權力，無論如何不是量度自由民主的標準。自由民主斷然不是達官貴人們的囊中之物。民主與自由，千千萬萬老百姓在心靈中喊；千千萬萬青年們拋頭顱、洒熱血，在行動中搏命爭取；唯獨達官貴人們不配！他想著想著，突然氣忿忿地笑起來。

「有什麼特殊發現嗎？」老人問。

「暫時還沒有。好像這本名冊份量不輕。」

「每一個人的簡歷，開列下來，平均佔到兩頁。這至少具有雙重意義。」

「那兩種？」黑漢子反詰，沒有抬頭。

「他們都有輝煌的過去。同時，也或多或少，都得向歷史負責。」

「那爲什麼啊？」

「簡歷上只能列出寥寥數行，或者完全是一片空白的人，他們還不夠在歷史上作惡的資格。——炫耀經歷，正是展覽罪行。經歷愈多，罪孽愈重。這是不合邏輯法則的邏輯。大崩潰時期的眞理。一針抵一線，歷史上的功過是非，說穿了就是這個樣子。」

「持平之論。」趙天一點頭。「但有那幾個人把這本勞什子名冊看作懺悔錄啊？」他添說，刷刷地翻動著名冊。

老人輕咳著。「深淺不同，看法各異。」他說。

「噢，十三號。」趙天一似乎有了新發現。

「十三號總是不吉祥的。」老人莞爾而笑。

「然而位列中央，倒是這團體的重心。」

「可惜我已經堅決辭謝了。」

「不想同流合污，是不是？」

老人連連點頭。「事不可為，不如急流勇退。」

「這是各黨各派的大聯合運動呀？」

「大分裂同時也形成了。風暴潛藏著，並未消散。可惜大多數的人，都是缺少遠見的。」

趙天一對香港的政治行情很感隔膜，他無法瞭解老人的深意。他繼續耽讀那本「名人懺悔錄」。讀得愁眉苦臉。他不得不猛吸煙捲提神，因此兩個鼻孔就像兩隻煙囪。

「黃如今和黃如人是不是兄弟？」他問。「這兩個名字很突出。」

「一個是湖南人，一個是貴州人。也許這是巧合。」

「黃如人，」趙天一唸誦著。「簡直妙到毫巔。——難道他不是人嗎？」

「這個圈子裡的人，好像都有點自虐狂。前幾天，就有一位姓梁的年輕人到我這兒來登門約稿。他預備出版的那份刊物叫做『人言報』。當時我也有這種感觸，只是不好意思說出來。」

此刻，「名人懺悔錄」已接近尾聲了。趙天一讀完最後一行，輕輕闔上，手指下意識地在紙上敲擊著。好久沒有說話。

「有什麼感想?」老人和顏悅色問。

「活力不夠,好像是養老院的名冊。」

「噢,噢。我有同感。你仔細計算一下吧。」

趙天一沙沙地翻動名冊。運用捷算,不久得出了答案。「總共一千五百二十五歲,」他說。「平均年齡六十一歲。接近研究院指導教授的平均年齡。」

「六十一!」老人痛苦地重複著。「他代表保守和惰性,代表貪得無饜和濫用權限。世亂如麻,他們都不能算是好舵手。」

「無論如何,他們總能代表社會的某一層面,是社會的安定力量之一。」

「眞正的自由民主運動,不會在既得利益者的圈子裡產生的,」老人語重心長地說:「亂世產生四種人,他們才是整個時代的動力。誰忽視這個基本事實,誰就是政治白癡。痳疹是生長過程的必然現象,因此你不必對文化運動悲觀,」老人的談鋒急轉直下。「今後文化運動的總目標,就是喚起民眾,共同奮鬥。已經有了安身立命之所的既得利益階級,只能算做時代的『常數』。他們是不會要求改革的。而整個時代的希望,也不可能放在他們的身上。」

趙天一恍然大悟,會心的微笑著。「當然,當然,悲觀是毫無道理的,」他喜孜孜地說:「如今我對必須喚起民眾,共同奮鬥,可說已經瞭解個七七八八啦。」

「青年人在擴大識量之前,必須擴大心量。」老人將論點向更深處延伸。「只有懷抱著深心大願的人,才會智深勇沉,才不致計較個人得失。——一切人類社會,毫無例外地運轉於常數與變數的二重奏中。兩者的比數總是相對變動的。這就是人類歷史起承轉合的原動力。一切社會變動的關鍵。」

「倘若常數大於變數，」趙天一詢問似地瞥了瞥他：「那麼應當出現太平盛世年景囉。」

「反過來說。變數大於常數，一定是個亂糟糟的局面。而兩者相對平衡時，社會趨向小康。——我們生活的這個時代，你想是個什麼時代？」

「變數遠遠超過常數的時代，兩者簡直不成比例！」

「世變方長，我們的目光，不能不注意年輕的一代。」老人頓了一頓，繼續說：「常數代表社會的惰性，它要求安穩；變數代表社會的動力，它要求變革。——哦哦，這種索然寡味的高頭講章，還是暫時收起吧。」

「不，盼望繼續說下去，」趙天一懇切地說：「如果您不說，後生小子，就聽不到這些話啦。」

但老人沒有繼續說下去。因爲有三位光鮮體面，溫文儒雅的紳士造訪。

第十七章

老人含笑起立，忙著招呼客人入座。這三位紳士，就是谷夢如博士、童希聖院長和機要秘書李大宇。他們是接到老人的信後，到這兒來勸駕的。

趙天一起身告辭，老人不便挽留。送到會客室的破門邊。「以後盼望你常來。」他親切的說。

「謝謝！」趙天一執禮甚恭，一點玩世的神氣也沒有了。「這個函數問題，值得深思。以後我會時常來請教的。」

「什麼函數問題啊？」李大宇含笑接過話頭。

老人轉身。李大宇高大肥碩的身型，在他網膜上閃動。「隨便談談，」他說：「不知不覺，已經深入到眞正的問題裡頭去了。」

「跟年輕人歪纏，」李大宇笑嘻嘻地說，將手上那柄名貴的洋傘在泥地上劃來劃去。「不怕浪費您有限的精力嗎？」

「那是無須憂慮的，」老人溫和地說：「可慮的是咱們的平均年齡。」他添說。語意裡微含著並無譴責意味的譏諷。

「平均年齡有什麼毛病嗎，教授？」谷博士困惑地盯住他。

「總歲數一五二五歲，平均年齡六十一。似乎動力不夠。又似乎惰性太强。」

谷博士突然打斷了他。「不過，重心總是很低的。我們先要求穩健，然後才談得上平衡發展。」

「亂世需要大開大闔，打破現狀的人才。所謂異軍蒼頭突起。年輕人在創造性的活動中代表了力的一面。他們抽緊了歷史節奏。他們使一切變革成爲可能。」

「難道老年人在歷史行程中，不佔什麼位置嗎？」李大宇以質問的口吻搶著說。

老人雙手扶住拐杖，慢慢坐到矮板凳上。又是個沒後腦的人物啦，老人望著李大宇的大腦袋側影出神地想。腦袋確實大得出奇，而且相貌堂堂，富態之至。難怪他文采風流，孤芳自賞，一心一意，要學克里蒙梭，那是不錯的，雖無虎威，卻有虎態。只可惜後腦袋壁立如削，記憶力比較差勁，而且也藏不住什麼東西。歷史人物，往往以忘恩開始，以負義告終。因此歷史的氣味才像一籃鮮魚，腐臭得很快。先是水味和泥腥氣，接著就會令人掩鼻。他這樣繼續想。老眼空寂寂的，像失掉了光澤的煤塊，同時哄響著鼻子。

這是一陣排槍，李大宇暗忖，搏弄著洋傘。「老一代人是不是代表智的一面？」他追問。「我以爲比莽撞的青年人，總略勝一籌。」

「我不以爲這樣，」老人毅然決然回答。「紛紛亂世，是力的世界。我們的腳跟都缺乏彈性，當然更談不到衝力。維持現狀，也許勉勉强强，要開務成物，改變歷史的面貌，老一代人都要退出歷史舞台。」

李大宇用賞光的枯笑，迎接著老人暗淡的目光。「那爲什麼？」他低聲問。

「欠缺生命的活力。」

「這就未免武斷啦。」

「不。」

「深思熟慮强於莽撞亂動。」

「也不！」

李大宇困惑地聳了聳肩膊。「這個我眞不懂了。」他說，神秘地嗅了嗅鼻子。

「行動强於等待。主動强於被動。這是一個老兵的哲學。」

「然而，教授，您不必固執己見，迷信青年。」李大宇婉言解釋。「而且您的學識經驗，是有目共睹的，也不必向老兵身上尋求什麼理論根據啦！」

老人皺紋密佈的臉上，流露著一種陰森的自信的神情。「青春氣息，總比屍臭要甜美得多啊！」他慨然說：「如果我不相信來日方長，前途無限的青年，難道一定要相信老態龍鍾，行將就木的老年不成？」

「那何以見得？」李大字的大眼睛裡洋溢著慍色，顯然他被老人的話激怒了。

「希望有各種層次，絕望什麼也沒有。」

「恐怕這一代的年青人，不能代表希望。」李大宇冷冷地說。「他們的墮落和無知，簡直到了驚人的程度。」

「拜我們這班老頭子之賜！一切必須反躬自問，才會心安理得的！而且…，」老人頓了頓，把談鋒突然掉轉來。「誠重勞輕，求深願達。老一輩子的人，從沒有把這種豪情勝概，栽培年青的一代。值得譴責的是我們自己，青年們不必分擔我們的過錯。」

「當然，當然，教授，」童院長迂緩地插言：「假如我們積極考慮青年代表的名額，您是不是可以打消辭意呢？」

「不怕重心過高嗎？」李大宇詢問似地盯住童院長。

老人的眼睛裡，重放射出光芒。「跌倒的可以爬來，」他厲聲說：「已死的決不能復活！」

擬於不倫，谷博士迅速地想。「我們仍然是雄心萬丈啊！」他說。

老人眞想用枴杖敲他的膝蓋。「可惜泥土已堆齊胸口了。人可以不服輸。但不能不認老。歷史有它的明面和暗影。我們這一輩子的人，只應當棲息在暗影裏邊，冷冷清清，著書立說，爲下一代開路。我們工作的目標，千萬別離開文化。」

「老年人不先在政治運動上多用一把力，」谷博士淡然無味地說：「青年人就會迷失方向，成爲失落的一代，勢必接不上這口氣。」

「後生可畏，」老人略爲思索了一下用語的輕重，「把接力棒朝他們的巴掌裏一塞，他們會自動跑的。其實嘛，寸步難移的是我們自己，何必杞人憂天？」

「目前這種時勢底下，文化運動，畢竟緩不濟急，滋蔓難圖。」谷博士說：「麥克阿塞將軍麾下的聯軍已超越三八線，向北韓進擊。戰火急遽擴大。大環境敦促我們必須積極展開行動，互相呼應，互相配合。這時還堅持文化運動，多少帶幾分迂闊。」

「也怪彆扭的，」童院長幫腔。

「而且不時務，」李大宇搶著說：「本末倒置！」

這輪排炮之後，大家不約而同，停止轟擊。耐心等待老人說話。

但老人並沒有說什麼。雙頰上的肌肉，在鬆弛的打摺的皮膚底下牽縮著，他的臉色慢慢變了。

「自然，我們並不否認文化宣傳的重要性，」李大宇打破了沉默。「不過戰爭玩的是眞刀眞槍，紙上空談究竟沒有多大道理。」

用言語去改變一個人的決心是很難很難的，老人迅速地想。對任何一個問題的分析、理解與判斷，其深淺的程度，幾乎可以有一千個層次。「你們眞以爲會擴大嗎？」他挑釁似地說。

「當然。——不嗎？」

老人失望地瞥了瞥李大宇。頰肌的牽縮蔓延到了眼角。「畢竟是一場有限度的戰爭。」他肯定地答。

「兵凶戰危，永遠不受理性的約束。」谷博士迂緩地說。「聯軍超越三八線後，勢如破竹，平壤指日可下。再往前進逼，將攻抵鴨綠江邊，初生之犢難免要捋一捋虎鬚，這麼一來，戰火勢必會燒過鴨綠江。我們不要放過這千載一時的機會。」

「不會的。我想是不會的。」

「道理何在呢？」

「交戰雙方，都沒有作戰的決心。」

「可是砲火連天，血肉橫飛，總該不至於是小孩子放爆竹吧？」

「就戰爭的類型來判斷，韓戰不過是二次大戰的尾聲，並不是核子大戰的序幕。打打談談，談談打打，一緊二拖三不管，恐怕是不了了之。」

谷博士用右手虎口緊抵著下巴，開始沉思。「緊要關頭，誰也無心兒戲啊。」

「正是這樣，夢如兄，正是這樣。」老人平靜地說：「落水的人，認爲是緊要關頭；岸上的人，卻以爲是鬧著玩的。戰爭 — 刺激生產，擴大投資，解決國內失業，依循著選民們中途不下馬的苟安心理，爭取大選時的選票，如此而已。因此，韓戰打來打去，始終是一場兒戲。一顆不成熟的蘋果，還是留在樹枝上爲妙。人，不必相信什麼預言；但必須信任智慧的透視力。 — 哦哦，請原諒，好像我又站在講壇上了。」老人謙遜地笑笑，突然把自個兒的話腰斬了。

「我不願意朝這方面下判斷。」谷博士說，緊托在手掌裡的下巴推擠得捲了邊。

「愈是你最不願意相信的，你愈該相信。千萬別忽略跟我們的願望全然相反的東西。八十年來的痛苦，就結晶成這麼一點點經驗。而一切科學，都是在全然相反的假定上，開始擴大視野，追求眞理。一廂情願的想法，除了自欺欺人之外，可以說一無是處。」

「教授，您眞愈老愈辣，倔强成性，」李大宇粗聲厲氣說。「然而這種自以爲是的態度，多少總欠缺民主的精神。」

小子放肆；谷博士在肚子裡嘀咕。「假如你不堅決要求退出領導集團，」他溫柔懇切地說：「我們可以考慮加强文化宣傳方面的工作。」

「一定要給文化運動裝條尾巴嗎？」老人枯澀地笑起來。「那麼，爲什麼不叫做文化教育呢？百年大計，一點兒也不能草率啊。」

「好吧，既然如此，就正名爲文化教育吧！」童院長以老成持重的語氣，作了結束。

這話之後，開始沉默。

四個人各懷心事，面面相覷。

誰也有許多話要說，但誰也沒有啓齒。沉悶繼續著。大家都有了舌頭變厚的感覺。上下顎不自如地震顫著，疲軟得像棉花；而整個口腔，似乎被什麼東西塡塞住了，苦澀澀的，充滿了黝黯的失望。

李大宇用那把名貴的洋傘在泥地上劃著圈圈。唉，又碰到一座攻不破的頑固堡壘，他顰眉蹙額地想。自由民主運動，眞是多災多難！他用白胖胖的指頭彈弄著鱷魚皮洋傘傘柄。同時朝泥地上啐了一口。好像他那張大嘴裡，塡塞的是木屑或者沙子之類的東西。

老人窘迫地望了望來客，他那搜索的目光裡突然有了求恕的表情。——眼睛黯淡無光，而且瞳孔愈縮愈小了。

谷博士瞟了童院長一眼，起身告辭。

老人照例送客至會客室的破木板門邊。

「請留步！」谷博士冷冷地說。「盼望你打消辭意，以個人身份參加我們的工作。」

老人拄杖欠身鞠躬。「年老多病，久已不過問外事。還是免役吧。」他笑嘻嘻地答。如逢大赦，語氣已溫柔活潑得多了。

「好的，好的，」谷博士面帶慍色。「以後的事，大宇會來磋商的。」

三位客人未得要領而返。

瀝青紙木屋外面，秋陽朗照著。天宇素淨而孤高，像面藍緞子錦旗。微風在木屋的拐角上舞弄黃葉，彷彿是一隻戲耍著絨線球的小貓。三人的背影被屋角遮斷了，但刺耳的乾笑仍遺留下來：

「您在重慶時，送美國副總統華萊士，也只送到校長室門邊哩。」

這調侃的話，發音清晰，而且沉著有力。那顯然是李大宇說的。

「對準影子，大打太極拳，又何苦來？」李大宇故意提高嗓門繼續發牢騷。「早知如此，不若到健身房練這麼一兩個鐘頭的沙包，也許還要上算些。」

第十八章

那是個溫軟的週末之夜，溫軟得像中年胖婦的胸脯。

日子已挨近年月盡邊。五光十色，點綴著沉醉的夜香港。滿月逐漸消瘦，但清輝仍然在大地、屋宇、山巒、瀚海上鍍著一層薄薄的銀，蘋果綠的天宇，空寂寂的，偶爾有幾顆寥落的寒星，在稀稀朗朗的銀輝色羽狀雲裡，眨著疲憊的睡眼。整個城市，宛如蜂窩，人們營營逐逐，醞釀蜜似的享受，同時也加緊製造罪惡。

北角週末俱樂部盛大的晚筵，正開始結束。人們帶著酒醉飯飽後那種寬舒愉快的心情，圍坐在大廳的另一角落閒聊。

仍然是小姐們美麗的笑靨，紳士們胖胖紅紅的臉；仍然是酗酒之後的高談闊論，仍然是煙草、酒氣、脂粉和淫慾味；仍然是蕩婦，應召女郎和野雞混淆不清的那種荒唐情調。夜氛從百葉窗帘中透進來，大廳中瀰漫著果汁似的甜香。這荒唐之夜濃郁如酒。

北角週末俱樂部的會員們，已經有了輕微的變動。文象斗的遺缺，正式由羅堯封教主頂替。鄒又紫司令已憤然拂袖，半年來一直沒有漏臉，因此，黃如人就填補了他的空檔。這兩位新進人物都是夏青萍博士旗下的大將，他們其所以能夠在俱樂部正式掛單，當然是夏博士的大力推薦。

霍逸君博士休假，正暢遊羅馬和希臘的名勝古蹟。他的位置暫時由一位姓宋的老哥承乏。宋老哥是黎發財和胡奇遇牽引進來的。此君手段闊綽，沉默寡言。耗子臉上經常掛著一縷狡獪的生意人的奸笑。他有個歪鼻子和兩撇特別生動的小髫子。鼻子又大又歪，鼻孔向上翹起，看起來似乎破了相，而且跟小眼睛全不相稱。但兩撇短髭卻剪得十分整齊，而且髫子也善於表情，使他贏得了一個綽號 — 宋小髫子。

白蛆逐臭，粉蝶撲香，各有所好。

而廢墟最出色的形象，是留在陰影裡的形象。「半上流社會」的紳士淑女，總是樂於生活在陰影裡的。他們在夜裡特別活躍。夜色閃爍如夢，這班人的身上似乎都輝耀著燐光。

宋小髫子是個短腿長身的矮個子。他交遊廣闊，但無人知道他的底細。他的短髭和濃眉黑如點漆，煥發著生氣和光彩，這差不多是他臉上的活招牌。尖下巴刮得溜光溜光的，白中綻青。青白色的耗子臉上，春夏秋冬不分，城府甚深，從不在必要的時候稍動聲色。因此，很少人能夠從他的面部表情上窺覘「氣候」。他酒量甚大，而且從不上臉。酒喝得越多，面色越發青白得難看。

今晚的盛筵，是爲宋小髫子安排的。眞正的東道主是黎發財和胡奇遇兩人連名恭請的。陪客中自然少不了陳百搭(這是陳思敬最近的新封號)，張藝靈少將，夏青萍社長，羅堯封教主和黃如人先生。小姐們花枝招展奉陪的，有藍玲、韓水湄、石蕙、徐劍蘭、柳鶯和許虹。「香港小姐」劉情缺席。她缺席的原因並不是跟鄒又紫司令同進退，而是今晚她正式重披舞衫，下海伴舞，無法分身應酬。

劉情爲什麼又要拋頭露面，重操故業？說起來道理十分簡單：名氣愈大，開銷愈多。也許這正是盛名之累。「香港小姐」是個並無實惠的空頭銜，飢不能食，寒不能衣，但一切生活用度和排場，又不得不顧全這個空頭銜的體面，弄得入不敷出，債台高築。老搭檔鄒又紫，又被小腳老太婆嚴厲管制住，走私之事，有心無力，無形中斷了一條財路。半年多息舞閒居，做紅舞女的收入又斷了檔。文象斗博士的情書雖綿綿不絕，而且偶爾也接濟一點美金，但究屬杯水車薪，無濟於事。

從夏社長處賺到約兩萬港幣，清償積欠，到手冰消。重操故業，情非得已。而「香港小姐」頭銜，對於歡場生涯，好歹總有些幫助的。她就運用了這一點，果然捧場客如雲，號召力强大。

紳士淑女們的酒後閒聊，就是先從劉情小姐談起的。

宋小鬍子把左腿掛在金絲絨單人沙發的靠背上，不斷地打鞦韆。「香港小姐的蓮駕，怎麼還不光臨？」他斯文地問主人。

「今晚她在金鳳池登場候教，捲土重來，先聲奪人，想必忙得不可開交。」主人委婉地答。他飲酒似乎過了量，白皙的臉上紅通通的，好像熟透了的蘋果。「而且今晚是頭輪首映，捧場的瘟生一定不在少數，也許來不及趕來點卯。」他鄭重地添說，可能因爲自個兒出言得體，懂得言談中夾雜點書本上的字眼而沾沾自喜。

「這又難怪了，」小鬍子輕搓著小巧的巴掌說：「眞是緣慳一面啊。」

「她徒擁虛名，並無實際，」胡奇遇微微挑動雪白的眉毛示意：「在座的名花，可以說都比她强。」

「不過名花有主，」小鬍子奸笑著，小眼睛裡放射出異樣的光芒。「眼看著是塊肥肉，你總不好意思伸上筷子的，而且我也沒有橫刀奪愛的習慣。」

「宋先生眞個是謙謙君子，」胡奇遇嗒響著厚嘴唇說。「這兒有愛無情。繁花供眼，誰也可以任意攀摘。」

「奇遇，你這話難聽，眞難聽，」藍玲淺笑輕顰，以示抗議。「簡直刺耳極了！」她補充。

宋小鬍子瞟了她一眼。一個嬌小玲瓏、體態苗條性感的影子，在他醉眼裡漾動。高頭裝、粉紅色T恤和白嗶嘰竹筒褲，緊裹著一個曲線畢露的胴體。橢圓形臉上，秀氣溢目，像大理石精品，雕琢得一無瑕疵。只是脂粉略嫌厚了些，雀斑不見了，同時也掩蓋了臉上的表情、笑容盪漾在精巧細緻的嘴角弧線上。「一個美妙絕倫的面具，」小鬍子出神地想。「看起來不像是眞的！」他繼續想。「那嘴角春光，枕邊風月啊……。」

「你在胡思亂想些什麼？」胡奇遇悄聲提醒他。「看您這副魂不守舍的怪樣子。」

「太美了，」小鬍子的小眼睛像搭上了一堆蜜糖，瞇成一條縫。「福慧雙修，天生的美人胚子。」

「我知道您喜歡香扇墜。」胡奇遇說。

「高頭大馬，過於霸道，」小鬍子說：「好像精神會遭受威脅似的。」

倆人一遞一句，談得入了港。

「藍小姐是主人。」

「那我曉得的。」

「她不參加摸鑰匙遊戲。」

「眞是守身如玉的女神嗎？」

胡奇遇映了映眼睛。「有時女神也可以顚倒過來的。」

「只准你說傾倒，別口沒遮攔，褻瀆神聖。」小鬍子很響地掀動著歪鼻子。兩撇短髭在大鼻子底下滑稽地躍動著。

「眞是一見鍾情。」

「前世的緣份。」小鬍子頗為認真地說。

「儂勿要吃豆腐，」黎發財老板湊趣地說。「我給儂撮合撮合。」

「感恩圖報，絕不食言。」

「您眞見外！」黎發財笑容可掬地說。「名花入名眼，難得您垂青。」

「也許是賢主人的好造化，」胡奇遇一箭雙鵰，接過來說。「只要宋先生在生意上稍微照顧照顧，包管黃金美鈔，滾滾而來。他身上拔下一根汗毛，比你我的大腿還粗哩。」

「可惜我一毛不拔，有名的孤寒種。」小鬍子用鼠目睃住黎老板：「未見得有多少油水可揩。」

黎老板的胖臉紅噴噴的，而且震顫著油光和霧氣。但他仍然沒有忘記露齒微笑，以及友好之至的表情。「好說，好說，」他說：「先小人，後君子：來得清，去得明。——這是生意流氓的三字經。」

小鬍子還是那副皮笑肉不笑的瘟樣子。「合作基於彼此的需要。倘若你們要安份守己，賺頭總歸不致於少你們的。合作計劃明後天請交給奇遇轉給我考慮。如果需要修改，我會逐條批注明白的。」

黎老板隔著長方形大理石面煙桌欠腰致敬。「馬上遵命趕辦。」他恭謹地說。「可以聽到皮鞋在煙桌底下的磕碰聲。「有什麼⋯⋯。」

「好啦，好啦！」小鬍子不耐煩地岔斷了他的話。「一切歸奇遇面告。別三句不離本行，盡揀些枯燥無味的題目瞎扯，今晚只准談風月——藍小姐妳的閨房？」

這個三寸酸丁，急色得很哩。藍玲皺了皺彎曲纖細的眉毛。老娘可不是千人騎，萬人座的爛污貨。甜頭和苦頭，吃不了，兜著走，夠瞧的啦。她眨動著微翹的叢密的假長睫毛繼續想。同時向他飛了個似笑非笑，勾魂攝魄的媚眼，算是回答。

「小鍋小灶，配搭成套。」胡奇遇俏皮的補上一句。「來，祝福我們的英雄和美人！」他迅速地端起玻璃杯。

玻璃杯中的龍井是新沏的。很燙手。他抬起肩膊飲了一大口，一團活火從舌尖一直延燒到喉管。他愁眉苦臉地放下玻璃杯，茶汁濺潑到大理石桌面上。

陳思敬看在眼裡，痛在心頭。他突然覺得胃袋在急遽揉動。有一種精酸精酸的液汁在翻滾。

「祝福末路的英雄和遲暮的美人。」他尖聲嚷。聲調裡和鼻孔裡播放著殯儀館的氣息。

黎發財老板努力壓抑著自己。「思敬你不要撒野，」他正色道：「灌了幾杯就忘了形。」

陳思敬瞥了瞥韓水湄。到口的肥肉變成了別人的禁臠。他忿恚地想。視線迅速地纏到藍玲的面具似的粉臉上，他媽的又成了別人隨意佈施的禮品！「男歡女悅絕不是什麼買賣啊！」他大聲說，幾乎是抗議。「未見得投了資就能有所指望的。」

「你是不是一定要撐我的眼皮、刮我的鬍子。」黎發財笑得很陰沉。看起來那種笑像欺詐犯者的笑，一絲兒都不像是真的。

總有一天老子會要你們好看的，陳思敬深沉地呼吸著。「我不是生意人，」他說：「我當然瞧不起那班錢眼裡翻觔斗的傢伙。」

「差不多是個大人物啦！」黎發財老板在齒縫裡說。

「目前也許還不是，」陳思敬揚揚得意地說：「但個把準要人我陳思敬也並不稀罕。」

「不必搖頭晃腦，擺出一副小人得志的嘴臉。」胡奇遇用鎮壓的口吻說：「倘若扭傷了脖子，沒有人要管這篇閒賬的！」

「你們信不過嗎？」陳思敬哄嚮著尖鼻子。「有文件爲證！」他說，開始掏摸著西服裡邊的口袋，摸出一大疊白燦燦的文件來。

「思敬，那不可以。」夏社長搖頭制止他。

「我是德公的代表。倒轉來說：此時此地，我不獨代表了德公；而且代拆代行，我就是德公第二。」

「那就叫做二世祖。」胡奇遇迅速搿過文件，翻了翻，搶著說：「香港人所謂吃無愁米長大的活寶貝！」

陳思敬將文件奪回，揣進口袋，「張谷集團的全部秘密文件，都在我的乾坤寶袋裡。」他輕佻地拍著胸脯。

「哼，最高的秘密。如假包換。」

「要你送給朝暾兄過目的文件，怎麼可以截留下來招搖啊？」夏社長盯住他說。

「人不重要關係位置重要。這是沒有辦法的事。」陳思敬根本沒有理會夏社長的話。一心一意想在韓水湄和藍玲跟前顯顯威風。

「思敬，大概你灌飽了。」

陳思敬傲然睥視著夏社長。「不。」他堅決否認。「半點醉意也沒有。」

「爲什麼說話像翻了屎船？」

「受多了腌臢氣，總得發洩發洩呀。」

夏社長托了托急滑下來的眼鏡。「你又不是衛生設備，」他嘀咕。激怒的情緒攢聚在白麻子上，鼻子尖宛如燦開著紅梅。

紳士淑女們都笑得像火鶴。

「我不跟你們歪纏了。」陳思敬訕訕地說。

「那你揣著這些東西往那兒去？」

「你管不著。」

「思敬，人心隔肚皮，小心謹慎為妙。」

「啊哈，社長，你也幫忙踩上一腳啊。」

「你簡直是放屁！」

「這兒是貓窩，對於耗子們是不相宜的，」陳思敬瞥了瞥小髫子。「我要到金鳳池去散散憂心，找香港小姐敘敘舊。社長有此雅興嗎？」

「我嗎？」夏青萍偷瞧了許虹一眼，發現她的顴骨有點震顫，改了口。「恕不奉陪！」他說得很莊嚴，很迂緩。

「那麼堯封和如人呢？」

「疲倦得要死。提不起興趣。」黃如人代答。

「我為東行不行？」

「陪太子攻書，尤其無謂。」羅教主苦笑著回絕了他。

「一定要掃我的興嗎？」

「心領啦，思敬。」羅教主又賞光似的送給他一個苦笑。

「眞掃興，你們反正都是一鼻孔出氣的貨色，算我有眼無珠，認錯了人。」

「耗子最好不要在貓窩裡久呆，」小鬍子對胡奇遇晱了晱眼睛。「今晚的月色很美，可惜有個俗物煞人雅興。」他雙手盤過頭頂伸了個懶腰。

「思敬老弟，」胡奇遇前倨後恭地說：「我自告奮勇，陪你去走一趟。」

「還有其他的人嗎？人多勢衆，劉情的臉上，也可以增幾分光采。」

胡奇遇神祕地笑笑。「在座的好漢們，正盤馬彎弓，躍躍欲試。恐怕無暇兼顧到捧場的事兒。再說，良宵苦短，你何必一定要强人之所難呢？」

「你不怕辜負良宵嗎？」陳思敬的酒話完全變成了傻話。

「我嗎？嘖嘖。」胡奇遇的白頭髮在頭頂上顫動著，狀如馬鬃。「外强中乾。其勢不舉。多年來只能過過乾癮啦。」

「老尙風流是壽徵哩。」韓水湄小姐搶白了一句。

胡奇遇若無其事，談笑風生。韓水湄小姐反而羞赧赧的，神色有幾分窘迫。「老而不死是謂賊？我不過是偷日子的小賊罷了。哦哦，思敬老弟，不先打個電話給劉情嗎？」

「我要製造一種突如其來的驚喜氣氛。」

「她的男性荷爾蒙比女性荷爾蒙還要多啊。她不會忸忸怩怩的。——別白費心機。」

陳思敬看了看手錶。「十點五個字。咱們說走就走，少陪了。」

他的話還沒有落音，人已離座。打著盤跤腳，拐向大廳的門邊。

「等一等！」胡奇遇也跟著站起，揚聲喊：「你這種快速動作，我可吃不消。」

「叫老錢開我的車子送你們去。」黎老板吩咐。「並且叫他一直停在高士打道海邊枯等，接你們三人到這兒來。」

「人眞是感情的動物。」陳思敬驀然回頭，對所有的人扮了個鬼臉。「那不必，我們還有餘興節目。」

第十九章

金鳳池大舞廳正客似雲來，進入檯鐘最旺的高潮期。柔綠和夜暗在這兒互相搶奪空間。人影幢幢，出沒於幽暗的霧靄中，飄浮若夢。樂隊瘋狂地吹奏著快華爾滋，偌大的舞池裡邊，團團轉動著人海的泡沫。他們互相擁擠，互相挨擦，互相排盪和踐踏，此外，似乎不再要求別的娛樂了。

陳思敬和胡奇遇昂然併肩而入。一道寂寞的電筒光巧妙地俘虜了這兩位當代英雄。他們在臨近舞池的一張小桌子前坐下。「有熟小姐嗎？」領班熄了手電筒，挨過臉來問。

一股人氣和大蒜味，衝撞著陳思敬的尖鼻子。「找香港小姐，我們是老友。」他說。厭惡地皺起了濃眉。

「她的老友多得很。」大班踟躕了一會兒，淡然說：「要不要先找兩位小姐陪陪？」

胡奇遇霎著眼。「好吧，瞧著辦吧，」他微笑著說：「別忘了蜻蜓點水，讓她先給咱們打個照面。」

「好的，那我⋯⋯。」

「不，」陳思敬嚷，突然有了挨打的感覺。

「逢場作戲，不可過於認真。」胡奇遇平靜地說：「好哩，沒你的事兒啦！」他吩咐。

領班輕悄地消失了。

幽黯的夜，溫暖而閃爍，洋溢著柔情、蜜意、慰藉、幽異和淫蕩。那是個一切女人都成為美人的時辰。一點兒光，一點兒思緒，一點兒虛無，紛紛亂世中的一點兒逃避。樂音浮現於耳際，震響在遙遠遙遠的地方。一切都存在於飄浮不定的狀態中，迷濛如子夜的殘夢。

陳思敬狼狽了半晌。酒精在血管裡翻騰著，推壓著，擁擠著，燒灼著。他的瘦臉透出了大顆大顆的汗珠，彷彿驟然給淋在雨裡似的。「早知如此，」他連連打著酒呃，「眞是遺憾。」他心煩意亂地打斷了自己的話。

胡奇遇偏過頭來，睜大眼睛端詳著他，樣子好像是一匹頑皮的貓，守候著面前的麻雀。「本來就是個令人遺憾的時代嘛，」他十分勉强地安慰他：「假如我們無意憑弔廢墟，最好的法子是不必有什麼感情。尤其不應該容納那些足以挑撥感情的東西。」

「哦哦，呃，是嗎？」

「你不必借酒裝瘋。」

「你的心簡直是鐵打的！」

「不。橡皮做的。」胡奇遇的厚嘴唇癟了進去，好像傳遞什麼秘密消息似地壓低了嗓子。「老江湖的心都是橡皮做的，逆來順受，伸縮自如，可撕不爛，拆不開，扭不斷。」他開始掃射了第一輪機關槍。

「你眞是石頭中的石頭。」陳思敬挑釁似的說。

「這樣才可以在咱們這個黑吃黑的圈子裡，出人頭地。」

「恐怕不見得吧？」

胡奇遇用溫軟的巴掌，在臉上抹了一把。「怎樣不呢？」他興奮地反詰。

「開闊的胸襟可以包羅萬象。哦哦，別這樣楞楞登登的，立意來反駁我。反駁就顯出狹窄的胸襟。西洋人喜歡這一套，中國人大而化之，滿不在乎。」

「我可有點在乎啊！」胡奇遇的厚嘴唇越癟越深了，簡直像是淪陷下去似的。「天涯何處無芳草。」他又開始機槍掃射。「到處有垂楊岸，到處有曉風殘月，可是你確切知道明朝酒醒何處嗎？一個飄浮不定的時代，一批漂泊無依的幽靈，你就不應該保留住那些足以羈絆行動的理由，作繭自縛。這不叫做什麼多情種子，這只叫做自討苦吃。」

「甜蜜蜜的痛苦。值得的。是嗎？……難道不值得嗎？呃呃！」

酒呃岔斷了他的話。有一種粉紅色的疲倦感，慢慢地撩撥著他的眼皮。他覺得眼皮開始沉重。胡奇遇出神地看著他的喉核在上下滑動，便兀自高興起來。「江湖老規矩，一次過，不作興留首尾賬。感情的包袱也可以把人壓扁的。出遠門走長路的人，必須注意起步時的包袱。你還年輕，未來的日子比樹葉還多哩，犯不著作踐自己。」

陳思敬極力睜大眼睛，咬牙切齒，露出一臉凶相：「人善被人欺，馬善被人騎，我一定要報復！」

胡奇遇猶豫了一下，乘機調整自個兒的語氣。「香港小姐轉檯來了。」大班笑嘻嘻地說。

「這位先生指名捧你，」他補充：「妳是這位老先生叫的。」他把一個纖細娉婷，有一張天使的面孔和一口不大好看的牙齒的稚嫩舞女，像禮物般推送到胡奇遇的身邊。

「哦哦，我道是誰，原來是你們兩位貴客，」劉情小姐熱情地敷衍著。「真對不起，到處是飛檯，害你們枯候了。喂喂，拿四枝可口可樂來，歸我請客。」

大班點頭，迅速地走開了。

「小姐貴姓？」胡奇遇謙恭有禮地捧住小姐的手，笑容可掬地問。

「丁秀麗。」劉情搶著代答。「有名的可口可樂美人。夠味兒的。——他是胡先生。風月場中大大有名，眾人的契爺。」她坦率地說，藉以緩和自個兒驚訝的情緒。

陳思敬慢慢地旋轉著身子，無意中挨碰著她潤滑而富有彈性的裸露的酥肩。一種溫馨的醉意，漸漸上升，衝擊著空虛麻木的腦袋。她斜傾著碩大明潔的身體，緊靠著他。她的臉，恰巧在他的臉下，斜斜地仰視著他。陳思敬突然感到有一陣陣的甜香，噓拂在他的臉上。舞池上頭，白燦燦的聚光燈旋轉著，射出泡沫似的光點，急遽地灑落在她的身上，勾劃出她那白緞子晚禮服和雙肩的輪廓。光點在烏油油的髮絲上閃爍，宛如錦緞上的小巧纖細的花朵。體香和青春氣息，溫暖的噓拂和淫慾味，他下意識地想。一種彷彿給黏貼在蜘蛛網裡的情緒開始包圍著他。閃光的泡沫一下子旋轉開去了，微光倏然隱沒，一個不算十分暗淡的夜，在模糊的視野中震顫。這太平盛世風光的倒影啊！鬼知道有多少引誘和蠱惑，環伺著這班尋歡作樂的人！

「生我的氣嗎？」劉情收斂了笑容，問：「怎麼撬口不開，擺出一副聖廟裡吃冷豬肉的樣子？……喲，報復！這算是什麼報復？」她冷淡地添說。身子和他脫離了接觸，把頭髮掠到背後。

陳思敬熟練地將長手臂圍住她的脖子。「妳真多心。」他說，自個兒也覺得語言乾澀乏味。

「既來之，則安之，不必擺出一副假道學面孔唬人。」劉情睜大眼睛仰視他，她的高高的眉宇顯得愈發高了。

「我一肚子悶氣無處發洩⋯⋯，」

「因此，你就在我身上尋求報復，是不是啊？」

「不。」

「鬼來了。像你這種瘟生，車載斗量，我並不稀罕哩。」

口沒遮攔，有話就說，夠坦白。陳思敬暗忖。昏昏沉沉的腦袋，像被人敲了一斧頭。

「我不喜歡口蜜腹劍。」劉情爽朗地說：「我喜歡直言無諱，毫不忸怩作態的男人。我不在乎報復不報復。賣淫也是一種職業，高尙不高尙，那是自個兒訂的標準。」

「你是高尙的。至少比起我們這批濁物來，要高不可攀。」他柔聲說，一臉討好的笑。

「笑什麼啊？」劉情憤然甩開了他那圍繞著脖子的手臂。「一臉假笑，羞恥的象徵。」

陳思敬親切地感到她呼吸的輕微的起落。「顧客總是對的，這是商業道德。妳不必無緣無故開罪捧場的人。⋯⋯老實說，千金買笑，不是買閒氣來受，你心理要放明白些。」

「思敬，」胡奇遇插嘴。「多灌了幾杯，就不認識自己啦。你對著小劉有的無的亂說，算那一套？」

「只要袋子裡麥克麥克，這個人肉市場，挑精撿肥，憑老爺的歡喜。」

「奉勸你最好改個名，」劉情氣得一臉發白，但兩隻大眼睛嵌鑲在高高的眉宇底下，倒顯得光芒四射：「你爲什麼不叫做陳思軟呢？這不要名符其實得多嗎？」她忿恚而絕望地說。

陳思敬氣得炸了肺。身子像鷺腳縫紉機般彈動著。「有眼不識泰山，呸！」他尖聲罵。「如今的陳思敬，不比往日，時來運轉，已經是不大不小的人物啦！」

「最好拉泡尿照照自己，」劉情站起來：「老實告訴你，我喜歡你，就是因為瞧不起你！」

大班雙手各拏住兩枝可口可樂，急步走過來。「冷飲，」他和顏悅色地說。「劉小姐準備轉檯。十二號檯黃老板。」

劉情跨著大步，頭也不回走了。

「要不要別的舞小姐塾一塾？」大班悄聲問。

「不！」陳思敬怒不可遏地答。「一定要她轉檯。」

「行！」大班鞠躬而退。

「可憐見的，」胡奇遇安撫他：「這又何必？咱們都不是天生兩顆心六葉肺的，小心氣壞了身體。」

「不給她一點顏色看看，她就不曉得老子的利害。」

「在女人身上是不好逞英雄的。常言道：男人似鐵，女人似爐。佔不到什麼便宜的。」

「你怎麼也胳膊朝外邊彎？」

「好言相勸。聽不聽隨你的便。」

「謝謝你的好意。——今晚我一定要把她擺平。」

「未免太性急啦。」

「她的公價只有五百，我出一千。」

「假如魚兒不上鉤呢？」

「我可以加倍花錢。天下的貨品，只要標過價的，都算是便宜的。大把撈進，大把花光，我毫無所謂。」

「一定要爭這口窮氣是不是？」

「哼！」陳恩敬哄響著軟鼻子。

「那歸我出面折衝。你答應不答應？」

「辦得到嗎？」

「包在我身上，」胡奇遇輕拍著胸膛。「不過，」他把到口的話又強嚥下去了。

「不過什麼啊？」

「有一個條件。」

「什麼條件？」陳思敬老氣橫秋，白了他一眼。

「你先走一步。到六國飯店開好兩個房間等我們。這兒打烊之後，我準定陪她來當面請罪。」

陳思敬覺得「請罪」兩字很受用，面色突然開朗了。「好吧。」他神秘地笑了笑。「既然歸你兜攬了這注買賣，別落空才好。」

「神通廣大，包管手到擒拏，不費吹灰之力。」

陳思敬眉開眼笑，全身都有了酥軟和癢兮兮的感覺。「這個我是信得過你的，」他說：「咱們一言爲定。」

他添說，懶洋洋地在身上搔抓著，彷彿全身的骨骼，輕得不足四兩。

「不必瞎掏啦，」胡奇遇揚聲制止他。「這兒的賬由我負責。下半場戲的錢歸你。行不行？」

「有點不太公平合理。」

「已經很公平合理了，」胡奇遇說：「倘若你覺得過意不去，多加兩瓶 **FOV** 好啦。」

第二十章

陳思敬走了不到四十分鐘，胡奇遇左手挽住了秀麗，右手攙住劉情，施施然進入六國飯店的仙人掌大廳。

仙人掌正在收市，倚紅偎翠的宵夜客，正三三兩兩離去，愈發顯出大廳的遼闊和寂寞。

陳思敬愁懷頓解，喜上眉梢，一個人早已自斟自酌，狠下半瓶白蘭地，等到劉情小姐蓮駕光臨時，瘦臉已紅得像猴子屁股，說起話來舌頭打卯，看樣子已醉成了一盆漿糊了。

客人們相繼入座，主人醉醺醺地，招呼跑堂的上菜。

劉情小姐掣出小手絹輕攥著扁鼻子的涔涔香汗。「思敬，這才叫新鮮哩。」她靦腆地搭訕著：「想不到半年之內，一個人的興衰起跌，竟會這樣大啊！」

陳思敬昂然抬頭，用閃爍不定的目光捕捉她的媚笑。濃眉、大眼、扁鼻、闊嘴，突然都生動有致地在她那張銀盆臉上輝耀。這是一張坦率而空洞的臉，它容許你馳騁遐思，醞釀綺夢，他這樣想。並且用眼睛連連瞧著她的粉嫩的面頰，頗有飄飄然無法自持的快感。「三衰六旺，吉星高照好人，」他迷迷糊糊地說，不知道自己到底要說些什麼：「大丈夫得意一條龍，失意一條蟲，你不必拿去年的黃曆問我今天的年程。嗯嗯，哈哈，他媽的眞過癮哩！」

劉情忽然想起那班東洋人的「嗯哈腔」，大概使小錢，說大話的角色，都少不了裝腔作勢的。她瞟住他咕咕地笑，然後臉色煥發了：「你到底幹的是那一行？怎會無端端發達的？」

「三百六十一行，」陳思敬微瞇著眼說：「一本萬利的生意。」

「招搖撞騙是不是？」劉情幾乎咆哮起來。「你怕我不曉得。哼！像你這種人！」

胡奇遇見局面又要弄僵了，趕快打圓場。「思敬老弟，最好長話短說，不必哩哩啦啦瞎扯淡。來飲一杯，大家沒事。」

四人碰杯。

「爲蛆蟲乾一杯！」陳思敬嚷。

「蛆蟲萬歲！」劉情粗聲厲氣說。

「一個騙子的時代，閒談不問根由。」胡奇遇平靜地說，率先乾了杯。

陳思敬咕嘟一聲，把大半杯酒倒進嘴巴裡，用巴掌堵住鼻子嘴巴打酒呃。「人可以假，花花綠綠的鈔票總不會假。」他說，取出錢夾，拿起一扎五百元面額的大鈔迎風揚了幾揚。

「即令都是眞的，那也不過是運氣。」劉情冷冷地說：「夠膽的搶銀行，不夠膽的中馬票。這點子鈔票不算什麼？」

「好大的乞丐。」陳思敬的桂林官話，似乎是「乞丐」與「氣概」不分。「喲，香港小姐的口氣不小啊。三萬元活動費，全部在你身上報銷了行不行？老子一定要剝妳的光豬。」

劉情雙手掩耳，噘起嘴巴直搖頭。「哦哦，準英雄啊，如果半路裡殺出一個肥婆來，那才教好看哩。」

「叫你見世面，」陳思敬暴跳如雷。「這兒，哪！這兒是最高秘密文件。嗯，多少院長、部長、總司令、將軍、大學校長、博士、教授，都在我的掌股之上蹦跳。要開開眼界嗎？」

「還不是敲敲揑揑老一套，」劉情滿不在乎地說，連眼角也沒射他：「聽說你的功夫很到家。今晚我倒貼你五百，好領教領教你的特技表演。」

陳思敬的尖頭顫動著，粗壯的藍色血管茁滿一額，頭頂上熱氣蒸騰，幾乎俯衝到了桌面上。看樣子他完全醉了。「你瞧，你瞧，」他嗄沙地說。把秘密文件甩到她的面前：「還附有歷次決策會議的紀錄哩。」

「香港是不容許有政治活動的。」胡奇遇說：「你揣著這個，等於是私藏軍火武器，還要在大庭廣眾之中亂喊亂叫，包管你驅逐出境都有份。」

嗡嗡之聲在這隻醉貓的耳朵邊停止了。胡奇遇兜頭潑下的這瓢涼水登時收到了實效。「你暫時代替我收一收，」他疲軟地說，小人得志的嘴臉不見了，換上一副哀告乞憐的苦相：「明天天一亮，你還我。」

「我無意扮演紀信，」胡奇遇把手上的祕密文件小心翼翼地摺疊著：「做閣下的替死鬼！」

「今晚已經騎上了虎背，欲罷不能。」

「從容幹好事，日子多著哩。」

「人必須盡興，那是不好等的。」

胡奇遇把文件在手上玩弄著。「小姐的意思呢？」

「無可無不可。我倒願意見識見識他的眞功夫。」

「名不虛傳，十分到家。」胡奇遇奸猾地笑笑：「如此良宵，不宜耽誤。你預定的房間是⋯⋯？」

「五一六、五一八。」

「好。」胡奇遇轉身，先給丁秀麗小姐披上秋褸，然後殷勤週到地攙扶著這個醉漢。「這是你的文件，要妥爲收藏。」他將文件塞還，以父親口吻告誡道：「否則，叫做光著屁股打老虎，既不怕死，又不要臉。」

「你哩哩啦啦說這許多幹啥？」

「後生小子，初出茅蘆，理應小心謹愼，步步爲營。」胡奇遇用大巴掌在臉上抹了一把，連帶將酒後的笑容也揩抹光了。「招搖不成三分罪，還可能飛來橫禍，這是不十分上算的。扣押、拘捕，或者，到政治部去飲飲咖啡，包管你都吃不消。」

「噓，噓，」陳思敬挺了挺疲軟的長腰身，壓低嗓子說：「要我的好看嗎？」

「你不必這樣怪聲怪調的噓我，」胡奇遇故意提高了半個音階：「大爺是鼓樓上的麻雀，嚇不倒的！」

「哼，這點子小事，也不能幫忙。眞他媽的！」

「思敬老弟，奉勸你凡事三思，休要口出怨言。你我還夠不上頂碓臼代人受過的交情。而且我也無意收藏一顆定時炸彈，惹火燒身。…怎麼還不快點把這注背時貨收起？」胡奇遇突然嚷起來。

陳思敬咿唔了一下，悻悻然解開襯衫鈕扣，將文件塞進背心裡邊。他的動作很快、很滑稽，看起來頗像小偷。窗外，霓虹燈的紅色閃光正掠過他的瘦臉，將心虛膽怯和張皇失措凸現出來，彷佛醉臉上所有的器官，都在緊急喘氣。

四個人一同進入電梯，並且在房門邊互道了晚安，掩門就寢。

那是個溫軟的秋夜，嫩暖輕寒，明月窺人，兩情繾綣。劉情的白緞子晚禮服悄然瀉落下來，泡在月色裡，宛如泡沫。溫軟的肌膚，溫軟的髮絲，溫軟的噓拂，溫軟的甜香，和溫軟的擁抱，正祝福著子夜的殘夢。

第二十一章

翌日。

陳思敬醒來得很遲，被酒色掏虛了的身體，仍然感到眩暈和麻木。市聲漸漸昇騰起來，噪音盈耳，他把頭埋在兩枕之間閉目養神，半邊光屁股和條長腿，轉側時裸露在毛毯的外邊。

盥洗室裡邊，劉情正大開花灑，刷刷地在淋浴。那聲音很沉悶，很粗野，似乎想把皮膚統統擦掉，才足以消除心頭的積忿。他媽的果然名不虛傳，功夫很到家，陳思敬瞇起眼睛想，突然有了挨打的感覺。

不久，花灑的喊叫停止了。她大步走過來：「還要睡多久？」她問。「人家胡奇遇他們，都退房走啦。」

他又翻了個身，眼睛睜大了，一條半裸的健美的身影，映射在他的網膜上。

「什麼時候啦？」他懶洋洋地問，沒有移開那雙貪婪的眼睛。

「十點半。」她答：「少陪了。」

「那也行，讓咱們再溫存溫存。」

「糟鼻子飲酒，擔個空名聲。……昨晚上已經領教過了。中看不中用，虛有其表。」

陳思敬掀毯而起，醜態畢露。劉情小姐的面色平靜而自然，她連忙給他蓋上毛毯。「不必獻寶啦，養精蓄銳，另圖大舉吧。」她輕言細語說，一臉大將風度。

「飲過早茶再走好不好？」他訕訕地說。

「疲倦得要死，恕不奉陪了。」

陳思敬探手到枕頭底下，摸出一件不太稱身的背心，文進武出往頭上亂套。起先是反穿著，後來又穿反了；而遍體汗出如雨，那件背心像有鬼，連套帶拉，老盤踞在嶙峋高聳的肩胛骨下方，不肯順流而下。劉情眼明手快，知有隙可乘，已熟練而輕巧地穿好全副裝備，輕颺著幾個白嫩的指頭，叫起「拜拜」來了。

他一躍下床，想予以阻截，但她究竟棋高一著，已跨到了房門外邊。「真的不賞臉嗎？」他哀告乞憐似的拖住她的手。

她橫瞅著他，搜索的目光低低地斜睨著，寧靜的臉上，乍然喪失了大將風度。「小心別人喊非禮啊！」她提醒他：「是不是準備在大庭廣眾之中，公開展覽？」

他如夢初醒，但仍然死拖住她那隻雪白粉嫩的手不放，同時把房門虛掩。「無論如何，我想，」他死乞百賴地懇求。

「不成。」她正色拒絕：「賣不賣隨老娘的歡喜。哦…不好拗斷我的手腕。」

「請稍微等一等，」他低聲下氣說：「我披掛整齊，陪你到樓下的餐廳裡去。」

「我不跟危險份子來往，定時炸彈還在枕頭底下哩。假如你被抄把子，豈不痛腳連累好腳？」

「哦哦…，」陳思敬像遭到雷殛，怔住了。

「我是愛情販子，」劉情掙脫了他的歪纏，將手抽出來：「不想兼營副業，做情報販子。」

「眞他媽的豈有此理！」

「爲人守本份，理應如此。」她板起面孔訓斥。「我出賣愛情，並不出賣情報。乖乖，再見！」她的白嫩的手指頭，在門縫裡挑逗著。然後扭動著肥碩的臀部，漸行漸遠了。

陳思敬宿酒未醒，此刻還感到眼花耳鳴心跳喉乾舌苦。勉強梳洗完畢，下樓進了午餐，對背心裡邊那注「寶貨」仍然惴惴不安。玩「定時炸彈」一定會玩出紕漏來的，他木木然想。橫直截留了一個禮拜，能抬高身價的地方已亮了相，欲炫耀的也炫耀完啦。再不送回，等於搬塊石頭砸自個兒的腳，那又何苦來？主意既定，立刻付賬走出六國飯店，揚手截住一輛的士，直駛藍塘道張公館。

第二十二章

張公館正高朋滿座，因為今天是十月的最後一個禮拜日，上午召開的是「二十五集團軍」的幹部座談會。大會客室裡雲集著三山五岳的人馬，為數將近五十，座談會已圓滿終場，好漢們正興高采烈，等待張府的盛讌。好像這班慣於跑龍套的苦哈哈們，除了高談闊論說些肥肥胖胖的大話外，就只有好酒好肉才算是實惠。他們耐心地等待著，而且談笑風生，一點都沒有顯得難過的樣子。

芸芸眾生中有兩個人是特別搶眼的。第一位是賢主人張向公，另一位是谷夢如博士。他們倆個人的份量、幾乎超過了其餘的四十多個人。但是，因為谷博士平生不苟言笑，瘦削的長臉上老氣橫秋，從不給任何人以顏色，會眾對於這位道貌岸然的學者，只好敬鬼神而遠之，大家在心理上保持了一段距離。而谷博士這位標準的北方大漢，一切都深藏若虛，很難用他那口保定國語說話，使人越發覺得他神龍見首不見尾，高不可攀。這樣一來，張將軍在名義上和實質上，都成為幹部座談會的重心。

下午是領導小組決策會議，領導集團的大人物還沒有發駕。

陳思敬抵達張公館時，已下午兩點五分。

盛筵正加緊安排，但一切並未就緒。

他的瘦長的影子，呈現於黑壓壓的人頭後面，主人一眼就瞥見了他：「思敬兄，你來得正好，正是時候，」主人鄙夷地嚷：「我們正在找你。」

「報告向公，早已酒醉飯飽，」他忘乎其所以然地拍打著肚子，「您不必操心。」

谷博士在眼角上睃住他，厭惡的情緒攢聚在微微挑起的花白壽眉上。眞輕佻得可以，簡直是注流貨，他板起陰沉的馬臉想，大鼻子上端驀然皺成了一個川字。

「不是這個，」主人皺起了眉頭：「託你轉交給朝暾的文件，已經看完了嗎？」

「看完了，但看得很仔細，很慢。」陳思敬叉腰挺身而立，神氣很像個排長。「昨晚我到他府上去，黃九叔才把它交還我。」

「那我們怪錯了你，」主人的冷面孔慢慢鬆弛下來。「文件呢？」他添問。

「帶來了，」他說。當面撒下瀰天大謊，可是他一點兒也不臉紅。「這勞什子文件眞像顆定時炸彈，叫人提心吊膽。」

主人離座。「難爲了你，我們借一步說話。」他說，施施然踱過餐廳，踅進小會客室。

陳思敬俯首貼耳後隨，他們的後面，出現了谷博士高瘦僵硬的身影。他的輕柔的腳步聲，和他那高大偉岸的身軀一點兒也不合拍。

三人剛分別入座。

「黃主席有什麼意見？」張將軍鄭重其事地問。

「很好，很好，」陳思敬茫然作答。

「好在什麼地方？」主人追問。

「這一問，可把陳思敬難倒了。「九叔的意思嘛，」他囁嚅著，僅僅爲了爭取一點點思考如何撒謊的時間，一連做了幾個毫無必要的文明戲大動作。「你們顧慮得很週到。只是，德公不列入二十五名基本領導人名單，始終覺得有點那個。」

「德公現職在身，位居代總統，怎好貿貿然冒用他的大名？」

「這不能算是冒名頂替呀？不信，有他的親筆函件爲證。他其所以要爭取這個領導人的名義，就是好向華府當局說話呀！」

「我跟你們苦口婆心說了一大堆，怎麼你們還不能瞭解我們的深意？」主人勃然變色：「人，不像海盤車或者螞蝗，既無法分身，也無法將身體的這一邊，反叛身體的另外一邊，將身體的上半截，反叛身體的下半截。」他冷眼偷瞧著谷博士。谷博士送了他一個賞光似的微笑，表示首肯。「在朝派是無法領導在野派的，你懂得了吧？如果我們不揣冒昧，將他的大名列入，德公本人將何以自處？」

「這一層顧慮，當然言之成理，」陳思敬收斂起笑容，猛搔著後頸窩。「不過把他老人家撇在一邊，面子上總有點說不過去。」

「此事前次已談論得很多啦。」主人不耐煩地說。「如今只有兩條路，請德公自行決定。而且，還是麻煩你和黃主席，委婉傳達我們的看法。」

「只要辦得到的，我一定遵命辦理。」

「那好。第一條路是：請他不要腳踏兩邊船。要幹，就得挺身而出，乾脆摜掉代總統的紗帽，以在野之身從頭幹起，旗號鮮明，名正言順。思敬兄你看如何？」

「對，對極了！」陳思敬猛拍著大腿。「這樣才有點擔當，有點大丈夫氣概。第二條路呢？」他追問。

「第二條路嘛，簡單之至。」主人停頓片刻，繼續說：「請他凡事忍耐，凡事包容，靜待時機成熟，再恭請他出面領導，此時只能彼此心照不宣，不好作任何表示。」

陳思敬惶惑地盯住主人。「鐵軍將領，我以爲是鐵鑄的性格呢，誰知他好像是橡皮做的。」他在肚子裡大罵山門。「九九歸原，仍然是老一套，說了半天，等於白說，眞拿他沒辦法！」

「思敬兄的意見呢？」主人的話漂浮在他的耳朵邊，模模糊糊的，像隔著一層厚棉絮。

「哦哦，我沒有什麼意見，」他極力壓抑著自己：「食人之祿，忠人之事。我只能『起承轉合』，和九叔辦個等因奉此的公文，據實上呈。」

「一切拜託，」主人習慣地拱了拱手：「秘密文件請你交出來，我們要在下午的決策會議上公開宣讀。」

「好的，好的。」陳思敬如釋重負，開始在襯衫裡掏摸。——若不是他的衣履如此光鮮體面，人家定會懷疑他在掏摸虱子。

「你眞精細。」主人愁眉苦臉地說，彷彿是爲了不致有損週到的禮貌，才開口攀談。

陳思敬摸出了那一疊文件，誠惶誠恐，雙手奉上，好像那疊文件裡邊窩藏著妖魔鬼怪，一旦脫手就上上大吉的樣子。

主人順手接過文件，一股汗臭和狐騷味，突然迴盪在小會客室裡邊。他把文件當作扇子，機械地搖了幾搖。然後遞到谷博士的手上。

「總算完璧歸趙，」將軍說。「免得我們懸掛。」

谷博士撫弄著那疊被汗水浸濕，縐縐的文件，心裡十分之不自在，但又不便發作，馬臉拉得老長老長的。他把眼睛從天花板上移到文件上。「決策會議議案彙要」八個顏體毛筆字宛然在目，那正是自個兒的大手筆。不過，上邊還騰發著熱氣和狐騷味，似乎它是個帶菌體，他有點不想接觸。

「東西已經送還，我的任務到此爲止。」陳思敬驟然神氣起來：「假如沒有其它的吩咐，我要告辭了。」

「好的，」主人伸了個懶腰，很有禮貌地顫動了一下屁股。「明兒見。」

陳思敬甩動著兩隻軟綿綿的長臂，剛踱到小會客室的門邊。「且慢！」谷博士打破了慣例，突然說。「這是啥玩意？幾張白紙！」

兩個人驚訝困惑的目光，集中到了谷博士的馬臉上，他急遽地翻動著會議紀錄，絕望地扔到沙發上。一雙凝滯的眼睛睜得溜圓的，宛如水晶似的透明，而且充滿了忿怒的緊張。

張將軍一蹦而起，走向沙發，小心翼翼地翻了翻文件，登時大發虎威。「你，你，你幹的好事，」他咬牙切齒斥責道。

「大概遺留在舞……，」陳思敬陡然覺得有了語病，改了口。「哦，哦，也許是六……，」

「什麼五，什麼六，你終日失魂落魄的，到底幹些什麼？」

這幾句憤怒的話，意外地開了他的竅。「大概遺留在五十六號我的房裡，」他又被迫撒了次謊。「是我過於認眞了，臨時拿錯了，那又何必大驚小怪。」他若無其事地說，似乎丟掉的是幾張廢紙，稀鬆平常得很。

谷博士餘怒未息。「拿錯啦？」他忿然質問：「眞的嗎？怎麼封面的套紙會原封不動的？」

「唔唔，只怪我過於小心，」陳思敬掀動著軟軟的尖鼻子。「假的眞不了，眞的也假不到那兒去。我馬上去取，不到兩個鐘頭，此事定然水落石出。務必請谷先生和張將軍暫息雷霆，稍安毋躁。」

「你的那張嘴，像抹了油似的。」主人鼓眼暴睛發話：「下午的決策會議，四點正召開。快去快回，別耽誤了我們的正經事。」

「好，好，閃電式的，我就回。」

「無論找得到找不到，一定要親自來解釋解釋，限你四點鐘之前返來。」

陳思敬可憐兮兮地望了望主人，興奮的色彩倏然從狹長臉上消失了，臉色白一陣，青一陣，黑一陣，簡直如喪考妣。

「還呆在這兒幹嗎？」主人揮動著手臂，像驅趕討厭的蒼蠅。「如果你四點鐘以前不回來，我一定要源源本本的，把這事寫信告訴德公。」

陳思敬匆匆忙忙走了，但他的影響仍然留在張公館。主人的心事沉重，那一頓豐盛的午餐，只好在笑談不歡，淡而無味中草草散席。旨酒佳餚，等於虛設，幹部們陸續握手告辭，而外面，紛紛揚揚，下起雨來了。

第二十三章

下午的張公館，仍然客似雲來，熱鬧非凡。其中有參加決策會議的大人物，也有些特約晤見的第二流角色。小會客室和大會客室裡邊都塞滿了人。他們身份的大小，跟會客室的大小，適呈相反的對照。特殊人物都坐在小會客室裡，唯一的例外是鄒又紫司令。他不屬於領導階層，但他卻泰然安坐在小會客室裡，而且主人對他格外垂青，禮貌特別週到。這個，從主人親自代他脫下那件藏青色燕子牌乾濕褸，並且親自替他掛上甬道旁邊的衣架，可以清楚地看出來。

谷博士是個城府甚深的學者，等閒下容易稍露圭角，但他跟鄒又紫司令居然有談有笑，一反常態，尤其顯得很不平常。至於他倆究竟密斟些什麼，因為聲音過低，非局外人能摸得透底細。然而反常的行為中總含有突兀的因素，這一層大致是可以確定的。

只要憑一點慾望或幻想做接觸劑，天下最骯髒的東西，都可以變成頂神聖的東西。這是二十世紀五十年代的蛆蟲哲學。屍體和大糞上湧動的小蛆，最能深切地瞭解這個。

甬道上乾濕褸和秋大衣，越掛越多，這證明領導階層的大人物，差不多都到齊了。夏青萍博士到得最後，但他到得很準時，四點正就到了，剛剛趕上開會的時間。他舉手齊肩，搖了幾搖，向鄒又紫打招呼以示抱歉之意。

鄒司令卻視若無睹，顧左右而言他，送給他一個橡皮釘子，藉報一箭之仇。

四點過一刻，陳思敬居然也趕來了。他跑得滿頭大汗，上氣不接下氣，而且早已面無人色。兩個鐘頭的勞碌奔波，以及情緒的過度緊張，使他不止老了十歲。顴骨高聳，兩頰好像突然沉陷下去了，下巴尖削，樣子十分狼狽。

這兩個鐘點，可以說把他完全下在滾油鍋裡，受盡了煎熬。藍塘道上的汽車，十有八九是私家車，他只好硬起頭皮，沐雨櫛風開跑，累得幾乎發痧。後來坐的士到六國飯店，找不到機密文件。趕往金鳳池舞廳，劉情小姐沒上班。驅車趕往英皇道劉小姐的香閨，起先被饗以閉門羹，最後門開了，被她狠狠地訓了一大頓，撵了出來。回到自己的房裡，打電話找胡奇遇，如海底撈針，半個鬼影子也找不著。時間在緊張的心情下彷彿凝結了，可是秒針和分針都毫不留情，周而復始打著圈圈。直到四點只差五分的時候，他才如夢初醒，急急忙忙披了一件藏青色乾濕褸下樓，截住一部的士，急駛而來。

他把乾濕褸掛在甬道入口處，恰巧跟鄒又紫的那件比鄰。行色匆匆，躡足而入。還來不及調整好呼吸，就推開虛掩著的小會客室的門，探頭探腦朝裡邊張望。

主人正在作一般性的會務報告，聽到門呀的一聲推開了一條縫，驀然掉轉頭去。「他已經轉來了，」他說：「省得浪費唇舌，思敬，你來報告報告。」他招手。

陳思敬沮喪萬分。「沒有什麼好報告的，」他的話在喉管裡打顫。兩串稀清的鼻涕，悄然從鼻孔裡掛下來。

「那為什麼？」主人厲聲問。

陳思敬聳聳肩，雙手一攤。「丟啦！」

「進來！」主人怒氣沖天，大聲吩咐。「你這是什麼態度？——你必須當眾交代清楚，解釋原因。」

陳思敬呆木地踱進來，當他一眼瞥見了夏青萍、黃如人、鄒又紫諸人也在座的時候，層層湧疊的皺紋幾乎改變了原來的臉型，而那兩串稀清的鼻涕，突然伸展到了上唇下邊。

「快說呀？」主人催促。

「丟了就是找不到了，這就是我的全部解釋。」

「哼，很妙的解釋。妙不可言！」主人氣得跳腳：「如果在部隊裡，不槍斃都要判處無期徒刑，虧你還有臉在這兒胡說八道！——你到底在什麼地方丟的？」

「或許是金鳳池舞廳，或許是六國飯店，或許是別的地方。我一時給弄迷糊了。總之秘密文件，被我一時大意弄丟了，追究責任，過錯在我，我願意接受處分。不過，不過，不過，」他訥訥地說。好像底下的話，不好意思說出來。

「不過什麼？」主人繼續厲聲盤駁。

「不過，打狗欺主，希望各位手下留情，看在德公的面上，不必過於深究。」

「簡直語無倫次！」主人的花白頭髮，忽然豎立起來，像柄掃帚。「像你這種人，一點責任心也沒有，還能辦什麼大事？」

「唉，我本沒有辦大事的壯志雄心，」陳思敬哭喪著臉說：「龜孫子才想到這個。我的本行，吹拍逢迎摸揑，討碗殘羹冷飯吃吃。我想不必再解釋了，再解釋就越顯得多餘了。」

「一口砂糖一口屎，眞不是東西！」主人大發雷霆：「滾！快滾！以後不准你再上我的門！」

陳思敬紋絲兒也不動。「我是德公的代表，」他嘴裡拿揑著這張王牌，擺出有恃無恐的架勢。「怎好意思不找上門來呀？」

「馬上取消你的代表資格，」主人口沫橫飛，怒不可遏。「請你立刻執筆，先打一通越洋加急電報，然後用航空雙掛號，詳細向李德憐說明這件事的原委。」他對李大宇說。

「是，是，」李大宇揚了揚夾著煙捲兒的左手。

「想必你是要歪纏頑抗到底的，」主人咬牙切齒說：「來人！把他扠出去！」

兩條彪形大漢閃身而入，對直地盯住他，氣勢威猛，有如怒目金剛。「請。」一個大漢開言。

「還不夾起尾巴快滾！」另一個大漢惡聲相向。

陳思敬一籌莫展，疲軟的頭搭拉到了胸面前，乖乖地被押解出去了。

氣氛十分惡劣，決策會議不久也跟著散了。

領導階層的大人物，先先後後告辭。鄒司令因為主人慇懃挽留，盛情難卻，在張公館用過晚飯方走，晚餐很豐盛，但場面很冷落，只有谷博士一人作陪。

酒酣耳熱之餘，三個人談到了經費問題。鄒司令慨然答應捐贈二十萬元，作活動經費。並且言明如遇特殊需要，還可以隨時報效。主人禮賢下士的一番水磨功夫，總算沒有白費心機。

鄒司令告辭時，已經萬家燈火了。外面，雨越下越大。粗大的雨點，撲打著窗玻璃，玻璃上斑駁著銀色的圖案。雨在唱歌，風在咆嘯，十月末的黑夜深處，一塊巨大無匹的銀色雨幕，閃爍著，戰慄著，遙伸向天和地的盡頭。主人陪著客人穿過長甬道，在衣架上取下乾濕褸，想幫他穿上。但，奇怪！客人左穿右穿，老穿不進去。把它披在肩頭上，那件怪褸，竟拖齊鄒司令的足踝。

主人的表情十分之尷尬，心知有異。鄒司令也同樣感到蹊蹺，仔細一看，認出那件乾濕褸，顏色相同，款式一樣，但並非自己的東西。

「也許弄錯了，」鄒又紫苦著。「不過這個人他未免太荒唐。一個瘦長條子，錯穿了一個矮胖子的大褸，怎會完全沒有知覺的？」

主人見此情形，連呼傭人代找大褸。佣人們忙亂了好一會，無法交差，不免互相抱怨起來，爭吵的聲音驚動了張夫人。她輕捷地走出來，用下巴示意制止了大家的嚕嗦。

她保持緘默，仔細地端詳著那件乾濕褸有兩三分鐘之久。「我想，這應該是陳思敬的。」她用廣東官話說，同時，把它拿在手上比量著。「分明是個高瘦的人，而且只有陳思敬這種『失魂魚』才會這麼麻木、懵懂、荒唐。」

張將軍點點頭。「我想大概是的。」

張夫人摩撫著大褸的口袋。「也許有名片或記事冊之類的東西，可以證明它是屬於誰的。」她滿有把握地說。舒開纖纖玉手，摸向內口袋。

這一摸不打緊，可摸出個笑話來了！

原來那不是什麼記事冊，卻是張競生博士的名著。張夫人瞥了一瞥，登時面色大變，尖聲大嚷：「抵死！抵死！」

「做乜呀？」張將軍困惑地瞧住她。她急忙把名著塞到將軍的手上，好像手裡捏著的是條毒蛇。「鬼咩！睇住先！呢班民主友，睇著呢種民主經！」夫人柳眉倒豎，杏眼圓睜，衝著將軍大發雌威。「眞係下流夾折墮！」

鄒又紫司令見事態越弄越僵，過意不去，趕緊打圓場，甬道兩端轟鳴著一陣陣破銅鑼的怪聲。

「這種東西，也未見得一定是陳思敬的。」他帶著酒醉飯飽之後的特殊的愉悅心情說。「谷先生、張將軍，你們看是不是？」

主人把手上的名著狠狠地摜在甬道上，同時用皮鞋蹴踏著。「不是他是誰？」他怒形於色，破口大罵：「不是呢個丟那媽契弟，還有誰呀？」

「聖人也不諱言：食色性也的大道理呢，」鄒司令一臉滿足之至的表情。「何況書上邊只印著個張競生，並沒發現陳思敬的大名，輕率論斷，未免厚誣好人。」

「好人？把這種東西揣在口袋裡到處招搖的人，有幾個是好人！」

鄒又紫用肥胖的手指頭，十分生動的抱住大肚子彈琵琶，他冷眼斜覷看張將軍，發現了將軍臉上的那團壓抑不住的怒火，正從脖子上延燒上來，彷彿火燄伸舔在爐灶上。而將軍停止說話時，他的下巴又突然顯得肥腫起來。

「事不離實，」鄒又紫終於說：「讓我也摸一摸，先求個水落石出。」

將軍的花白髮眉齊動，但他看在二十萬元「奉獻」的情份上，啞忍住這口惡氣，沒有反駁他。

「笑話會鬧越越大，」谷博士率直反對。「一摸不容再摸。」他說，瞥了瞥張夫人。

但鄒又紫司令簡直發了橫。「你們不過是大膽假設，那我一定要小心求證。」他的話還沒落音，肥手已伸進燕子牌乾濕褸的另一個內口袋裡去了。「還好，幸虧有名片爲證，否則千擔河水休想洗淨這不白之冤。」

六道眉毛三雙眼睛對準他可怕的集中起來。

鄒司令順手拖出來的，可不是什麼名片，卻是一大疊相片，他喜孜孜地把相片翻轉來一看，面色大變，臉上的肥肉在大跳草裙舞，連聲大叫「倒楣！倒楣！呸！呸！」原來那是疊妖精打架的鬼東西。西洋妹、蘿蔔頭、肥婆和衰公，色色俱全，幾乎集眾醜之大成。

「衰嘢！」主人暴跳如雷，七竅生煙。

鄒司令的肥手，像被人燒了一下，突然發起「雞爪瘋」來。那一大疊相片，沙沙地洒落在甬道上，八隻眼睛都不約而同地閉攏了。

「我想，不必再求實證啦！」谷博士顫聲說。「你知道陳思敬的住址嗎？最好你拿了這件乾濕褸，到他那兒去換一換。」

「來人！」張將軍大吼一聲。「把這些東西撿起來，塞到口袋裡去，同時用清水和快潔洗衣粉，馬上把地上擦乾淨！」

「算我背時，乾濕褸奉送，」鄒又紫拱了拱手。「有這麼多法寶，我吃不消。」他添說，把大褸一甩，頭也不回大踏步走了。

第二十四章

狂飈社十位社務委員，在歸來鳳小姐引導下，會見了趙天一，地點是筲箕灣成安村木屋區，時間是中共正式參加韓戰後的第二天——一九五〇年十一月七日黃昏時節。趙天一剛從打石場回來，無精打采地背著他的百寶乾坤袋，一步一挨，拾級而登。夕陽在山，西北風漫舞著黃葉，景象落寞，夕陽拉長了他的瘦影，磴道把他的影子砍成了好幾截。

淋漓臭汗已經陰乾了，他覺得週身都有鹽粒啃勒著。一心一意想舀兩桶水洗個澡，然後吃點什麼，睡個舒服覺兒。一個難民的最高理想，莫過於以手養口，有工可作，這是他的生活哲學，他始終身體力行。

十社委其所以不惜移樽就教，到這個倒楣的木屋區來，那顯然是受了老教授的影響。谷博士、童院長和李大宇，到牛池灣去勸駕，直接的收穫可以說半點也沒有，但人們努力過的，畢竟留下了活動的痕跡。間接的影響至少有三方面：第一是老年人的團體，甘於冒重心過高之險，開始注意年輕的人；第二是政治運動，波及教育機構，一部份學者新從沙田的華僑學院分裂出來，在九龍桂林街另立門戶；第三是夏青萍博士領導的那個團體，自覺到有被瓦解被消滅的危險，努力掙扎圖存。

而狂飈社適逢其會，成為大時代的小小泡沫。它們被大時代的浪潮沖捲著，漂浮起伏波動不停，四分五裂的現象已逐漸顯露。

分裂的導火線，是歸來鳳小姐，愛情爭奪戰使狂飈社隨風而逝。

其中，程爲蒼，石誠志與歸來鳳結成一幫，他們從夏青萍博士的旗下分裂出來，得到了谷夢如博士的提攜，異軍突起，正想另起爐灶。許達五和晉文取得「美國之音」主持人相爾頓的默契後，也正設法另立門戶。公孫紅和舒遲，則按兵不動，仍留在民主出版社。黃再生也爲張谷集團所羅致。胡世濤改投了大河麾下。范統打自摸單調、情場失意，興味索然，毅然想回清華大學，唸完最後十幾個學分，好取得一紙畢業文憑。他心灰意冷之餘，連羅堯封送給他的那頂「主流社」社員的大帽子，他也擯了，「民主烈士」的銜頭雖很動聽，但對他似乎缺少誘惑力，他自由自在慣了，從不願以空洞的美麗的名詞來委屈自己。

這是大分裂的前夜。一群貌合神離的年輕人，正從成安村木屋區走下來，在半路上恰巧碰到了趙天一。

「我們撲了個空，」歸來鳳小姐天眞地嚷：「現在居然撞著了。」

趙天一瞥了瞥她，夕陽燃燒在歸來鳳小姐的嫩臉上，分外動人。她簡捷道達來意，並逐一介紹諸人跟他見面。

趙天一側身站在麻石磴道旁邊，嘻開油黑的粗臉微笑點頭打招呼，表情生硬，頗有幾分不自如的感覺。

「對不起，汗涔涔的，」他靦腆地說：「不好意思跟你們拉手。」

「沒關係，」晉文聳了聳肥厚的肩膊。「淌汗的手是慷慨的，乾手才特別吝嗇。」他掃了程爲蒼一眼，繼續說：「當然，當然囉。萍水相逢，我並無敲竹槓之意。」

「許多人都喜歡市恩嫁怨，聯甲倒乙，」程爲蒼搶著說：「我可不吃這一套。」

趙天一苦澀澀地笑了笑。「到西灣河王老吉涼茶店，請你們全體飲一杯涼茶好不好？」他認眞地說。「如果你們肯賞光，我還有餘興節目。」

「難怪晉文說你慷慨，」歸來鳳小姐說：「果然名不虛傳。」

「一毫子一杯涼茶，我可並不在乎。」

「餘興節目呢？」公孫紅小姐微偏著頭問。

「花的錢也差不多：我請你們到太古糖廠工人俱樂部去看電影，七彩老爺片，流汗的人就懂得自得其樂。一毫子站起看，兩毫子有座位。既然請客，我當然願意花兩毫子的代價。」

衆人困惑地瞧著他，可是趙天一一臉正經，絲毫沒有難爲情的神色。

「那恐怕是全香港最便宜的電影啦！」許達五譏誚地插言。「見識見識也好，要不然，眞個是吃飯不知道米價錢哩。」

「只要各位肯賞光，我們馬上下山。」

「不把百寶袋先安頓好嗎？」歸來鳳小姐提醒他。

「生財的工具總是隨身攜帶的，我們不要得罪了衣食父母。——請了。」趙天一說完這話，撇轉身去，領先開路。衆人嘻笑後隨。

「你眞活得下去嗎？」石誠志走在最後，高聲說：「譬如說：你那張碌架床，那股子千年不變的霉氣和臭味。」

趙天一突然掉轉身子，對直地瞧住石誠志魁梧奇偉的身軀，他驟然有了鶴立雞群的感覺。「五塊錢的代價，」他揸開五個手指頭約了約，說：「不好過於苛求的。」

「臭蟲和虱子，想必不在少數，」石誠志憐惜地說：「你總不能過於虐待自己啊！」

「苦日子過慣了，對於臭蟲和虱子，也會發生好感的。」趙天一笑得格格聲：「那叫做自由蟲。一個人要享受自由的生活，必須付出自由的代價。有一張碌架床挺一挺屍，比起樓梯轉角的地方來，已經算是天堂啦！」

石誠志從人叢中擠出來。「我們邊走邊談，」他說：「聽說你的稿費收入很可觀，爲什麼不改善一下生活？」

「那是不可恃的。」

「啊？爲什麼？」

「香港社會生財捷徑只有三條：即工商建築業，飲食娛樂業與走私賣淫業。前兩條須要大本錢，後一條須要大膽量。合法與非法的本錢我都沒有，只好憑力氣活下去。」

「然而，文化事業也是一種新興行業，此刻正當時得令，招兵買馬，蓬勃開展哩。」

「一朵空花，望梅止不了渴，單單造就一批吃懶飯的閒漢。」

「未免太悲觀了。」

「是的，是的。霹靂轟不倒的可能會被閃電擊倒的。煮字療飢的文丐生涯，有時會餓得你舌頭舐灰！」

「恰恰相反，那是一本萬利的……。」

趙天一竄步越過電車軌道，轟隆轟隆的電車聲，把石誠志的話打成兩橛，也驀然回頭，瞧見了石誠志的嘴巴在動，究竟底下說了些什麼，他半個字也沒聽清楚。

電車已急馳過菜市場，石誠志跨著闊大的步子，穿過馬路。「朋友們想聯合起來，共同創辦一個出版社，我們有意邀你出山，」他笑嘻嘻地把打成兩橛的話頭銲接好了：「不知道你肯不肯屈就？」

「前面就是王老吉，借一步說話。」

「當然囉，此事也得三思，你有許多時間仔細考慮的。」石誠志故意把嗓子壓得很低，而且臉上出現了一種令人不舒服的微笑。彷彿那不是從心底笑出來的，而是從肥肉堆裡擠出來的。「希望你把考慮的結果告訴我們，這個禮拜六來鳳會來看望你，順便討你的回信。」

「這樣更妙，」趙天一說：「你們的那個主子，大概長了大痳瘋，誰要是想在他身上打點冤枉主意，恐怕會倒楣一輩子。」

「你眞喜歡說笑話。」

「實情如此，飲杯涼茶潤潤喉再暢談吧。」

趙天一把十位佳賓，讓進涼茶店。每人要了一杯祛風除濕五花茶，就中央長桌子兩旁分別入座。「盲公餅、陳皮梅、胃病聖藥，」趙天一指指點點，努力推銷：「各位如果想換換胃口，不妨試一試。」

許達五擎起玻璃杯，呷了一口苦汁，覺得苦澀澀的不大好受。他從眼鏡上邊瞟著其餘的人，靜觀反應。其餘的人顰眉蹙額苦笑著，悶聲不響。而廣東大戲的鑼鼓小提琴，突然從收音機裡邊氾濫出來，轉在涼茶店的各處。

趙天一則如魚得水，一口氣喝下兩大玻璃杯五花茶，用袖子抹了抹嘴，撕開陳皮梅的皮紙，飛擒大咬，一連吃了幾塊下肚。

「看樣子你們對這些平民醫院的藥物，一點也不感到興趣。」他頗感失望地開言。

「暫時還沒習慣，」程爲蒼露齒微笑：「慢慢就會發生好感的。」

胡石濤推擠著豬腰子型眼鏡。「我眞羨慕你這種安貧樂道的精神。」

趙天一瞥了瞥他，發現他那高聳的額頭上，皺紋層湧著，久久無法平復。「君子認命。」他說：「不管我們如何自負，但在香港人的心目中，我們總歸是難民，老天註定窮難民是要一毫子一毫子賺生活的。男的脫不下長衫，女的脫不下高跟鞋，當然只剩下一條路好走——死路一條！對著逝影徘徊瞻顧，那是完全不必要的英雄主義！大徹大悟，是不會嫌遲的。我們最好安於其位，樂於其業；明瞭我們的處境，我們的位份，以及我們的責任，那才不致於老想去跳樓自殺啦！」

大家聚精會神地傾聽著，但那些逆耳之言盪漾在廣東大戲尖銳淒涼的唱腔上，顯得模模糊糊的，而且疲軟無力，遙遠得很。

「大時代爲我們洞開了千百張門，你不必想得這麼迂闊。」程爲蒼微偏著那張小小巧巧的臉說：「老師說你長於分析，而且具備智慧的透視力，那正是一般年輕人所欠缺的，我們竭誠歡迎你參加工作。」

「工作嗎？那是刻板文章。——手停口停。你以爲我是個大少爺嗎？」

「不是指錘石子的工作，」歸來鳳小姐解釋道。她笑得很甜，很明燦。「是指文化工作。——天生我材必有用，犯不著自暴自棄，抑鬱終身。」

黑漢子揚眉睜眼平視著她，他臉上的油黑皮膚在牽縮，在酸澀地痙攣；而瞳孔，在驟然一瞥之下，閃爍著奇怪的光芒。

「也許我的看法，跟你們有點距離，」他終於說。驟然間，覺得背心和襯衫全浸在汗水裡了：「你們的文化工作，是騙騙洋人，而我的工作目標，卻在喚起民衆。這樣一來，就不免南轅北轍，背道而馳了。」

公孫紅小姐傲然微笑著，齲齒在她的小嘴裡燦發著翡翠似的光。「喚起民衆？」她重覆：「那正是老師經常說的，可是我始終沒有領悟到這個問題的重要性，爲什麼一定要喚起民衆啊？」她茫然掃視著大家，沒有得到確切的答案，羞赧赧地低垂著粉頸。

「無非是要鼓動民衆一齊幹，」黃再生有點口吃，他的臉紅了：「那是得道者多助的意思。」

「自古得民者昌，失民者亡。」舒遲猝然插言。「民心的得失，關係反攻復國的前途至深且鉅。……哦哦，這當然是老生常談。但世界上最大的秘密，莫過於公開的秘密，眞理越平凡，越經久耐用……。」

在這個問題上，我們似乎都懂得很多，其實瞭解得都不頂透。趙天一硬起喉嚨說：「就固定的因素來說，今天的局勢是令人沮喪的。二百六十一比一的土地面積，三十對一的人口，這無論如何是叫我們難過的。但活歷史不決定於死數字，五萬萬人亂糟糟的相對運動，除了天老爺，沒有人敢於判斷未來的局面究竟是個什麼樣子。而一切最不能入人於信的道理，往往是最合邏輯的。這當然是亂世的最大妙處，簡直妙不可醬油！」

范統陰起眼睛望著他，一臉苦相。「照你這麼一說，我們不是絕望了嗎？」

「一點都不覺得絕望。」趙天一斬釘截鐵答：「我們必須注意到可變的因素——人心，密切注意到人的發現和人心的爭取，這是改變整個歷史行程的關鍵。必須喚起民衆，那不僅是掛在嘴邊說說而已的東西。這句不朽的名言，必然決定歷史的方向，掌握中國的命運。」

「那何以見得呢？」范統的粗糙的雙頰上，抹上了一層曖昧的陰影，他的心事很沉重，向內微微凹癟的蝦蟆嘴，在停止說話時，依然機械地開闔著。

「暴戾統治大量製造社會動力⋯⋯。」

「但血腥鎮壓可以窒息一切反抗，削平一切障礙，粉碎一切動蕩不安。」許達五板出了那副歷史家的冷面孔，岔斷了他的話。「這差不多是歷史的一種統計趨勢，大戰之後繼之以凶年；然後動蕩的局勢慢慢穩定下來，出現一個小康的局面。」

「許先生大概忽略了一點什麼，」趙天一亢聲爭辯：「一切極權制度總是以不斷運動爲生存條件的。是嗎？歷史上還沒有任何一個極權政體，曾經採取過確當不移的統治方式。因此，那勢必產生兩種後果。」

許達五伸手撐住急滑下來的眼鏡。「哪兩種後果？」他問。

「和解與妥協的局面始終無法達成，統治者和被統治者之間的緊張狀態，必然繼續存在下去。老百姓喪失了生活的安全感，而社會卻喪失了企業間的穩固狀態，革命與動亂，不過是歷史的偶然事件，是例外；如今都成爲必然，成爲常態了。」

「第二個後果？」許達五瞅了瞅眼，將白皙清秀的冷面孔，隔著長條桌推過去。

「第二嘛，社會的變動節奏太快，理想的變動節奏太慢，事實與理想之間的連繫被突然扭斷了。換言之：社會的現實和解釋這些現象的主義之間，毫無近似之處，或者說，拉不上一丁點兒關係。一切美麗的宣傳都成爲反面教材，成爲社會現實的絕大諷刺。人們從困惑和迷亂的噩夢中醒轉來，被千千萬萬的爲什麼催逼著，迫切追求新的理想，力圖符合他們的願望，適應他們心中所虛擬的影像。欲爭取人心，喚起民衆，這是千載一時的良機。如其不然⋯⋯，」趙天一突然把玻璃杯朝桌子上一頓，醬油色的浪花四濺，大家的目光不約而同開始向他集中。

「歷史正面臨著轉捩點呢，」晉文聳了聳肥厚的肩膊，輕蔑地哄響著鼻子。「不是嗎？哦哦，可愛的清談家！」

「別打岔，」許達五高聲制止他。「放過這千載一時的機會，後果是不堪設想的。—流汗人的嘴頭子上，往往會出現一些妙論，是我們欲說而沒有說出來的哩。」

「如其不然，」趙天一濃眉倒豎，面色陰沉：「雖有百萬雄師，可能滅沒在廣大的人海裡。不過，民眾真的喚醒了，形勢完全倒轉過來，那又當別論。五萬萬民心的歸向，必然是歷史開展的眞正方向。只要我們肯下功夫，不因循苟且，不敷衍塞責，十年一定有成。」

「堯舜率民以仁，而民從之；桀紂率民以暴，而民亦從之。」許達五搖頭幌腦，展開反擊。

「這都是歷史的教訓啊。」

「不要熄滅老百姓心頭上那一點點希望的火花，」趙天一急促地說：「讓石頭喊冤，那不獨是諷刺，簡直是殘忍！」

「那麼，我們的文化運動，應如何著手呢？」許達五繼續追問。

「文化運動好像錐子，尖利無比，直透人心，它與群眾運動不同。」

「文化運動難道不是一種群眾性運動嗎？」

「不！是兩種不同的型態。」

「如果它不是一種群眾運動，我們怎麼能夠喚起廣大的民眾？」

趙天一斜睨著許達五。「群眾運動好像一柄鐵錘，鈍而有力，運動起來，必然風生火起、轟轟烈烈，但我們寄人籬下，別人會插手干涉的。文化運動表面上冷冷清清，無聲無臭，既不招忌，也不致擾亂當地的社會秩序，我們只能選擇這條路。問題在乎我們揀選一些什麼樣子的形式，形式裡邊裝載一些什麼內容。」

「你的意思呢？」

「當然要從激動感情，引起共鳴著手。」趙天一巴唧了一下嘴唇，從玻璃杯上邊瞪住許達五。「藝術和文學打頭陣。光動之以情，然後再益之以智。——過於洋化的形式對喚起民眾，用途不大。簡單、樸實、生動、自然的東西，才是民眾樂於接受的。」

「那當然又要起用『觀音老母坐蓮台，一朵祥雲降下來』，那種庸俗不堪的東西啦！」晉文譏誚地說：「我們總算是白白浪費精力和時間。」

趙天一大不以為然。「一切真藝術，都是簡單、樸素、自然而生動的。華而不實，過於花描的東西，才是藝術的贋品。」他驀然抬頭，瞧著涼茶店的電鐘。「七點二十分，再過十分鐘電影要開映了，我們要走了。」

眾人相繼起立，趙天一搶著惠了賬，走向太古糖廠。他們看完老爺片，高高興興登上二樓的消費合作社小餐室。

「這是最後的晚餐，」晉文開言：「專為老范而設的，他明天北上。」

「格老子口沒把門的，」范統擠眉弄眼睃住他。「專門放快！」

「為什麼一定要走？」趙天一問。

「想戴一戴方帽子，過過洋癮。」

「你真缺德，」胡石濤插言：「離情別緒縈懷，虧你還有這份閒心。」

「難道一定要淚眼巴巴才叫送行嗎？」晉文反駁。

范統還是那副無所謂的陰沉樣子。「用不著傷感，太多的傷感總帶點兒憐惜自己的臭味，那就不免傷感情了。」

「爲什麼不留在香港？」趙天一繼續問。

「颱風的風眼裡是最平靜的地方，」范統陰起眼睛苦笑：「與其空談妄想，不若仔細體驗那邊的眞正生活，陰鷙沉著，那是風暴的靈魂，危險不危險我不在乎。」

「只怕那是條單行道啊？」黃再生婉言相勸：「此事萬萬不可操之過急，輕率決定，凡事總宜三思。」

「肉包子打狗，有去無回，」公孫紅小姐說：「我說呀老范，天下不如意的事體多得很，何必感情用事？」

「你也眞是，娃娃，還嫩得很呢，」石誠志說：「眞他媽的孩子氣十足！」

「說我自作多情地無所謂。」范統平淡地說，好像說的是隔壁鄰舍母雞生了雞蛋之類的事兒。

大家你一言，我一語，雜七雜八說開了。

范統仍然不改老天眞的常態，嘻皮笑臉，充耳不聞。大家都拿他沒有辦法。

「慷慨赴義，視死如歸，差不多要成爲歷史上的人物啦。」晉文說。

「老哥，你當然曉得我不是的，」范統率性瞇起眼睛，說：「遣將不如激將，可是我心如死灰。」

「能夠瞭解的，用不著解釋：一定需要解釋的，也不會深切瞭解。人的心，就是這麼一件古怪的東西。」歸來鳳小姐柔情脈脈地瞟著他說：「任何一條直路都有轉彎的地方。要不然，地球就不會圓的了。盼望你打消去意，時間加上耐心，能成就一切不可能的東西。」

蕩漾在范統臉上的笑容消逝了，不知什麼緣故，有兩滴淚水悄然攀在扁平的鼻樑兩側。他啞笑著，不想開口說話，可是那兩滴眼淚，卻熠熠閃動不停。

「天涯何處無芳草？」舒遲惻惻地勸慰他：「你這個老實人，心裡頭擱不得一粒砂子。自討苦吃那又何必？」

「任她弱水三千，我只飲那一瓢。」范統突然睜開了眼，他的心似乎橫了。

「既令是甘露，也是普降的啊，」程為蒼尷尬地說。他在這種場合，本不應該說話，然而他畢竟說了，心裡頗為忐忑不安。

「是的，是的，你的飯量是驚人的。」范統幾乎是脫口而出：「人家丁令威的大小姐，名義上仍然是明媒正娶的哩。難道我們這批 **Y.U.D.C.** 的新派人，還願意遵守大清律例嗎？」

程為蒼臉上像潑了一瓢豬血，張口結舌，正待辯白。趙天一忽然搶先插問了一句：

「**Y.U.D.C.** 是個什麼團體？」他搔了搔後頸窩，困惑地問。

「民主中國青年同盟。」范統低聲答：「大家一心一意只想為民之主，我看不如早點告個結束。」

「牢騷話說多了，也不會有什麼好處的？」程為蒼訕訕地說。

「至少可以製造一名逃兵，加速內部分裂。」晉文慨然說。

「火上添油，一箭雙鵰，你眞是個鬼才！」許達五用手指亂敲著空氣。

這話之後，出現了不安和焦灼。

彼此木然相望，各人的心靈裡頭瀰漫著火藥氣味。

趙天一倏然想起了那張老爺影片。紅番們的戰鼓，沉悶地響在他自個兒的記憶之中，戰鼓鼕鼕，人生原是一場慘烈的戰鬥啊。強凌弱，眾暴寡，文明人殺野蠻人，歷史總是要重複上演這齣苦戲的。他忿忿不平地沉思著，黑油油的圓臉上，流露出一抹陰森的自信的神色。—鬼似的，不大容易察覺。然而憤世嫉俗，玩世不恭的人，往往具有較大的胸襟和氣度，那些拘謹虔敬滿身正人君子氣味的人，因此反而顯得有點狹小虛僞了。

「既然如此，」他說：「歸我一個順水人情做到底，晚餐也算我的。」

「不好，不大妥當，」石誠志說：「怎好意思老要你破鈔？」

大概你嘴巴裡橫咬著一個燒蘿蔔，趙天一這麼想。「可以佔到點小便宜，」他說。「因爲我在廠裡做過雜工，出示工友證，可以打個九折。」

「針鼻上削鐵，我們不打這號小算盤，」石誠志說。「況且這個晚餐，有雙重意義。一方面送舊，一方面迎新，我們大家一致歡迎你加入。」

「冒名頂替的事，我可不幹。」

「話不是這麼說的，」石誠志滿臉堆笑，說：「青年同盟十個執行委員，有一人出缺，一定要找一人遞補，也算是十全十美之意。」

「找後補委員去遞補吧。我對政治活動，提不起興趣。」

「後補委員們不大合乎我們的理想，經大家一致決議，準備拖你下水。」

「我本來就沒有站在岸上。」

「那就更妙啦。」

「政治好比臭狗尿，不是我這種人能幹得來的，人應該有自知之明。」

石誠志見正面進攻失敗、立刻採取迂迴戰略，開始旁敲側擊。「文化運動呢？」他問。

「多則一年，少則半載，一定在這兒回請你們。」

「人不可以自信得太過。」趙天一冷冷地說：「借花獻佛，乾了這一杯。」

范統的那張貓臉，紅得像關公，他勉強乾了，一連打了好幾個酒呃。「謝謝你，」他迷迷糊糊地說：「道德

范統陡然覺得這「歸來」兩字有點刺耳。「會回的。」他苦笑著，自個兒也感覺到手有點打顫。

「祝你平安歸來。」舒遲跟他碰了一杯。

范統木木然陪飲了一杯。

石誠志端杯敬酒。「老范，祝你一路順風。」

酒菜相當豐盛，趙天一據席大嚼，像條餓狼，范統則連連猛灌悶酒，懶得連筷子也不想動一動。

跑堂的把席面安排妥貼，推了推白制服的前襟，恭請大家入席。

轟然大笑掩蓋了火熱的談話。

「也許更像個謙謙耗子。」趙天一認眞地自我表白。

「有若無，實若虛，倒像個謙謙君子哩，」晉文笑著說。

「你們簡直抬舉了我，可惜我自己不爭氣，膽怯心虛，胸無點墨，合不上大幫。」

「狂飈社的社務委員，那你總該可以屈就的。」

「有個屁！」趙天一茫然望住這個北方大漢，有了手足無措的感覺。

「天下興亡，匹夫有責，——你有理想，有抱負，何不團結在一起徹底幹番事業？」

「有心無力。」

的自信力，可以增加人的勇氣和決心。」

「你不覺得這半個世紀以來，道德的標準，已經掉換了底嗎？無所不為，飛黃騰達，有所不為，潦倒餓煞！社會的標準顛倒了，人們就拿這根皮尺來量你！」

范統醉得暈酡酡的，頭幾乎俯衝到席面上。十一月的西北風從海上吹送過來，室內漂浮著捲心菜和魚腥味。

「我仍然選擇有所不為。」

他固執地回望著趙天一。酒精輕輕地撩撥著大腦皮層，他覺得眼皮很沉重，萬事萬物都沉陷於黑色的渦流中，漆黑一團，苦日子還望不到盡頭哩。

第二十五章

聯合國公開譴責中共爲侵略者，並緊急呼籲自由世界各國，共同禁止戰略物資輸往大陸。經濟封鎖加緊進行，黎發財老板陡然身價百倍，扶搖直上。

香港，對窮難胞而言，那是人間地獄；對冒險家而言，確實是錦繡天堂。

這個齷齪、紛擾、大吃小、黑吃黑的偉大的「鱷魚潭」，如今正在分潤朝鮮半島上的戰血餘腥。

由於胡奇遇的穿針引線，黎發財老板搭上了宋小鬍子那條賊船，貨如輪轉，黃金美鈔滾滾而來。但悖入悖出，他揮金如土，動輒一擲萬金，了無吝色。排場之大，氣派之闊綽，手頭之鬆動，使這個笑容永在，五短身袋的壯漢，贏得了「小孟嘗」的尊稱。

沉寂一時的走私活動，突然轉趨活躍。

整個「半上流社會」，也生機蓬勃，欣欣向榮。

其中惟一的例外是陳思敬。

黎發財老板夤緣時會，如魚得水，如虎添翼，固然可以滾紅滾綠，大撈特撈。但陳思敬一則因爲遺失機密文件，不能見諒於張谷集團；再則因爲「妖精打架」之事，醜態畢露，代總統私人代表的高貴身份，無形之中被取消了。有好幾次他厚著臉皮扣張公館的大門，不幸，都遭到嚴詞峻拒。打電話找張將軍聯絡，耳機裡傳過來的怒火，簡直燒烤得他的耳根疼痛難熬。冷嘲熱諷、漫罵、奚落之餘，乓朗一下，對方的線掛斷了。千門萬戶，突然全部朝他關閉起來。他弄得走投無路。四方八面都被銅牆鐵壁重重疊疊包圍著。他心灰意冷，萬事皆空。從雲端裡直摜到萬丈深淵的那種驚悸、痲木、昏沉和絕望的感覺，他全有。

傳聞是可眞可假的，它的可靠程度始終有限，但它影響當事人的生活，尤其在當事人命運中所佔的地位，往往和他親自所作所爲，具有同等的重要性。不管怎麼樣，陳思敬是被傳聞擊倒的，傳聞使這條蛇變成了一條蟲。雖然有一個時間，他曾自詡爲「路邊社」社長，專門製造馬路新聞，挑是撥非，蜚短流長。如今他親嚐到這枚苦果，才覺得苦不堪言，那也算是過於遲鈍和痲木了，小聰明，誤大事，得意時狂妄，失意時沮喪，這都是沉不住氣的表現。智深然後勇沉，他就欠缺這種氣質和修養。

不過，天無絕人之路。人既然活著，總有辦法可想的，韓水湄小姐就是他的救星。她把他從絕望的深淵拯救出來，硬塞到黎發財老板的手裡，久而久之，居然共起祕密來了。

當然囉，黎老板的走私活動，正急遽開展。破格用人之際，不拘小節。而陳思敬這一塊怪料，在瞬息萬變，危機四伏的走私活動中，恰巧是個興風作浪的能手，隨機應變的長才，心性相近，志趣相投，兩人既然可以互相利用，突然成了親密的戰友。

韓水湄小姐是陳思敬的靠山。這在那個紅眉綠眼，黑吃黑的圈子裡，大大地加强了他的份量。枕畔耳語，古往今來都算是萬應靈丹。因此，黎發財老板對陳思敬前嫌冰釋，觀感一新，進一步倚若股肱，引爲腹心，那是完全可以理解的。

另一方面，陳思敬的唱工和做工都很到家，這也是實情。他察顏觀色，善體人意，吹拍逢迎，不慍不火，簡直恰到好處。而且，剛遭挫折，銳氣煙消，謹小慎微，一派革心洗面，浪子回頭的老實相，更使黎老板寵信有加。他卻奉命唯謹，不敢仰視。黎老板的內顧之憂，無形之中被打消了。於是心甘情願，一日三頓珍饈，來餵養這條大蟲。

十二月的頭一個禮拜日。挨近子夜時分。有一個緊急而秘密的會議，在青山大酒店四樓四一二室召開。談話低沉而急促，氣氛相當神秘。

與會的人總共六人。四男二女。即：黎發財、胡奇遇、宋小鬍子、陳思敬、韓水湄和藍玲。房門緊閉，燈火通明。

那晚，寒氣很重，普魯士藍的天宇，繁星燦然。從臨海的窗檽中透視出去，可以望見黝黯的夜海和青山灣外晶熒的漁燈。

六個酒醉飯飽的人，在環形日光管底下，閃現著紅艷艷的油光。他們的神色鎮定而興奮，頻繁地打著手勢，以加强語氣。

冬天的青山酒店，早已進入冬眠狀態，生意極其清淡。除了二樓有一對洋情侶闢室談心外，再也沒有人開房。因此，四一二一室的煌煌燈火，像獨眼龍似的，就顯得十分之突兀了。

「那邊急需汽油。」宋小鬍子說。

「要多少？」黎發財老板問。

「先付一百噸。一個禮拜公海交貨，辦得到嗎？」

「想必不難，」胡奇遇插言。

黎發財捏弄著右頰邊的那幾根長毛。「物資供應當然沒有問題，可惜咱們人手不夠。」

「那你可以廣開壇口，大量招收亡命之徒的。」

黎發財給了宋小鬍子一個討好的微笑：「遠水難救近火。要趕任務，是不是啊？」

「這個還要問嗎？」宋小鬍子說，語氣裡微含著惱怒和譴責的意味。

「如果一個禮拜兌現，飛砂島附近海域是不行的，那兒冒的風險太大。而且水程遙遠，轉運起來也不十分方便。」

「你看什麼地方交貨比較好？」

「最好改在九澳海域。我們可以就近在澳門接駁。」

「好是好的。可惜橫琴島的碼頭設備太化學了，恐怕吞吐不靈。」

「垃圾尾如何？」

宋小鬍子用左手虎口抵住肥下巴沉思有頃。「可以考慮，」他終於說：「不過此事我還不敢擅作主張，必須請示。」

「大概什麼時候可以得到切實的指示？」

「最遲明天此刻。」

「那好。思敬記錄一筆。淡水百噸，七天之內送往尾巴島解渴。」

陳思敬豎起犀飛利金筆，沙沙地寫在洒金邊懷中記事冊上。

不是膿包又是什麼呢?藍玲小姐詢問似的盯住他想。吃你這草種大概吃定了。「臉兒掛破了，是不容易復原的。」

「砌詞偏袒，」宋小鬍子大爲光火。「我可不是能夠三言兩語打發得了的膿包。」

「千金市馬骨，那也含有獎勵的意義，」胡奇遇婉言勸解。「你們那邊也不可過於認眞。否則的話，大家裹足不前，交易就要停頓啦。」

「然而我們也不是好欺的呀!」

黎發財笑嘻嘻地捏住那張薄薄的打字紙。「買賣不成仁義在。」他一臉撒賴的神氣。「這是一刀兩斷的生意。當面鑼，對面鼓，驗明正身，以後並無異言。返水的惡例一開，只怕所有的人都不肯再效犬馬之勞了。」

「這兒是一張返水退包的清單，不應得的溢利，必須掃數歸還。」

「其實五成新不到。中間還夾雜了十多輛超齡的老爺車，任你如何改裝髹漆，投機取巧，總瞞不過專家們的眼睛。」

「兩下言明是八成新的嘛?」

「這次要全新的。上兩次你交割的舊車，點驗起來，完全不合規格。我們上當不小!」

「全都需要新車嗎?」

「三噸半道奇五十輛、五噸半十輪卡車八十輛，有沒有把握於五十天裡邊，集中文錦渡點驗交貨。」

「要多少重型貨車?」

「錢是不成問題的，咱們照老規矩辦事，先付三分之一訂金，然後銀貨兩訖。」

「有錢能使鬼推磨，我們盡力而爲，挖空心思搜購。」

「那邊還迫切需要重型貨車和牽引車，能夠設法張羅整套開山築路的機件嗎?」

的。轇轕越纏越複雜，我主張快刀斬亂麻，以前的一了百了。」

「怎麼老是一鼻孔出氣？」小鬍子正色道：「你們也來人海攻勢嗎？」

藍玲小姐的嬌艷的臉，逼得紅通通的。高鼻樑兩側的雀斑，倏然被紅霞淹沒了。她嗤喘著。泡沫似的胸脯，從低胸晚禮服上鼓出來，一無瑕疵，任人瀏覽。

「大家一團和氣，開誠相與，」她微挑著高高的眉宇，斜睃著小鬍子。「心病是無藥可醫的。弄僵了，各行其是，反爲不美。」

「你的小嘴甜蜜蜜的，像個糖葫蘆。」宋小鬍子嗅了嗅鼻子，甜香撲鼻，怒氣慢慢消散了。

「你們要知道，這是殺雞警猴，以示薄懲。要不然，咱們花大價錢搶購的汽油，都有變成海水的可能。盤尼西林藥膏，塗到傷口上清涼清涼的，化驗起來，是如假包換的廉價牙膏。」

其他五人，掩口而笑，緊張的空氣，似乎鬆弛了許多。

宋小鬍子本來也想苦笑，但他沒有笑出來。臉上充血，紅若火磚。一雙眼睛，賊古溜鰍的，老在她那白白胖胖的胸脯上徘徊搜索。彷彿那兒潛伏著秘密、誘惑、溫柔和危險。

「這個我和奇遇可以擔保，」藍玲微噘起小嘴說。同時，半自覺地帶了帶白貂皮披肩，將過於暴露的部分微微遮掩。「包管貨眞價實，一點兒都不欺假。」

「是的，一點都不！」小鬍子忿然瞟了她一眼。「鬼曉得咱們使了多少冤錢，浪費了多少民脂民膏！」

「如果瞞心昧己，一定天誅地滅！」胡奇遇信誓旦旦，指天篤地說：「以後歸我先行負責檢查，貨不對辦，歸我是問。」

「太好了，也太令人感動了。」小胡子冷冷地說。他的語氣表達了相反的語意：「我當然信得過你們這班正當商人的。…哦哦，全心全意爲瑪門服務的正當商人！」

「大家都是將本求利嘛！」

小胡子飛快地白了胡奇遇一眼。「一本萬利的生意嘛，咱們多的是後備軍。」他開始虛聲恫嚇起來。

「過去的一筆勾銷，大家沒賬，」黎發財老板笑容可掬，心平氣和地說：「以後如果發現貨不對辦，我負責損害賠償，這是大原則，談不攏只好告吹。」

「嘴巴兩塊皮 — 口說無憑。」

「難道要我具張切結不成？」

小胡子冷靜地瞅住黎發財，絲毫不露圭角，他耐心地等待他的下文。「我相信你不會這樣傻的。」

韓水湄小姐猝然啓齒：「一個字都不要寫，那是把柄，是眞憑實據。一個字都不！」

黎發財笑得下巴打顫：「水湄，大概你忘了我是不會寫字的。嘴上雖有幾分光，筆底下卻是黑麻麻的。」

「不會寫字有什麼要緊。」小胡子仍然不動聲色。「文件上打個手模不就得了嗎？」

「幹啥要打手模？」韓水湄小姐面色轉白。「咱們是做買賣，又不是上移民局領身份證？」

小胡子撇轉臉去，漠然瞟了她一眼。奇怪！他一怔，心臟變成了秏子的，蹙蹙急跳起來。奇怪！他霎動著色迷迷的羊眼，那張永遠空寂寧靜的秀臉，在薄嗔嬌羞之下，怎麼會突然組合得這麼動人的？他詫異地想。那個美麗的發光體，在他的醉眼裡震顫盪漾。他媽的眞是有眼無珠哩，他衝著自個兒罵。豈止是明艷照人，簡直像個風情萬種的水蜜桃啊！他不好意思地瞥了瞥藍玲小姐，藍玲在她的光燄映射之下，不免黯然失色。

「那是不可以相提並論的。」他忘乎其所以然地說。當他的神智稍微清醒時，他改了口。「見異思遷，人情之常。人的本質都是卑下的。不見棺材，不流眼淚，現實不過。哦哦，他媽的現實得很哩！」

大家耐心地聽完了他的獨白，同感莫名其妙。其實，他所有的話都是眞假參半的，只有這幾句是眞實的心聲，反而沒有人能夠理會。他熱呼呼的盤算著，如何轉韓水湄小姐的念頭。「也許他醉了。」胡奇遇悄悄說。

「不會的。」藍玲小姐斷然說：「他是海量，這點子酒，可能到口不到喉。」

「說話都不大清楚了？」

「誰說的呀？」小鬍子眨了眨羊眼，受到蠱惑的神智，差不多已完全恢復過來了。「你們如果不答應辦理擔保手續，我不想再商談下去了。」

「那麼未免有點那個。」胡奇遇說：「一字入公門，九牛拖不出，我不贊成紙寫筆載。」

「我也是。」韓水湄小姐附和：「無論如何不行！」

「既然不肯回水，就要具張切結。兩個方式任擇其一，這已經是仁至義盡啦。」

「你的意思呢，發財阿舅？」藍玲小姐問。

「明買明賣。老少無欺，生意人應守的本份，到此止步。兩個方式我一起反對。」

「日進斗金，咱們可待你不薄啊。」

「我也沒有虧欠你們什麼，」黎發財突然收斂了笑容，那種現象是十分之罕見的。「兩個方式都帶有處罰的味道，那總歸是不公平的。」

「願打願挨，隨你的便。」

黎發財老板乞憐似地呆望著小鬍子。一幅死板板的五殿閻王的嘴臉，慣於作威作福的鍾馗相，突然鬼似地震顫在網膜上。他望著望著，決心已經開始動搖了，意志也慢慢軟化了。

「這兩件事我不能依你，」他囁嚅著：「不過，你是衣食父母，其它的一切，全憑你的高興。千依百順，決不討價還價。」

「這才像句人話。」小鬍子回嗔作喜，賞光似地給了他一點較好的面色。

「這兒是四個人證。奇遇、思敬、藍玲和韓水湄小姐。」黎發財老板脅肩諂笑著，露出一副可憐兮兮的樣子。「您可以逐一當面對質，能不能夠擔保我履行條件。」

韓水湄小姐氣忿忿地瞥了瞥黎老板。「一個沒有脊椎的脊椎動物，」她鄙夷地想。「欺善怕惡的臭狗肉，虧你動不動還要騎在別人身上作威作福呢？你，你，不長俊的狗東西！」她迅速地繼續想。

「你不必發揮小姐的正義感，」小鬍子和顏悅色討她的歡心。「商場如戰場，發言權操在勝利者的手上。」

「可是他並沒有戰敗啊？」韓水湄小姐怫然變色，尖聲嚷叫起來。「你不可以壓迫他訂城下之盟！」

「他要繼續跟咱們做生意，這點子委屈算不了什麼。」小鬍子淡然無味地發話：「說得比較粗魯些，假如我，」他戟指著自個兒的酒糟鼻子，「有特殊嗜好，他黎發財也得自動送上來。十啇九奸，惡裡惡濁搞慣了，不會有半個好東西。」

韓水湄怔怔地瞧住發財阿舅，滿以爲他會勃然發作。可是他鼻樑泛黃，面如土色，俯首貼耳危坐著，連大氣也也不敢吭一聲。

「你不必一篙子打翻一船人！」她碎咬銀牙，衝著他罵：「這種話也好像是嘴裡說出來的，真正豈有此理！」

「黎老板，你這兒有規矩沒有？」小鬍子用蒼勁的聲調質問他。

「有的，宋先生，」黎發財欠身點頭：「她不算咱們的核心，由她吧。」

「咦，什麼話？簡直放屁！」宋小鬍子雙眼圓睜，氣得蹬腳。「不是核心份子，怎麼可以插上一腳的？」

黎發財老板自知失言。「床頭人，我信得過。」他半挺起身子卑屈地表白。「慢慢會變成核心份子的，我願意負全責。」

小鬍子冷峻嚴厲的目光像兩柄鋒利的刀：「閣下的脖子上，一共安了幾個腦袋？」

「當然只有一個囉，閣下。砍掉了，沒啦，閣下。只留下一個碗大的疤哩，閣下。」

「放莊重些！」

「是，是，閣…。」

「不准再說閣下！」

「是您說開頭的啊。」

「生意場中，也有三分道義。我看你，太不老實啦。」

「老實，很老實，」胡奇遇插嘴：「老實可靠，最好的搭檔。」

「嘴裡喊哥哥，手裡摸秤錘。這種老實人，一掃把可以掃出一大蘿。老實告訴你，」小鬍子對準黎發財，板出一副頤指氣使的老K面孔：「別玩小聰明，要出手段。老子吃的鹽，也許比你吃的飯還要多，諒你有多大神通，逃得過如來佛的掌心？」

黎老板失魂落魄地偷瞧住他。一張慣於作威作福的小白臉，在他的網膜上閃爍，笑容頓斂，酒意全消，像突然挨了別人一拳。

「是，是，宋先生。以後戴罪圖功，老實到底。絕不辜負您的栽培。…您幾時做過鹽商，或者，販賣過私鹽？吃那麼多的鹽幹啥？」他可憐兮兮地說，完全是副等著挨揍的愚騃面目。「不怕喉乾舌苦，得消渴症嗎？」

他又莫名其妙地補了一火。半邊屁股正襟危坐在沙發上，一點都不像是開玩笑的樣子。

某他四人，轟然大笑起來。

「混賬東西，呸？你敢對抗！他媽的矮子矮，一肚皮的綠麻拐！小心老子拆你的骨！」

黎老板吃驚似地踽躓了一下，然後傻傻地苦笑著：「一個最可靠最馴服的工具，是不容易找的啊，隨便毀了，豈不可惜？」

「像你們這班垃圾，遍地皆是，」小鬍子喉管裡恨得做黃牛叫。「哼，等著接訂單的不法商人，正大排長龍哩。稀罕了你們這幾注寶貨不成？」

胡奇遇見言語拿不順，趕快打圓場。「大人不見小人過。宋先生，宰相肚裡好撐船，酒後之言，不必過於認眞。」

「你還有臉說這種話！都是你照顧的好生意！」

「生意人不懂規矩，冒犯虎顏，千祈海涵。」

宋小鬍子登時眞的發起虎威來了。

「說一不二，我要求絕對服從。」

韓水湄小姐巧妙地輕颺著長而且白的緞子似的手指：「喲喲，做買賣不是談政治，討價還價，有商有量是常規，爲什麼要絕對服從？常言道：強賓不壓弱主，你不可以來這一套。」

小鬍子抬頭挺胸，嚴厲地望了望她。那種目空一切，爲所欲爲的神氣，簡直像專制魔王。她的兩嘴角向上微翹著，露出了兩列明潔整齊的牙齒。「這種脈脈含情的媚態，似乎是劑春藥，正鼓勵男人們放肆哩。」小鬍子喜孜孜地想，冷面孔上突然怒放著心花。「我喜歡妳這種半開門的騷浪勁兒。今兒晚上，看老子整妳！」他繼續想，於是突然發話：

「政經分離，是你們的癡心妄想，要接訂單，必須先接受一個大原則 — 政治領導經濟，換言之，政治是經濟的最高形態。大原則是絕對的。願不願意絕對服從，是你們自個兒的事。」

韓水湄小姐不知輕重高低，掙扎著還想辯白。胡奇遇一反常態，面色一沉，毅然阻止她發言。

「我們願意絕對服從，一切聽憑您的吩咐。」

「那好。不再採取半迎半拒的敷衍態度了嗎？」小鬍子以法官的口吻又質問了一句。

「是，絕對不。」胡奇遇堅決地說：「一切當面考驗。以觀後效。」

「這樣我比較放心了，」小鬍子鬆了一口氣：「口說無憑，還要看你們的具體表現。哦哦，我肚子裡有點造反。洗手間在什麼地方？」

「樓梯轉角的地方就有，」胡奇遇迅速地答：「我帶您去。」

「不必！此刻還用不上你。」小鬍子雙手捫腹站起來。「黎老板請了，歸你帶馬！」

第二十六章

黎發財木木然打開房門，謹慎謙虛地導引著這位太上老板，走向洗手間。房門洞開著。大家面面相覷，鄙夷和憐憫的表情，交替出現於男男女女們的臉上。——屈辱的人渴望別人尊重。他們同病相憐，因此感同身受。大家的面色都顯得有點嚴厲，有點羞赧，並且有了突如其來的莊重和突然不可冒犯的神色，這種奇特的場面，是他們那個圈子裡少見的。

黎老板陪伴著宋小騶子施施然轉來了。

去時冷若冰霜，劍拔弩張，充滿了火藥味。來時春風滿面，有談有笑，先後判若兩人。

黎發財得意揚揚歸座：「思敬記上這一筆，」他輕言細語開言：「火牛五十，洋馬八十。三五成群，趕往文錦渡至上水一帶吃草。…是不是隨到隨收？」他仰承著小騶子的鼻息，畏葸地問。

「嗯，」小騶子說。「加注先行點驗等字樣。貨不對辦，耽誤時間，負責損害賠償。」

「此刻風聲很緊。司機又不夠分配。最好…，」

「重賞之下必有勇夫。」小騶子打斷了他：「我批准你廣開堂口，大量招收徒弟，過過做老頭子的癮，額外費用歸我撥付，但不必記錄。」

「先前那幾句，記錄不記錄呢？」陳思敬豎起犀飛利，問。

「蠢才，當然要記錄的。」黎發財老板悄聲斥責道。「不過，三個月的期限是不夠的，」他笑容可掬地偷窺著小鬍子。「最好請你多寬限幾天。」

「那為什麼？」

「嶄新的東西，必須打電報訂貨。措手不及，事先又毫無準備。」

「你想什麼時候可以交足？」

「四個月。」

「記錄在案。」小鬍子吩咐。「假如不能如期交足，應該接受什麼樣子的處罰？」

「每天罰一千元。從一九五一年四月二號起算。」

「不！」

「還不夠嗎？」

「每天一千個輪胎。固特異和鄧祿浦各佔一半，你依不依？」

「既然你要我們絕對服從，只好勉為其難，答應好了。」

「這是良好的表現，」小鬍子翹起大拇指說：「值得特別表揚。請把處罰細則記下來。」

「整套泥牛設備，可以不可以一次成交？」黎老板得寸進尺，又開始兜攬另一筆生意。

「恐怕你們負擔過重，」小鬍子鄭重其事地說。「而且目標過於顯著，容易出事。下次再談吧。一本萬利的生意，總得吊起來賣的。……好啦，好啦。今晚的談話到此為止，未完成的說服教育工作，需要多用一把力啊！」

黎老板如奉聖旨。他起身，軟弱無力地踱向房門邊。人們可以親切地看到，他那白嫩光滑的前額上，有一條粗壯的青筋，像蚯蚓般蠕動著。他的下額打顫，而臉色，紅裡透青，十分之難看。即令是笑容永在，也難於遮飾他內心的尷尬。

黎發財一步三搖，兩腿彈著棉花，走路的姿態活像蕩渡船，他背上的戲也許比臉上的更多，這幾乎引起了大家的注意。

其時，他已走到房門邊，白皙而肥胖的手，顫巍巍的搭著房門把手，僅僅爲了爭取一點思考的時間，背上的苦戲越來越多了。他扭動圓把手，像匹受驚的貓，突然閃進門去。然後驀然撇轉身來，向韓水湄小姐擠弄著左眼，同時對準自個兒的鼻子勾了勾右手食指，暗示她跟進。

人的眞面貌是一連串小動作集成的。如果不能觀人於微，你就不能確切瞭解人。小動作猶如植物的小葉，那兒映現著生命的本能。毫無掩飾，但又不大爲人察覺的東西，全潛存於這些小動作中間。韓水湄小姐憐惜地呆望著黎發財老板，醜惡的現實打亂了她的思緒。自私、自利、貪婪、詭詐、屈辱與出賣，一切都是手腕，都是權宜之計，她的腦海裡浪頭洶湧著，黑漆漆的，一團可怕的混亂。「最赤裸、最野蠻的眞實，總比矯形虛飾的東西好，」她氣忿忿地想。「既然人是脊椎動物之一，那麼，人，就不能過於懦弱，過於委屈自己！男子漢的臉上，不好長這麼多狗毛的！」她繼續想，明艷粉嫩的面龐上，震顫著淡藍色的血管。

黎老板見她沒有顫動一下屁股，發了急，食指又勾了幾勾，一雙死魚似的疲憊的眼睛，乞憐地向她擠弄著。

「水湄，也許他找你說話。」藍玲小姐嘀起小嘴、輕言細語提醒她。

「唉，事到如今，還有什麼好說的啊！」

「無論如何，妳總得去點一點卯呀。」藍玲小姐悄然說。

韓水湄小姐迂緩地站起來，踏著細碎的步子，走向門外，杏黃色克什米外套款擺著，在房門邊一閃，不見了。

房門輕輕闔上。

倆人併肩攜手，拐進了隔壁房裡，隔壁房裡的日光管和壁燈，全數亮了。

黎發財憂形於色，兩眼發楞，在房間裡低頭徘徊。好幾次掙扎著想說點什麼，但又羞於啓齒，不得不把衝到嘴邊的話，强嚥了下去。

「阿舅有什麼要吩咐的？」她驚聲嚦嚦地問：「坐立不安，看你急成了這種樣子！」

「你知道我們這圈子嗎？」他沒頭沒腦地說：「惡裡惡濁的，簡直是毛坑裡的蛆！」

「當然，當然囉。我早知道啦。——你找我就是聽聽你的牢騷嗎？」

黎發財老板的面色紅裡透青，青中發黑，像開染坊。「現實第一，牢騷是多餘的，」他囁嚅著，口齒不大清楚。「我們都在做戲。出將入相，榮華富貴，其實是夢！」

「我不能瞭解你所說的。」

「小髫子看上了你。」他面無人色，猝然單刀直入。「今晚他想借一借……。」

韓水湄小姐的臉門上，像被斧頭敲了一下。「借什麼啊？」她故意問。

黎老板用最高貴的白胖細嫩的手指頭，做了個最下流的動作：「他需要這個，」他訕訕地說：「你當然曉得我們這圈子裡，是談不上愛情的。是嗎？……哦哦，不是嗎？」

「可是，人究竟不是四條腿走路的呀？」她顫聲說，肺幾乎要氣炸了。

「妳以爲咱們能夠算得上是人嗎？老實不客氣說一句，都是狼！披著人皮的餓狼！」

「我不以爲自己是可恥的對象。」

「你這種態度，在我們這圈子裡是混不下去的。」他語重心長地說：「這兒有得撈就撈，決不放鬆機會。黃金美鈔汽車洋房，代表了一切。是非黑白曲直，管他娘？」

「好像，這比做戲還要惡劣得多！」

「這兒是不好豎貞節牌坊的。三貞九烈，從一而終，在我們的眼睛裡，簡直都是笑話，荒謬透頂的笑話！豆腐上豎燈芯草，風吹兩邊倒。大家逢場作戲，萬事不可過於認眞。」

韓水湄驚齒牽唇，星眸亂轉。「這是眞的嗎？」她苦痛地問。聲調裡顯然雜著淚水。

「眞和假，都不是我們能夠考慮的。你只能答覆幹或者不幹！」他咬牙切齒說，一雙色迷迷的眼睛，兔起鶻落，在她那起伏不停的胸脯上躍動。

「不幹！」她堅決地答。

「很乾脆，」他冷笑道：「乾脆得很！只怕不幹也得幹，這叫做由命不由人。妳的固執，將招來太大的惡運！」

「我相信那種事，是不值得鼓勵的。我也不相信你那麼做，出自眞心實意。」

「要賺豬的錢，除非伴豬眠。我是生意人，商人的眼光都現實不過。只要有銅鈿可賺，管他老子娘！而且，我要鄭重其事告訴你，你認爲是眞的東西，不準你相信，你只能相信我認爲是眞的東西，或者，我假裝覺得是眞的東西！人要生活，就得將就。你知道理想呀，良心呀，等等。值幾個銅鈿一斤？」

「強人之所難，有什麼好處呢？」

「好處嗎？好處多得很！」他衝口而出。「前天我陪你到淺水灣道看過一棟西班牙式的花園洋樓是不是？」

她困惑地瞧著他，沒有作聲。

「你覺得滿意嗎？」他添說。

她困惑地點了點頭。

「如果你滿了意，那棟洋房就歸在你名下，算是我送給你的禮物。明天，最遲後天，你跟我到律師樓去辦手續。名義上是『上契』，這是我送給乾女兒的見面禮，行不行？」

「也許太重了。」她平靜地說。一雙明亮的眼睛，含情脈脈地注視著他。

「用人之際，乾坤一擲，」他突然勃發了江湖朋友的豪情勝概，彷彿一個侏儒在魔術棍底下，驟成了偉丈夫。「乾爹不吝惜這幾個小錢。」

是空虛，不是偉大，她迅速地想。虛假的東西決不能代替眞實！她羞人答答地低垂著粉頸。

「那你爲什麼一定要這麼忍痛犧牲啊！」過了一會，她終於說：「難道你一點都不動心嗎？」

「哦哦，女聖人！」他的思路亂糟糟的，忽然停頓了：「有些事體你是不會明白的，解釋起來也費事。而且越解釋越糟，含含糊糊的，反而好些。」

「那，我，」她嬌喘著。「不！」

「你知道這花花綠綠的世界嗎？」他用憐香惜玉的口吻說。臉上又恢復了笑容和光采。「那等於一切都插了標子，一切都可以賣的。這個世界既無誠意，又無信心，窮人就不算人！誰不願意買空賣空，誰都是活傻瓜，死蠢豬！」

「何必一定要抄小路，行險僥倖？」她感喟地說：「你的財產還算少嗎？」

「世界上有兩件寶貝，是永遠餵不飽的。」他伸出右手食指與中指，打了個V字型手勢。「第一是權力，第二是財產。多多益善。永遠沒有滿足的時候。」

「總不能為了它們，過於把自己不當人呀？」

黎發財老板的肥短的中指縮回了。他用食指和顏悅色地挑撥著她的秀麗挺直的鼻尖。「妳是個聰明人，他媽的就喜歡說老實話。」他笑嘻嘻地佯嗔著。「我要出人頭地。我要抬高自己。我要用黃金鑽石珠寶汽車洋房的光彩，強迫別人承認，我是與眾不同的！單單為了這點子理由，我何以一口吞下三大碗冷鼻涕！」

「然而那些都是鏡花水月，是假的！」她覺得十分噁心，悻悻然作了結束。

「誰管得了這麼多！」他嗤嚮著鼻子。「到底作何打算？快說！」

韓水湄小姐的粉臉通紅。她怔怔地瞥了瞥他，媚眼裡驟然漾動著淚水。

「你忘了你初次進週末俱樂部的時候，藍玲對你說過的嗎？…假如沒有愛情，要一個女人脫光，比喊一個男人的小名更容易。這是經驗之談，也是至理名言。我看妳也不必固守妳那條最後的防線，裝腔作勢啦。」

「阿舅，」她抬頭，柔情萬種地喊：「這真的是您的吩咐嗎？」她說，臉上出現一種冷若冰霜的神情。

「不必板出這種小孤孀惱態。」他厲聲說，但顯然並無譴責意味。「好好服務，籠絡他，迷惑他，我們好上下其手，掏他的腰包。」

韓水湄小姐噙住的淚水，悄然溢了出來。「既然這是您，阿舅，您的吩咐。」她斷斷續續地說，有點泣不成聲。

黎發財老板忿然打斷了她。「廢話！」他嚷：「這是我的苦苦哀求，」他改變了語氣，低聲說：「保證只此一回，下不爲例。」

「倒楣的事一開了頭，總會接二連三來的。我不過是個工具，一個玩偶，難道有選擇的餘地嗎？」

「這樣就乖巧啦！」他稱心愜意地笑起來：「記住，這是條大魚，不要讓他脫鉤。要好好的，好好的，灌他一注米湯。現在馬上鑽到毯子裡邊去。我代你關燈。嘻嘻，這樣就不致臉紅了。」

「您不覺得難爲情嗎？阿舅！」

他轉身出房，順手熄燈。沒有再說什麼。

黝黯的夜氛在室內飄浮。無邊風月，繞著她那香馥馥的肉體旋轉。彷彿那是人生舞台的中心和世界的轉軸。然而她是寂寞的。一縷漂泊無依的感情，永遠找不到歸宿。

第二十七章

淺水灣道那棟富麗堂皇的西班牙式別墅，新換了主人。美侖美奐，髹漆一新。室內佈置得儼如皇宮，傢俱、小擺設、地毯、名畫、古董，都經過專家精心設計，中西合璧，匠心獨運，典雅高貴，氣派豪華。

房價五十萬，佈置費二十萬，賢主人似乎擁有七十萬身價，這標誌著她的高貴的身份。但無人能夠料到：此一高貴的身份，是間接由大陸上老百姓的脂膏堆砌成的。

別墅座落在淺水灣道與赫蘭道拐角處。瀕臨淺水灣頭，居高臨下，鬧中取靜，景色綺麗清幽，似是人間仙境。

一輛簇新的喜臨門，輕悄平穩地駛進了韓公館高大的鐵柵欄門。繞著前花園的矮冬青長通道轉了一圈，把車子煞在一叢鳳尾蕉前面，兩旁的車門同時開了，分別鑽出兩個人來。左邊是胡奇遇，雪白的短頭髮在夜霧和燈光裡閃著光。右邊是霍逸君博士，他挽著石蕙小姐的手，走向台階。

黎發財唐檳榔夫婦，以乾爹乾媽的身份，一臉諂媚的笑，超越了好幾個車位，趕到這邊來迎賓。

「好像是開新式轎車展覽會呢，」霍博士說。「後邊來的車子，恐怕只有停泊在馬路上的份兒啦。」

「霍顧問，賞光賞光。」黎發財老板趨前鞠躬握手。笑臉迎人，親切自然，絲毫沒有機械式的做作。「旅途愉快嗎？怎麼連一張明信片也不寄給我。」

「有的，也許還很多哩！」霍顧問微俯著長挑身子說。

「那是情書啊，不好混爲一談的，」黎老板瞥了瞥石蕙小姐那張孩兒臉。「是嗎？石小姐。喲喲，別臉紅，而且不必解釋。世界上說不明白的妙事不計其數，最好的辦法是大而化之。」

石蕙小姐圓睜著水汪汪的大眼睛。「其實沒什麼。多半是些空話。」她稚氣地說。

「空話中間見實情，」胡奇遇文靜地插言。「要不然，幾句硬梆梆的相思，未免乾巴巴，就顯得索然寡味了。」

「今晚機會難得，我要鄭重宣佈，這是爲您舉行的洗塵宴。」

霍博士表達了溫和的反對意見。

「能夠躬逢其盛，叨陪末座，已算是三生有幸啦！」他說：「我眞想看看韓小姐，對住土地公土地婆，插燭似地拜幾拜哩。」

「君子不掠人之美。」胡奇遇稍微鬆弛了一下平抬著的雙肩。「你事忙，分不開身，不如我代你招呼貴賓。」

「都用不著，」霍顧問笑嘻嘻地說：「夜色美極了，暫時不用電燈泡照明，別後的事情很多，最好讓我們倆個，自由自在地到處走走吧。」

「這也在理上，」胡奇遇給了他一個會心的微笑。「賓至如歸，各得其所，隨意走動也好。我們不來干擾你們了。」

黎發財夫婦偕胡奇遇轉身走了。他們穿過紳士淑女們的人叢時，仍然口若懸河，應酬敷衍的門面話，滔滔不絕，幾乎每個人都能分到一份精神上的禮物。

霍逸君博士和石蕙小姐，繞過鳳尾蕉叢，踏上草地，雙雙蹀躞在乳白色夜霧裡。不盡的相思，無窮的情意，都沒入輕顰淺笑，以及低沉的夜話之中。

廣闊而深沉的花圃，此刻依然萬花如錦，展露著永恆的春天。

聖誕花寂寞地在燃燒。盛放的菊花，黃白相間，一叢一叢的，潛發著清香。此外，這兒那兒，還雜綴著雁來紅，錦上海棠，剪秋羅之類。生意瀰漫，相映成趣。

天宇高寒。月淡雲微。色調有如鮮石斛的橫切面。那眞是一種罕有的色調，特別是在這一年將盡的冬天。

這對情侶在前花園的草地上徘徊了好久好久，大概抵受不住凜洌寒風，終於攜手進入客廳。

客廳裡擁塞著高貴的紳士和華貴的太太小姐們，衣香鬢影，撩人眼花。靠近後花園的落地窗前面，夏青萍、黃如人、羅堯封、胡奇遇、徐慶玉與陳思敬，圍成一個格局，正指手劃腳在談論一些什麼。——男人都是政治的動物，在沒有女人陪伴的場合，往往談論的是世界上最枯燥無味的東西。

「霍顧問來了，思敬老弟，」胡奇遇眉毛抬起，兩眼平視，同他示意。「你那件苦差使，或許可以由他代為疏通。」

「他不比我們。他在二十五人領導集團裡，是擁有發言權的。」黃如人輕悄地提醒他。「如果能夠慫恿他出面代為交涉，此事不難迎刃而解。」

陳思敬起身，踮起腳走過去，鞠躬至膝。強邀霍顧問與石蕙參加他們的座談。

霍顧問剛落座，陳思敬敬煙敬酒，亂了一陣子，然後言歸正傳：

「我有一件很為難的事，想借您的金口玉言，代為方便幾句。」

霍顧問不屑地白了他一眼，並且噴了他一臉的濃煙。「到底是一樁什麼事？」他鄙夷地問。

「還不是為了德公的事，」陳思敬怪不好意思地摸著腦後那顆肉瘤。「他老人家遠在大西洋那邊，不知道跑腿人的辛苦。三番五次，函電交馳，一定要我對張將軍辦交涉，將他老人家的名字，加進二十五人集團。這樣一來，可把我害慘啦。」

「照直轉過去，不就得了嗎？」霍顧問說：「難道跑腿的人，可以中間剪絡不成？」

在座的人，都咭咭地笑起來。

「我想這種事是不必轉彎抹角的。」霍顧問困惑地掃視著大家，繼續說。

「毫無這個必要！」有人補了一火。

「苦就苦在他不便出頭啊！」胡奇遇說。

「這，我可不懂了。」

「說來話長，而且在大庭廣衆之中，也難於啓齒。」胡奇遇代答。「現在，我們這位老弟只想問你一個問題，你願不願意幫他的忙？」

「如何幫法呢？」

「由你出面，代他向張將軍疏通疏通。只說請李德公參加集團領導，出自你的本心，並未受人之託。」

「人微言輕，只怕弄巧反拙。」

「推脫之詞。完全是推脫之詞。」胡奇遇重複著。「倘若你肯幫忙，應該是最理想的人選。」

霍顧問把搜索的目光，轉移到夏博士鼻尖的那幾顆白麻子上。「我想，青萍兄比我合適些。」他又施展出太極拳來。「我有公務在身，不好正面出頭的。」

「他們正想喫我。」夏青萍坦然說：「一批餓狼，一批喫人不吐骨頭的餓狼！」

「這我越發不懂了？」霍顧問一頭霧水，詢問似地盯住他：「離開不到兩個月，想不到變動有這麼大！」

「他們要把我辛苦經營的民主出版社，歸併到他們的宣傳機構裡面去。以大吃小，一個順手牽羊，我主持的出版事業，就成爲他們籃子裡的菜。你想我會送肉上砧板，自討苦吃嗎？」

「那麼，你的態度是…？」

「不瞅不睬，我行我素。以後，拒絕參加他們的任何會議。」

「這樣一來，鄒又紫就會乘虛而入，跟你大唱對台戲啦。」黃如人插言：「我覺得逃避總歸不是好辦法。堅强的民主鬥士，應當是從自夥子裡鬥起的。」

「你不必趕鴨子上架，」夏博士從眼鏡上邊偷窺著他。「單絲不線，孤掌難鳴。我是甘地的眞實信徒。」

「然而，不過。」黃如人用大巴掌揩抹著厚嘴唇，擺出一副策士的好風度。「第二度海內外自由民主人士大聯合運動，歸閣下一手包辦的啊。爲善不終，豈不可惜？」

「我管不了這麼多，保全實力第一。」

「民主鬥士不應當有畏縮的念頭。要幹，就得破釜沉舟幹，」策士的團團大面突然紅光煥發，儼然成了騎士。「把畏縮的念頭踩到腳下重重地踏幾踏，這就是有出息的。」

「遭逢到眞正困難的，暫時還不是我啊！」夏博士可憐兮兮地說：「你趕快替他鋪謀定計吧。」

黃如人正想著進逼，誰知半路裡竟殺出個李逵來了。

「你也在二十五人之列，而且又忝屬八人團的中堅份子，要鬥，義不容辭，就得挺身而鬥，至少也見個朋友的情份。」羅堯封板起面孔搶著說：「怎好意思老躲在背後拿鵝毛扇，光只慫恿別人跳火坑，自個兒肩頭上擱不了四兩責任？」

「誰說的呀？」黃如人發了牛勁，幾乎吼起來：「在這既無眞心，又無誠意的圈子裡，我是要唱一唱黑頭的！」

「那你爲什麼不替思敬出一把力？」

「這個，你最好問思敬自己。」黃如人不慌不忙答：「他最倒楣的時候，誰給他奔走疏通，逢人解釋？」

「並不是沒動腳走門路，」陳思敬莊嚴作證。「近兩個月來，他出的力，受的氣，確實不少。只可惜張谷集團對我的成見太深，沒法子轉彎。」

「既然霍顧問夏社長都不肯援手，其他跑龍套的又無能爲力。」徐慶玉提議：「不如另找門路，請鄒胖子出來做做和事佬。」

陳思敬的頭，軟嗒嗒地亂搖亂幌著：「他的那件燕子牌乾濕褸，還掛在我的衣架上哩。只怕他不肯。」

「我知道他是有能力的，死馬當作活馬醫。」徐慶玉笑嘻嘻地盯住他。「試試何妨？」

「這種小米小器的人，我眞不敢碰他的橡皮釘子。」

「好歹有同穿乾濕褸之雅嘛，」徐慶玉調侃道：「說不定這也是緣份啊。」

大家縱聲大笑起來。

陳思敬嗒然而又茫然地瞥了瞥大家。臉色黃中帶青，有如砂磚，表情麻木而呆滯。

「要打開這把鎖，除非使用這把鑰匙，」徐慶玉又打著攏鼓兒說：「醜媳婦總歸要見公婆的，我看你也不必猶豫啦！」

「他的人呢？」陳思敬終於訕訕地問。

「在後園欣賞夜景，」胡奇遇代答：「假如你肯低首下心，多說幾句好話，他准可以回心轉意的。」

「可不可以把他請到這兒來，咱們大家奉承他幾句？」黃如人說。

「你又黃牛，」夏青萍突然反攻。「上次我不過剽竊了一篇舊文章，想不到他至今懷恨在心，口口聲聲要我的好看，我們還是不兜攬爲妙。」

「事不宜遲，」羅堯封催促道：「思敬。開始行動吧。交涉如果辦不好，請悄悄通知我一聲，好另作安排。」

陳思敬起身走了。

後花園的樹枝和大理石欄干上，雜綴著五光十色的小電燈泡，正在不斷地轉換著奢侈的色調。從大理石欄干遠眺出去，可以望見淺水灣外的三座藍色的小島，大海迴流給小島鑲著銀邊。油綠色的夜海閃著魚鱗似的光。更遠的地方，白燦燦的魚燈映現出海天遼闊，使人興起一種毫沒來由的空虛落寞之感。

隔著翠玉似的游泳池，陳思敬一眼就找到了鄒又紫。

「鄒司令，」陳思敬高聲喊。「那兒沒有找遍，原來你躲在這兒納福？」

鄒又紫聞聲抬頭，搜索的目光透過空濛夜色，透過游泳池，瞥見了陳思敬的瘦長身影，登時面色一沈，索性掉轉身去，伏在短欄杆上，跟身邊的那位紳士有一搭沒一搭聊起天來。

「又紫兄，有人找你呢！」紳士悄聲提醒他。

「管他娘，無聊的東西！」鄒又紫在齒縫裡罵。「你看那艘遊艇眞夠氣派，」他故意地指點著：「黎發財也眞懂得享受，吃喝玩樂，件件精通。」

陳思敬剪動著兩條長腿，繞過游泳池。「這條遊艇値二十五萬，」他冷臉挨熱臉，一副巴結奉承的諂媚相。「司令您也有意思玩玩嗎？」

「嗯。」

「玩艘把遊艇，不過是九牛一毛。只要您有這番雅興，我可以效勞訂購。」

「看菜吃飯，相體裁衣。這個我玩不起！」

「司令您太謙虛啦！」陳思敬輕言細語說。「這也難怪，世界上最偉大的人物，都是最懂得謙虛的。假如司令你老人家也玩不起一艘遊艇，那麼遊艇公司一定會關門大吉囉。」

「嗯，」鄒又紫的雙筒槍鼻子噴噴了這麼一點冷氣。

「外面寒氣太重，不怕凍了您的貴體？」陳思敬說。「近來流行性感冒大行其道。招了涼，一把鼻涕一包眼淚，那才叫性感啊。」

鄒又紫呵呵大笑著，笑得三疊式肥下巴直顫。「性感嗎？哦哦，危舟兄，你聽到嗎？他媽的我也可以學學後生小子的樣子，性感一番哩。——告訴你，思敬老弟，我求之不得！」

陳思敬乍感如雷貫耳，嚇得倒抽了一口冷氣。「司令老當益壯，一百個香港小姐，也不是對手。」他收懾心神加緊灌迷湯。

鄒又紫越發樂不可支了。「黃忠老將，夜戰三百回合沒有問題，」他又打了個霹靂，使穿棗紅壽字團花狐皮長袍，花白三椏槎鬍子的紳士眉毛眼睛鼻子牽縮在一起。「危舟兄，你瞧，這小子倒有點意思，你是華南第一星相家，你看這小子的格局如何？」

紳士頻頻捋著山羊鬍子，微瞇起老花眼上下打量他。

「這位…請教？」陳思敬猝然問。

「小子有眼不識泰山，」鄒司令訓斥道：「他就是陳危舟老先生。到外頭混的人，怎麼眼睛不多吃點油！」

「久仰久仰！」陳思敬隨口敷衍道：「眞該死。呸？眞該死！」他連連打著自己的雙頰。

「你看他的格局怎樣？」鄒司令繼續問。

「五濁之相，賤不可言。」陳危舟坦率地說。「特別是腦後那個肉瘤，成一鴟梟格，連親娘的肉也要吃的，誰碰到，誰就活該倒楣。」

「老人家啊，人不可貌相，海水不可斗量啊。」陳思敬的尖鼻子裡伸縮著稀清的冷鼻涕。「常言道：山水也有相逢日。方便幾句，不勝如造座七級浮屠嗎？」

鄒司令出神地望著他，眼睛睜得像塊地牌，他突然覺得網膜上漾動的是條毒蛇。

「你不好老照看我，」他厲聲發語。「昨天盧毅安看我的相，說我印堂發暗，提防犯小人口舌，想不到就應在你這賊骨頭身上。呸！呸！眞他媽的！」

「你老人家是個明白人，不會相信看相算八字那套江湖玩藝的。」

「別湯不湯，水不水，儘管泡我。這不是路子。簡直不是路子！—— 看相算命有什麼不好？你說，你說呀！老子人大命大，纔有今天。你不信，我信。」

「正因爲如此，您大可不必操心。」

「那爲甚麼？」

「死生有命，富貴在天。大富大貴之人，有百靈護體。凡事逢凶化吉，遇難呈祥。信那些吃開口飯的江湖術士幹甚麼？」

「你這樣死乞百賴幹啥？」鄒又紫大聲斥責。

「唉，又紫，」陳危舟心平氣和開導他。「人到無求品自高，他這樣燒熱灶，想必是有所求於閣下。這一點子訣竅你也不懂嗎？」

「是不是要我們向張谷集團說幾句話？」鄒又紫神氣活現地反詰，開始在大肚皮上彈起琵琶來。

「哦哦，司令您老人家眞是活神仙。」陳思敬低聲下氣說：「我還沒開口，您就清楚了我肚子裡有幾根腸子。」

「放屁！我是蛔蟲嗎？」鄒又紫虎眼圓睜，露出一臉吃人的兇相。

「不。你老人家眞是鄒半仙，比那些江湖術士靈驗得多。」

「嗯，嗯，我聽得進去。」鄒司令大模大樣點頭：「你這麼冷臉挨熱臉，一副王八敬神的龜樣子，到底打什麼冤枉主意？嘻嘻，快說！」

人都是喜愛奉承的。陳思敬迅速想。一注迷湯，管叫你這龜孫子暈頭轉向，認不清誰是你的老子！一個人只要善體人意，滿足別人的虛榮心，走遍天下都能夠跟別人合作，傍食到底。他拿捏著這個，瘦長臉上出現了皮笑肉不笑的硬擠出來的笑容。

「快說嘛！」鄒又紫大喝一聲。「再這麼傻笑，小心老子翻臉不認賬！」

陳思敬正待乘機游說，可是陳危舟卻搶先發話：「嗨，這麼個腦後見腮，賊頭賊腦的傢伙，天生一副拉皮條吃拖鞋飯的賤相，有什麼好說的？」

鄒又紫的哈哈爆炸開了。陳危舟陰沉地笑著。可憐的陳思敬，好像嘴巴裡噙著幾個扁扁的臭蟲，簡直哭笑不得。「不過，哦哦，司令，」他終於結結巴巴開言。「我陳思敬該死……。」

「單只說那件燕子牌乾溼褸裡邊的鬼打架，你就得砍頭之後充軍！」鄒又紫大吼一聲，打斷了他的話。

「不過，聖人都有過錯的，是嗎，司令？」陳思敬低三下四答腔。「凡事請你老人家海涵。而且還要請你老人家在張向公跟前，美言幾句，請他看在德公的面上，重收覆水。」

鄒又紫胸無點墨，沒有發現他的語病。但陳危舟卻陰陽怪氣地望向他的臀部，啞忍住的笑，不斷從鼻孔和嘴巴裡漏出來，弄得花白的山羊鬍子翹呀翹的，生動之至。

「這個辦不到。」鄒又紫疾言厲色拒絕。

「只此一次，下不爲例如何？」陳思敬說著說著，兩腿半分彎，似乎要行大禮的樣子。

「不行就是不行！」鄒又紫的雙筒槍鼻子，響起了一排槍。

「哎喲我的司令啊！日行一善，多積點兒陰功，可保長命百歲哩。」

「那你就答應他吧！」陳危舟笑得幾乎露出了扁桃腺。「閣下的牛鞭已夠瞧的啦。不如順水推舟，把這碗覆水收拾個夠吧！」

第二十八章

那晚的晚宴是名副其實的晚宴，十點過後才正式上菜。

嘉賓雲集，筵開十三席，又碰到星期五，似乎預示著某種不祥的兆頭。

有兩位貴賓，遲遲不來，是使晚宴特別遲的主要原因。這兩位貴賓是宋小鬍子和童子靈。宋小鬍子神龍見首不見尾，行動非常神秘。童子靈自從替張向公充任舌人，被谷夢如博士識破機關，攆出藍塘道以後，消聲匿跡了一段時期，此刻又重振旗鼓，儼然成了一個小規模的大人物。

不怕官，只怕管。吃山的管山，吃水的管水。北角週末俱樂部的眞正後台老板，就是這兩個尖頭小面的傢伙。他們的職位也許無足輕重，可是關係位置相當重要。他們可以說，是「半上流社會」那批滾紅滾綠的英雄好漢們的衣食父母。兩個人的分量，比「半上流社會」男女們的總分量，還要大得多。而人之所以異於禽獸者，第一是會裝模作樣，譸張爲幻，第二是會撒謊。宋小鬍子和童子靈其所以也算是「人」，就因爲有這兩大特質存在。

拿這兩大標準來衡量陳思敬，當然也非常適合於「人」的條件。那晚他那副諂媚奉承鄒又紫的惡劣相，可以說是「人」的現形。雖然鄒又紫始終未假以詞色，陳思敬的水磨工夫始終進不了油鹽，但他卻鍥而不捨，當面瞎扯淡從不臉紅。

再拿這兩大標準來衡量整個的半上流社會，男男女女絕對是「人」，應毋庸議。雖然有些笨蛋，戴著有色的眼鏡夾生夾硬指派他們不過是披著一張人皮，或人頭畜鳴的一群。其實這是不太公平的。他們要活，而且要活得比別人神氣，比別人更有辦法，比別人更會撈世界，這幾乎說明了一切。道德、情操、人格、理想，在「半上流社會」裡邊，都可以掂斤撥兩零售批發的。在那兒，美好的就顚倒成醜惡的；而醜惡的，往往就是美好的。眞眞假假，是是非非，虛虛實實，善善惡惡，只有深入觀察時才會了解其中的奧妙。假如您不能從世界的背後去觀察世界，您就永遠不能了解世界。這大概是瘋漢尼采說的。我們在理解半上流社會時所犯的錯誤，在乎我們使用量度的標準欠妥當。一個集古今中外變態社會之大成的社會，根本不可能拿常態的標準去衡量的！

此刻，盛筵宏開。韓水湄小姐那一桌居中，牽引著所有老爺太太紳士淑女的視線，像向日葵朝向太陽一般。大廳宛如燈海。天花板上四周嵌鑲的日光管，四壁生動有致對稱排列的是陀羅花型壁燈，紅豆型壁燈，牽牛花型壁燈，紫羅蘭型壁燈等，跟兩盞水晶吊燈互相爭奇鬥艷。五顏六色，濃艷之中有淡雅，繁複之中有調和，可以想見燈光設計師的匠心。也可以概略估計，賢主人不惜工本，窮極奢侈的豪情勝概。這是個樂音與噪音互相搶奪音域的戰場；也是個暖色與寒色互相爭妍鬥艷的偉大空間。但其中最突出，最富表現力，儼然成爲半上流社會的重心，各種淫蕩和貪婪目光的焦點的，仍然是韓水湄小姐。發光的年華和詩一般的生活情趣，正祝福著她。雖然人們從她的明燦的笑中，往往能詫異地發現有一抹不容易察覺的隱憂，淡淡地擴散著。她的眼梢眼角，往往流露著一種使人不安的神色。

兩盞水晶大吊燈底下，團團圍坐著整個「半上流社會」的精英。

頂兒尖兒的精英人物，總是經過特別揀選，特別物色的標本。但物以類聚的法則，似乎還是可以適用。——只有偉人才會孤獨，大人總是喜愛合群的。而人生的眞正意義，是成爲偉人，不是成爲大人。偉與大在人生的境界上截然不同。半上流社會的精英，極大多數是擅於擺臭架子，亟力增大體積的大人，連半個偉人也找不到。也許這就是把大偌一個大廳，擠得滿滿的眞實原因。

第一席的主人是韓水湄小姐，首席上高踞著宋小鬍子。陪客間雜而坐，男女各半，整齊有序，且親暱異常。貴賓包括霍逸君顧問，石蕙小姐；夏青萍博士，許虹小姐；鄒又紫司令，劉情小姐；黎發財唐檳榔夫婦；童子靈先生，藍玲小姐。其中只有宋小鬍子跟賢主人遙遙相對，可望而不可及。此一很有禮貌，十分得體的席次安排，確實花過黎發財老闆很多心機。他就怕宋小鬍子酒後毛手毛腳，只好把香港小姐劉情和交際花藍玲分別挾持住宋小鬍子，好歹有「兩雞抵煞」，他再借酒裝瘋，也不好意思飛象過河的。

第二席的主人是陳思敬。包括了半上流社會的第二流人物，以及臨時邀請來湊熱鬧充場面的嘉賓。如胡奇遇、丁秀麗、張藝靈、柳鶯、陳危舟、黃如人、羅堯封、徐慶玉、黃懷萱、徐劍蘭、和婁直朋。這一席星光黯淡，徐劍蘭一枝獨秀。柳鶯雖眉目可以入畫，無奈腰如水桶，口若血盆，等閒不容易勾起男士們的非非之想。

「難得各位賞光，今晚咱們盡興。」黎發財老闆興致勃勃地勸酒。

「有沒有餘興節目？」宋小鬍子擠弄著歪鼻斜睨著他。「酒色財氣，四件法寶是連在一塊的。缺少了任何一樣，就不十全十美啦！」

「有的，有的，多得很。」黎發財拍著肥胸脯保證。「只要您不嫌棄，一切包在我身上。」

「韓信點兵，多多益善。什麼新鮮玩意我都願意插一腳，只怕老狗耍不出新把戲。」

「如果宋先生歡喜，十八般武藝，在下還可以獻一獻醜哩。」黎老闆一臉諂笑，丟給了韓水湄一個鼓勵的眼色。

「乾女兒應當替乾爹效一效勞，代我敬宋先生一杯。」

韓水湄雪白粉嫩的臉蛋上燃燒著酒意。「我量淺，比不得宋先生海量。」她柔婉地開言，並且優雅地擎起了高腳杯。白蘭地在杯中漾蕩著，泛溢出琥珀似的光。「一對三，好不好？」

「那不可以。」宋小鬍子瞟了她一眼：「好人難做，善門難開。如果別的女將援例，那我可吃不消。」

「大不了一醉，有什麼關係嘛。」藍玲嘻開小嘴攛掇。

「嗯，有道理。醉他娘一個乾坤顛倒，萬事皆休。」宋小鬍子帶著七八分醉意，鼓起一對小眼睛直勾勾逼視著韓水湄，微微發抖的手，摸起面前的酒杯。一連灌下兩杯。正待灌第三杯時，童子靈從斜刺裡伸手封杯。

「提防小疏忽裡出大問題，」他擺出一副冷峻的面孔，尖聲制止宋小鬍子。「喊聲醉翻了，著了別人的道兒，格老子朗個辦囉？」

「最難消受美人恩嘛，你，你，呃呃，何必這麼認眞！」

「小心鹽罐子裡邊長蛆！」童子靈厲聲說：「最近生意相當難做，風聲又有點緊，總而言之你不能好酒貪杯。」

「過慮啦，童先生，」黎老闆平靜地說：「這兒有紅毛副警司照過牌頭，來，大膽放心喝酒。」

「怎麼樣？」宋小鬍子怯怯地反問：「老黎的本領還過得去吧？」

「嘴巴兩塊皮，沒有經過事實的考驗，只能採取保留的態度。老宋，實事求是，不會吃虧的。」

「童先生何必掃興嘛，」劉情坦率地說：「逢場作戲，彼此心照不宣，大家都是無若有，虛若實的大人物，來，敬您一杯！」

童子靈跟劉情碰了杯，「謝謝！」他抿了一小口，剛剛沾溼了嘴唇皮。

「消痰化氣萬歲！」劉情一飲而盡，矛頭指向了宋小鬍子。

「我們的香港小姐，倒眞有點兒男子漢大丈夫的氣概哩。」他討好似的乾笑著，骨通灌下了滿滿一杯。

「我才不希罕你們這些娘娘腔的假男子，」劉情嘟起嘴巴，斜睨著童子靈。「花木瓜，中看不中用的膿包貨色。這是飲酒，不是喝毒藥，我不作興這種假斯文！」

童子靈的小白臉上似乎很掛不住。他的眼睛睜得像雀子，露出兇光，正待有所表白。夏青萍博士卻瞧得眞切，連忙打圓場。

「哦哦，香港小姐啊，魚肚不錯哩，嘴巴要吃東西，您就不必說話啦。」

這幾句江北藍青官話，可撩起了護花使者鄒又紫司令的舊恨新仇。「吃你奶奶是不是？你這個花鼻子！」他亢聲說，聲震大廳，語驚四座。

這是新開闢的第三戰場。半上流社會的英雄好漢們，在言不及義，酒食遊戲相徵逐之中，時時都可能爆炸出莫名其妙的鬧劇的。——談話無焦點，爭論無中心，完全意氣用事，言談舉止，魯莽滅裂，比的是粗硬壯實，好像他們的年齡和教養，都長到狗身上去了。

「又紫兄你這又何苦來？」夏青萍博士用乞憐的口吻說。

「啊哈，夏廁子你也配跟老子稱兄道弟，平起平坐？——吃了三天飽飯，眼睛都吃黃了！哼，呸！」

「鄒又紫你講不講道理嘛，」霍逸君博士怒形於色：「酒席筵前，大喊大叫，口沫橫飛，連國民小學也沒有唸過嗎？」

「怎麼？半路裡又殺出個李逵來啦？」鄒又紫攘臂而起，擺出不惜一戰的赳赳武夫神氣。「老實告訴你，老子天生天養，命大紅頂子，命小紅頸子，讀不讀國民小學沒有關係！」

「你這個深山大野人，」霍逸君博士一臉氣得啞白：「我，我要用法律制裁你。」

「少說幾句，逸君，」石蕙溫婉地拖住他的胳膊：「我們沒有吃炸藥，氣氛不佳，不如退席吧。水湄姐，我倆先行告辭了。」

「眞他媽的活見鬼，罵一個等於傷了一群！」鄒又紫狺狺詈罵。滿廳轟鳴著笑聲。

霍逸君攙扶著石蕙，頭也不回走了。主人韓水湄，以及黎發財、唐檳榔夫婦，不得不盡賓主之禮，一迭連聲說著許多賠禮的話，送客人上車。夏青萍與許虹，也見機而作，跟隨在黎發財夫婦的身後，悻悻然離席。

此刻，正是盛筵最上勁的時候。第一席卻像老外婆的牙齒，顯得特別零零落落。留下的五個人——宋小鬍子、劉情、童子靈、與藍玲，互相從酒杯上邊澀澀地窺視著，場面之尷尬，無以復加。其中只有鄒胖子，一人霸佔著三個人的席位，飲酒吃菜，若無其事。

「胖子的胃口，一定要有兼人之量才對。」藍玲輕言細語說。

「吃是爲自己，穿是爲別人。我永遠不做洋盤。」鄒又紫倒了一小碗排翅到闊嘴裡，含含糊糊說。

「不過，司令，」劉情笑嘻嘻地說：「愛發脾氣對於胖子是不相宜的啊，那會增加心臟的負擔的！」

「假如是做戲呢？」鄒又紫旁若無人，呵呵大笑起來。

「那尤其不應該。主人是請你來做客，不是請你來做戲的，對不對呀？」劉情收斂笑容，說。

「眞是墮落的社會，最典型的標本！」童子靈顰眉蹙額罵。

鄒又紫似懂非懂地盯住他，看樣子又要發作了。

「又紫你別老吹無定向之風，再要借酒裝瘋，桌面上可能只有你一個人吃獨食了。」劉情說。一臉不高興的神色。

「吃獨食有什麼不好？老子還在乎這個……。」

鄒又紫的肥肥胖胖的大話，突然中斷了。原來有個牛高馬大的客人，從小會客室裡閃出來，凶神惡煞般邊走邊咬牙切齒，使他警覺到此人不懷好意。

「童先生和宋先生的電話，」那人勾了勾食指，壓低聲音說：「請跟我來。」說罷返身便走，動作之矯捷使人無法認清他的眞面目。

童子靈和宋小鬍子木木然起身，搭拉著頭穿過熱鬧非凡的筵席之間，走向小會客室，面色似乎很不正常。此時，只剩鄒又紫、劉情和藍玲，高踞一桌。鄒胖子逸興遄飛，眉開眼笑，簡直達到了惟我獨尊的巔峰狀態。

「今晚大概有鬼，」鄒又紫炫耀地嚷：「三三兩兩開溜，好像一去不復返的樣子。餘興節目，恐怕要輪到胡奇遇、丁秀麗、張藝靈、徐劍蘭這幾個草種來主持啦。蜀中無大將，廖化作先鋒。你們說，」他神氣活現地睥睨著劉情和藍玲，「這是不是烏龜吃蕎麥，糟塌糧食？」

「不。」藍玲用纖纖白手掩住櫻桃小口剔牙：「這叫做辜負良宵。」她挑逗似地糾正他。

「是啊，是啊，眞是辜負良宵哩，哈哈哈哈哈。」

「哎喲我的媽，」劉情在哈哈聲中高聲叫起來：「如雷貫耳，夠受囉。」

與此同時，那個面帶殺氣，冷若冰霜的神秘客，在小會客室裡狠狠地白了童子靈和宋小鬍子一眼。說：「走，快！跟我來！」

三個人像影子一般沉默，穿過小會客室的側門，輕捷地走向後花園。遶過游泳池。走向瀕臨淺水灣的碼頭。碼頭陡峭，幸虧有鐵欄干做扶手。三個人氣喘吁吁竄下去，相繼躍上一艘停泊在夜暗中的汽艇，隨即解纜開船，向大嶼山那邊急駛。

「這到底是怎麼回事？」宋小鬍子困惑地問。夜海風寒蝕骨，他翻起了大衣領子。

「黎發財眞不是東西！」高大的人厲聲訓斥：「他正施展手段，想把我們一網打盡，然後鯨吞下我們的定金，到海外去做寓公哩。」

「那他不是搬石頭砸自己的腳嗎？」宋小鬍子哆嗦著說。「一本萬利的生意不做，做這種一刀兩斷的生意幹什麼？」

「聯合國戰略物資禁運小組的工作正積極展開，外邊的風聲很緊。黎發財這狗東西，就想到長痛不如短痛，放起身砲逃之夭夭。十啇九奸，你也不必再替他頂碓臼啦。」

「好吧，好吧，我們進艙去。」童子靈沉著地作了結論。「老米醋，挨著做，這批狐群狗黨過初一，老子們就過十五。八仙過海，各顯神通，看吃虧的到底是誰？」

第二十九章

黎發財老闆，率領著唐檳榔、韓水湄和兩對青年男女，施施然踅回大廳時，盛筵已接近尾聲。幫閒趁食，酒醉飯飽的半上流社會的紳士淑女們，正帶著滿足之至的表情，準備離席。

黎老闆春風滿面，曲起手肘，靈巧地捏弄著右頰上那顆黑痣旁邊的幾根長毛。他的眼睛放亮，肥臉的肌肉鬆弛。笑眯眯的，十分逗人歡喜。「對不起，對不起，有點小事纏住了，失陪，失敬，多多原諒。」他嘴裡像打蓮花落似的，滿嘴盡是諸如此類的甜話。跟黎老闆的溫柔敦厚的動作，適成强烈對照的是那兩對青年男女。男的打扮的光鮮體面，一派青年紳士風度。女的打扮得花枝招展，妖豔異常，帶著撈女的神態。奇怪的是，這兩對青年男女的表情，都嚴肅得像法官，而且都帶有一副公事相。他們高視闊步，不苟言笑，跟半上流社會那批輕薄嘴臉，截然不同。

這七個人對直走向第一桌，黎發財的肥臉，突然綳緊了，甜笑變成了苦笑，春風變成了西風。蒼白的臉色蒙上了一抹曖昧的陰影。「宋先生和童先生呢？」他沒頭沒腦問，可以清晰地看到他的嘴唇在習習顫動。

「有人找他們到小會客室裡聽電話去了。」劉情漠然答，好像談的是蘿蔔白菜一般的小事。

「多久了？」一個高瘦英俊的青年，急促地問。

「大概有刻把鐘啦，」藍玲偏著頭，嫵媚地笑了笑。「哦，也許有點蹊蹺，打電話怎麼打這久的？」

「喲，還不是學你們的樣，跟騷娘們談情說愛嘛！」鄒又紫顛頭晃腦說，他已醉態可掬了。

高瘦青年沒有聽完他的酒話，已迅速地走進小會客室。小會客室裡邊寂無一人。兩架電話機的聽筒都平擺在酸枝茶几上，可以看出宋小鬍子他們緊急撤離時，仍然有條不紊，像是受過嚴格訓練的地工人員。

「在不在？」黎發財慌慌張張在門外問。

青年撤轉身來。「蒸熟了的兩隻肥雞，飛啦！」他聳了聳肩，答：「巨鰲掙脫金鉤去，擺尾搖頭不再來。道高一尺，魔鬼一丈，你必須小心提防他們的暗算才對。」

黎發財也一籌莫展地聳了聳肩。「我想，不，我猜，」他顫聲說：「警署裡邊一定有他們的內線，要不然，不會安全逃跑的。」

「赫蘭道到赤柱這段路，已經嚴密封鎖了，除非他們有海上的接應，總無法逃脫我們的天羅地網。」

「那我們就立刻展開搜索吧。」

「好的，最要緊的是不動聲色，不打草驚蛇。你仍舊到大廳裡邊去敷衍賓客。搜索的行動，歸我們進行好了。」

黎發財老闆受命返回大廳，用抱歉之至的表情，周旋於百多位紳士淑女、老爺太太們之間，好像這兒除了燈紅酒綠，荒淫無恥之外，從沒有發生過別的事兒似的。颱風轟鳴著，團團轉動著，但風眼裡始終是平靜的。整個的大廳，依然談笑風生，太平無事，那種平靜，應該就是颱風風眼中的平靜。警覺性不高的人，休想嗅到這兒的火藥氣味。其中惟一的例外是陳危舟。他嗅到了今晚的氣氛，有點荒謬，有點幽異，有點不平常，甚至有點危險的預示。他遞了個眼色通知黃懷萱，雙雙向韓水湄小姐告辭，回淺水灣道黃懷萱的住宅裡品茗清談去了。

四個香港警署的男女便衣，分頭展開搜索。瞎忙了半個鐘頭，一無所獲，廢然而返。臨行之際，高瘦青年悄悄通知黎發財，儘量多挽留賓客在韓公館消遣，藉壯聲勢，並且遮掩這失敗的一幕。最後，他們也考慮到黎發財夫婦的危險處境，要他倆到警署去，好予以特別保護。

黎老闆惴惴不安地趨近韓水湄和胡奇遇，簡明扼要地指示他們力持鎭定，準備各種聲色犬馬之類的餘興節目，以娛嘉賓。然後，在四名男女便衣的嚴密保護之下，匆匆走了。

胡奇遇臨危不亂，確實是打爛仗的一把好手。在他的指揮之下，一切迅速就緒。樓下和二樓的八間打麻將的小房，全部開放，容納了三十二位男女。二樓接近韓水湄小姐皇宮似的大臥室的一間，由丁秀麗、徐劍蘭、黃如人、婁直朋入局。倘遇風吹草動，可以就近照應。三樓上，張藝靈少將和柳鶯小姐搭檔，開了一檔羅宋，吸引了八名半上流社會的清客，一旦變生肘腋，他們就負責把守通向天台的樓梯，讓避難的人有最後的地方躲避。大廳中收拾停當之後，由胡奇遇和陳思敬，分別開了一檔梭哈，一檔骰寶，合計有二十餘人。胡奇遇的梭哈，有鄒又紫、劉情、藍玲、徐慶玉等幫襯，依然人才濟濟，盛況不減當年。陳思敬的骰寶檔，除羅堯封外，都是些名不見經傳的小蘿蔔頭，陣營有點顯得零落與頽敗。

韓水湄小姐身爲主人，她必須主持全局。她吩咐中西廚子徹夜供應各式美點佳餚旨酒。她吩咐內外娘姨、打雜的男工及花王等，通統加班，服侍賓客。好歹重賞之下必有勇夫，每個人可以多得百元賞金，犧牲一晚睡眠，也索回了代價，並未虧待他們。然而負責中式麵點的廚師，卻反應冷淡。他的耗子臉上，隱現著疲憊、煩躁、心神不屬，甚至帶點不屑和鄙夷的表情，尖嘴巴嘟起，簡直可以掛上一個油瓶。主人因爲要上上下下，四方八面張羅調度，並沒有十分注意那個耗子臉廚師的情緒反應，輕描淡寫的鼓勵了幾句，便轉到大廳裡去了。

時已子夜，韓公館電炬通明，燈光雪亮，一派朝朝寒食，夜夜元宵的豪華景象。儘管大廈之外，警探密佈，戒備森嚴，危機潛伏著，並未消散；但大廈之內那批醉生夢死的半上流社會人物，卻一無所覺。他們仍想挽留住長夜，他們原是黑暗的縮影，夜的化身。

韓水湄小姐在接連幾天過度的操勞，和過度的興奮之餘，此刻已臨近體力十分不支的窘況。她步履蹣跚，左搖右晃，腳跟的彈性和生命的活力，顯著地衰降下來，看樣子她很有病倒的可能。她仍然艱苦支撐，上樓下樓忙這忙那，可是她那吃力的背影，就彷佛潛水夫在海底行動似的，連腰桿也直不起來了。小房間裡，劈劈啪啪的雀戰之聲方酣；大廳之中，陳思敬的呼么喝六之聲盈耳，但這一切聽到韓水湄的耳朵裡，好像隔著一垛透明的厚玻璃磚牆，全不像眞的。過度的疲倦，灰暗了她那明亮的大眼睛；鬆弛了嘴唇的弧度，要命的心煩意亂，使她對眼面前的一切發生反感。她覺得這兒只是裝璜美麗的傀儡陳列室，毫無生人氣息。那些善於增大體積，嚇唬平頭百姓的人物，都被一根看不見的生活鐵鏈拴得牢牢的，他們既不能自立，又無法自主，眞是典型的奴才群！

梭哈檔輪到鄒又紫做莊。劉情小姐因爲輸贏都有鄒司令認賬，有牌無牌猛打壘死，弄得場面異常緊張刺激。胡奇遇神祕地笑笑，把手中的兩張牌推開一線，不動聲色地放棄跟盤。雖然他手中的牌，一底一面全是人。他文靜地伸了個懶腰，驀然瞥見韓水湄那張白中透青的俏臉，不免動了憐香惜玉的惻隱之心。推牌而起，走向韓水湄倚靠著的鋼琴旁邊。

「水湄，你該好好憩一憩了，」他溫存地說：「說眞的，妳的臉色好難看。臉油這麼多，彷佛瓷器上了一層灰黃色的釉似的。」

「喔哦，我也感覺得到，」她嘶聲說：「不過，身爲主人，總不好丟下客人不管啊。」

「那有什麼關係嘛，身體要緊。」他憐惜地繼續說：「而且，說句得罪人的話，這兒哪裡有什麼客人？這兒的男男女女，通通都是蝗蟲！」

「那我…。」

「不必固執了，」他打斷了她的話：「早點睡個安生的覺，說不定明兒還有更大的風浪，需要你我應付哩。」

「哪我一切拜託了。」她艱難她說完了這麼一句話。

「得啦，得啦，不必三心二意，上床去吧。」

「不過，今晚的情形有點特別，我怕…。」

「小膽百姓，」胡奇遇用輕微譴責的口吻說。「等會我通知陳思敬來陪你。疲倦過度的人，反而不容易入睡，他替你按摩按摩，四肢百骸舒暢，就比較容易些啦。」

「你忘了我是患神經衰弱症的病人嗎？」

「怎麼會忘記呢，水湄。保重身體要緊。哦哦，多吃一兩片安眠藥片我想無妨。明天我會喊醒妳的。還有沒有安眠藥？」

「有的，多得很。」韓水湄勉强地擠出了一絲笑意，微提著白緞子晚禮服罩裙，一步一挨，跌跌撞撞，上樓去了。

她剛卸裝沐浴畢，臥室裡床頭櫃上的電話鈴響了。

她斜躺在夕夢思上，擎住話筒。對方是唐檳榔的聲音：

「水湄，乾爹有話要我轉告你。」

韓水湄一怔。有種不幸的預感從耳筒裡一直麻進血管裡。「說吧，乾媽。消息好不好？」

對方緘默了片刻，使韓水湄的疲憊的神經驟趨緊張，心臟也彷彿擴大了，可以聽到鼕鼕擂鼓的聲音。「你乾爹因爲戰略物資走私，已經被抓了。根據警署裡邊的人說，服刑之後，大概會被驅逐出境。」

「哎喲，這，這，這如何是好啊！」

「不必過分焦慮。」唐檳榔說，亟力使情緒平穩，以免將憂鬱和不安傳染給她：「我正漏夜請律師設法保釋。此刻但求破財消災，拚個傾家蕩產，也要把他平安弄出來。」

「可能嗎？」她幾乎聲淚俱下，全身抖得像秋天裡的黃葉。

「事到臨頭，救人第一。」唐檳榔似乎下定了決心。「銀行存款、保險櫃裡的首飾、麗池花園遊樂場、夜總會、青山酒店，我準備一起豁出去。」

「那，乾媽，那不前功盡棄嗎？」

「留得青山在，不愁沒柴燒。我們可以另起爐灶，再撈世界。不過……，」對方的淒厲的聲音，倏然停止了。

「不過什麼啊，乾媽？我也是直腸直肚的人，有什麼話，儘可以明言啊！」

「不過，聽你乾爹說，赫爾道這所別墅，恐怕也無法保留囉。理由有兩個，第一是轉贈手續，正在律師樓辦理中，這所別墅仍歸發財所有，因此也在凍結沒收之列，第二是我也羅掘俱窮，七十萬元左右的一筆財產，說不定可以使得鬼推磨。想來想去，只好委屈你啦！」

「乾媽，這沒關係，我本不在乎這個。」

「可憐你我娘女一場，落得個如此結局，」唐檳榔好像天良發現，哽咽不能成語：「送給你的東西，又要硬起頭皮收回來，眞說不過去，唉，眞說不過去！」

「不必難過，乾媽。天一亮，我就準備搬家。好，晚安。但願吉人天相，乾爹早一點脫難牢獄之災。」說罷收線。

她的眼睛呈現死魚色，呆呆地圓瞪著，瞳孔裡迸射出火光，而一個個血紅的圈圈，開始在網膜上懸宕，游泳。但覺得眼睛裡有砂子啃勒著，精痛精痛的。她失神地垂下眼簾，桃色的薄暗卻加深了她心扉的荒涼。她絕望悲哀，她欲哭無淚，可是當她睜開眼時，她發現這皇宮似的臥室，模模糊糊的，轉動著濃霧和幽暗。往日的一切，令人心醉的和令人心碎的，全幽靈似地從漂泊無依的回憶中顯現出來。——在一個整體虛假的社會裡邊，眞實的個人是無法生根的。她咬嚙著嘴唇胡思亂想。然而，生命中最值得永憶的東西，是一生中決不再重複的東西；一次的喪失，就等於永遠的喪失；短暫的永恆，一生中不能經歷兩次的遭遇，才是值得用生命去追求的。恩愛的丈夫，可憐的小女兒，甜蜜的家啊，如今已經完全破滅了。也許，現實中破滅的，夢裡可以重圓；在人間化爲泡影的，在天國還可以重現。她木木然敲打著飽滿的前額，她親切地感到，一陣陣酸痲，直貫心靈深處。

她在嫩黃地毯上徘徊，纖巧雪白的赤腳，美如天使，一無聲息。她下意識地坐上梳裝台前的棗紅沙發，她發現絕望中的臉，有一股淒絕的美，蕩漾在皎好的眉目之間。——保留最初的印象，直到生命的終點，讓最原始的一切，成爲人間最後的祝福。她失神地顧盼著，開始重敷粉底，精心地化好了裝，穿著整齊，開了一瓶沙士，沖上一整瓶安眠藥片，胡亂灌下去。

她又開始徘徊，她感到頭開始昏昏沈沈，臥室裡的陳設像跑馬燈般團團轉動。然後，寒冷逐漸由腿部上移，她覺得兩腳虛浮，有點疲軟乏勁。她和衣倒在床上，胃裡有東西翻騰著，想欲嘔吐。不久，她半閉著眼，開始抽搐。小嘴兩邊有白色的唾沫鼓出來，彷佛是螃蟹的泡沫，她暈過去了，模糊地意會到這是淪沈和墮落。向永恆的平面淪沈，向黑暗的深淵墜落。然而梳粧台上邊的大鏡子，卻反映著一個生動的形象，一個顫慄不休的發光體，在最後的時刻裡，仍然充滿著青春的光彩。

凌晨三點正，廚子開上麵食和宵夜的酒菜，麻將聲暫息，呼喝之聲不聞。代之而起的是半上流社會那批紳士淑女，不太雅馴的咀嚼聲。咀嚼聲匯集攏來，嘈雜而單純，使人們聯想到豬牢裡群豬爭食的聲音。

其中，鄒又紫司令食量特別驚人，他一連狠下兩大碗麵，還嚷著要添。陳思敬則以快速掃蕩見長，一大碗麵早已碗底朝天，好酒好肉老往大嘴巴裡送，眞正做到了手不停箸，杯中酒不空的得意境界。比較斯文點的是胡奇遇，他老覺得麵條帶點酸酸的怪味，吃下一小半，就起身離席了。

「今晚勝負如何？」陳思敬在酒杯上邊窺視著他，問。

「小負，不過我有信心。」胡奇遇慢條斯理答。用雪白的熱手巾把子，狠命地揩擦著滿面油光。

「難怪你胃口欠佳，原來你閣下陽溝裡翻了船啊。」

「勝敗兵家常事，我一定會翻轉來的。」

「是啊，是啊，茶壺裡下餃子囉。」陳思敬調侃著。突然笑容凝結在臉上，好像永世再也不會消散了。「哎喲我的媽喲！」他大叫一聲，嘴巴張得大大的，像個狗洞。

「怎麼樣，思敬老弟，吃下了個炸彈嗎？」

陳思敬眼睛眉毛鼻子皺成一團，雙手捧住屁股，直往洗手間竄去。

「吃多了白食，應有此報。」胡奇遇陰陽怪氣地撵上去，補幽了他一默。

陳思敬來不及帶關洗手間的門，咬牙切齒通開褲子方便起來：「哎喲，嘖嘖，絞腸絞肚的痛，痛，痛得發黑眼暈。」

胡奇遇還想乘勝追擊，但奇怪，他的胃腸道也在造反，一陣一陣作起痛來。他只得丟下陳思敬，另尋出路。事也恰巧，另一個洗手間的門也關得嚴絲合縫的。藍玲小姐的痛苦呻吟，哼唧嬌喘，清晰可聞。他一驚，全身冷汗直標。心知已遭了人家的暗算，但爛污膩膩巴巴的，兜滿了一褲襠，也顧不得是非曲直，跌跌撞撞衝向後花園游泳池畔，翹起肥臀做起好事來。

這時，前花園，後花園，浮盪著一片撕裂布帛的怪聲。許多千嬌百媚的太太小姐，也不避人前人後，擺出餓狗搶屎的英勇姿態，亂抓亂摸著奇花異卉。

胡奇遇因吃麵不多，中毒不深，一洩如注之後，病情已大為減輕。不過，手軟腳軟，頭暈眼花，耳鳴心悸，仍然殘留著。他率性半爬半跪，扶住游泳池的鐵欄干喘大氣。

他的身畔是羅堯封教授。這位教主爺是有名的斯文人物，伸腳怕踩死螞蟻，樹葉子掉下來，又怕砸破頭。因此，他吃的麵條酒肉比胡奇遇還少，排泄之後，除身子有些虛乏之外，已無大礙。

「奇遇，我想到了費爾巴哈的那句名言。」他迂緩地說：「這實在太巧合了。」

「啊喲，教主爺，今朝不比往日，你老人家少掉點書袋行不行？」胡奇遇顫顫巍巍說：「什麼巴哈巴哈的，很像打響屁的聲音啊。」

「費爾巴哈說：吃什麼的，就會變成什麼。吃草的會變成牛馬，吃大便的會變成狗，吃老鼠的會變成貓……。」

「吃毒藥的呢？」胡奇遇意味深長地反駁。

「可能就變成了我們這一群囉。」羅堯封也意味深長地瞪著他。「你有草紙嗎？」他添說。

「拿幾張鈔票將就對付一下好啦。」胡奇遇提醒他。

當兩人互相攙扶著折回大廳時，滿眼呈現著傷兵醫院的慘象。鄒又紫最貪吃，中毒也最深，此刻已奄奄一息了。

有人打了九九九，名式各樣的救傷車、衝鋒車陸續抵達，荷槍實彈的警員雲集，如臨大敵。檢查的結果，單單缺少了那個耗子臉的麵點師父。

當第一縷陽光透進韓公館的窗帘時，韓公館的擾攘已歸於平靜。陽光吻著韓水湄的臉，挑逗著她那向上微翹的長睫毛。反耀著她的放大的瞳孔，好像她還活著。算是替這煙消雲散的半上流社會，留下了一點耐人尋味的東西。

（請沿虛線剪下）

234

台北縣永和市保福路2段50號2樓

瀛舟出版社 收

請貼郵票

通訊處：　市／縣　鄉鎮／市區　路（街）　段　巷　弄　號　樓

請用阿拉伯數字書寫郵遞區號

寄件人：

瀛舟叢書讀者服務卡

謝謝您購買這本書，爲了提供更好的服務，敬請詳填本卡各欄後，寄回給我們（請貼郵票），您就成爲本社貴賓讀者，將不定期收到本社出版品、各項講座及讀者活動等最新消息。

您購買的書名：________________________________

購買書店：______　市 / 縣 ____________ 書店

姓名：__________　年齡：_________ 歲

性　　別：□ 男　□ 女　　　婚姻狀況：□ 已婚　□ 單身

通信處：________________________________

電話：________　傳眞：________　Email：____________________

職　　業：□ 製造業　□ 資訊業　□ 大眾傳播　□ 公
□ 服務業　□ 自由業　□ 農漁牧業　□ 教
□ 金融業　□ 學生　□ 軍警　□ 其他

教育程度：□ 高中以下　□ 大專　□ 研究所

您習慣以何種方式購書？
□ 逛書店　□ 劃撥郵購　□ 電話訂購
□ 傳眞訂購　□ 團體訂購　□ 銷售人員推薦
□ 其他 _________

您從何處得知本書消息？
□ 逛書店　□ 報紙廣告　□ 廣播節目　□ 書評
□ 親友介紹　□ 電視節目　□ 其他 ______________

建議：

（請沿虛線剪下）

瀛舟出版社

電話：(02) 29291317　傳眞：(02) 29291755
e-mail: publisher_supreme@altavista.net

經典文學

半上流社會

Vanity in Class

作　　者 / 趙滋蕃
社　　長 / 趙慧娟
總 編 輯 / 趙鍾玉
主　　編 / 金華誠
美術編輯 / 阮文宜
內文排版 / 方學賢
法律顧問 / 趙飛飛 律師
出版發行 / 美國瀛舟出版社（Enlighten Noah Publishing）
地址： 3521 Ryder Street, Santa Clara, CA 95051, USA.
電話： 1- 408-738-0468
傳眞： 1- 408-738-0668
電子郵件： info@enpublishing.com
台北瀛舟出版社
地址： 台北縣永和市保福路 2 段 50 號 2 樓
電話： (02) 2929-1317
傳眞： (02) 2929-1755
郵撥： 19573287
總 經 銷 / 時報文化出版企業有限公司
地址： 台北縣中和市連城路 134 巷 16 號 5 樓
電話： (02) 2306-6842
初版日期 / 2002 年 2 月
國際書碼 / ISBN 1-929400-29-2
定　　價 / NTD 299.00
登 記 證 / 北縣商聯甲字第 09001622 號
印　　刷 / 典翰印製有限公司
地址： 台北縣板橋市三民路一段 138 巷 3-1 號
電話： (02) 2961-8805